大合并漩涡

互联网时代的中国式并购

熊玥伽　吴　迪◎著

新世界出版社
NEW WORLD PRESS

目　录
CONTENTS

推荐序
FOREWORD

移动互联网时代催生的合并

刘兴亮：知名互联网专家，DCCI互联网研究院院长，闪聚创始人，新媒体天使会创始人兼合伙人

2015年，企业合并之声不绝于耳。从情人节的滴滴和快的合并，到年中的58同城和赶集合并，再到国庆节的美团和大众点评，以及10月底的携程和去哪儿……

2016年刚开始，蘑菇街和美丽说的合并又敲响了新一年合并的钟声。

为什么合并案会在一年之内集中爆发呢？伴随着移动互联网时代的来临，用户习惯用手机App（手机客户端）上网。这就意味着，同样的产品，用户装一个应用软件就够了。因此，同质化的公司都想留在用户屏幕上，争当用户的唯一选择。

既然大家在模式和产品技术上水平相当，那么最快夺取市场

第一的办法是什么？那就是投钱，用低价去吸引用户。

当行业格局已经不会有太大变化，老大、老二烧了很多钱，把老三甩到很远，但还是没有决出谁是大王的时候，合并就成了老大、老二最好的选择。

几乎是一夕之间，两家公司的关系从“冤家”急速转变为“甜蜜爱人”。这样的“化敌为友”，除了战略上的需要，更多的是投资人和资本意志在推动。

合并后的新公司问世后，与上游的议价能力将比之前更强，业内将形成“一家独大”的局面，如果这样的强势局面持续下去，其他竞争对手就必须走差异化道路才有可能撼动霸主。

然而，在互联网这个强者恒强的市场，一旦霸主出现，也许就很难有新的挑战者逆袭。

合并形成更有力的竞争优势

沈萌：香颂资本董事

我国互联网行业经过超十年的快速发展后，形成了一个比较稳定的格局，即以BAT（百度、阿里巴巴、腾讯）和J（京东）为主的四大公司，尤其前三者有三分天下之势。无论从先发优势还是各自实力、资源储备来看，它们所处的水平已经远超其他互联网企业。

尽管如此，生命力旺盛的互联网业仍在不断出现新兴业态。随着互联网行业和传统服务业的结合，以O2O（线上到线下）为代表的新兴互联网业态快速发展起来。

新势力兴起之时，BAT公司从自身发展角度考虑，同时借鉴了美国硅谷的科技型大企业发展扩张经验，采取了孵化创业项目或者投资某些业态的方式，参与到新势力的发展之中。

一开始，某一领域会同时出现若干家同质化的企业，呈现出百家争鸣的状态。而随着经营策略和经营能力的分化，市场会逐渐淘汰一批企业。

之后，在一个细分市场中，会出现几家规模、业绩等比较领先的寡头企业，业态逐渐趋于成熟。而这些寡头企业，尤其是细分市场排名前二的两家企业，在BAT或者大的VC（风险投资，Venture Capital）机构的支持下，通过价格战进行激烈竞争。

最终，竞争企业发现，简单的价格战已经无法分出胜负，谁也吃不了谁。对它们来说，再烧钱已经没有任何积极意义，持续的恶性竞争甚至会拖垮整个行业。若要进一步打破天花板，就要选择合并的方式，形成更明显的竞争优势。

再者，近几年，不管是互联网业还是资本界，或者一些传统行业，都在发展上遇到了或大或小的困难，这时候顶着巨大压力去恶性竞争，还不如抱团取暖活下去。而BAT等投资方则通过自身在其中的权益，推动相关企业从烧钱阶段转变为注重业务增长的阶段。通过合并，企业节约了成本，并且从规模扩张转向真正有质量的发展。

而必须强调的是，对于国内互联网企业来说，即使在合并后，也要警惕把目光局限在规模扩张这个问题上。毕竟，防止再次打价格战的最佳办法，就是推动创新竞争。

在一个良性发展的市场，企业应当注重自身产品技术的研发，去解决消费者的困难，真正通过互联网产品或服务去为消费者带来更大的便利，而不是通过简单的复制和价格战成为第一。

如何利用好我们超过世界六分之一人口的市场优势？这是一个值得思考的严肃问题。

淡化短期业绩、淡化规模、淡化估值、淡化盈利，回归创新、回归产品、回归消费者、回归良性竞争，这是互联网企业需要着重培养的精神意识。

今后，合并事件还会不断发生。市场上不仅会有同类横向合并，还会发生上下游纵向合并。比如滴滴和快的在进行同类合并之后，还有可能在上游进行汽车业或旅游业的合并，或者进行下游二手车买卖之类的合并，不断做大做强。

毕竟，单一业务的互联网企业很难长期存活。要么继续合并整合，要么被巨头收购，这是互联网企业的发展趋势，也可以称为命运。

为了垄断而合并

王斌：笔名磐石之心，知名IT评论人、互联网资深预言家，著有《解密小米：互联网思维下的商业奇迹》

垄断，是互联网的天然基因。与传统企业相比，互联网不受地域限制，产品的复制不会带来生产要素的固定投入，边际成本很低，导致它能够快速地达到一种垄断状态。例如，国内网络聊天工具里的QQ，搜索引擎百度，都处于一种垄断地位。

互联网企业追求垄断，因为垄断才能带来盈利。在滴滴和快的、美团和大众点评等公司合并之前，合并双方所处的行业已是寡头垄断市场形态。也就是说，在市场里，有少数几个寡头企业控制了整个市场的生产和销售。

经济学告诉我们，寡头垄断双方不进行“勾结”就会导致恶性竞争，两败俱伤。我们也能看到，多个公司在合并之前一直在进行着各种公关战、广告战，耗费了大量的资金。

显然，一方面，可能引发恶性竞争的寡头垄断不会持续太久，而互联网企业合并的意义就在于结束寡头垄断，实现市场的绝对垄断。

另一方面，两家企业合并后，强势的一方势必会吞掉弱势的一方，最直观的现象就是，其中一家公司的领导者会离开新公司，比如土豆的王微、去哪儿的庄辰超等。从这个层面来看，两家企业合并的结局是从2减为1，强势的一方“消灭”了一个竞争对手，成为行业“霸主”。

通过合并达到垄断之后，对企业来说是有利的。首先，结束了烧钱大战，节约大量竞争成本；其次，企业将更容易达成盈利目标。然而，不得不说的是，两家寡头合并后将有可能对行业和消费者不利。

试想，一个行业只有一家企业了，会发生什么？行业内几乎不会有第二家企业与之抗衡，消费者只有唯一的选择，这时候企业方很可能从服务者的角色变为独裁者的身份，将公司意志强加于行业和消费者之上。

如果说垄断是互联网企业必须追求的目标，是企业发展的必经之路，那么我们需要思考的就是，垄断企业要怎么做才能降低对市场或者消费者的伤害？

我认为，只有强调企业价值和企业家精神，才能从根本上防止不良伤害的产生。对于企业来说，有道德、有责任、有底线地发展，是必须坚守的准则。而对于企业家来说，社会责任心、高追求和创新精神等品质，是必须具备的素养。

如果企业和企业家都能秉持“穷则独善其身，达则兼济天下”这样的思想，而且真正去认真践行，那么我们整个经济生态环境的持续发展就会有保障和动力。

合并消除了无序竞争

洪仕斌：中国互联网协会网络营销专家委员，中国家电商业协会营销委员会执行会长，著名产业经济评论家

在数起企业合并的事件中，我们能看到互联网“721法则”发挥的效果。一个领域内，一个超级公司会占据市场70%的份额，老二会占据20%的份额，剩余的10%由几家小公司分吃。

也就是说，排在老二之后的企业，存活的可能性微乎其微。于是乎，互联网企业都在拼死争夺老大地位，排名第一的企业不仅能活下来，而且会活得好。

在进入移动互联网时代之后，互联网企业之间的竞争愈演愈烈，谁都想做老大，谁都不怕流血。这样的竞争态势导致了烧钱大战的出现。

尤其随着O2O企业的出现，传统商业和互联网工具相结合，

互联网产品之于消费者而言，就有了价格的比较。在此之前，浏览器或者聊天工具的使用对于消费者来说几乎都是免费的。这时候，互联网企业和传统企业一样，选择了低价竞争，开启了一轮又一轮的补贴大战。

不管是滴滴和快的，还是携程和去哪儿，这些行业排名一、二的企业都很明白，持续竞争对双方没有任何好处，企业利益受到严重损伤，巨额亏损就是最有力的证明。

对于每一个正在成长的企业而言，它们对未来憧憬无限，没有什么能够阻碍它们成为绝对第一的渴望。所以，它们不顾流血、不知疲惫，投入人力财力，去夺取“战争”的胜利。

然而，梦想与现实之间总有距离。虽然老大和老二经历了流血厮杀，双方都已弹尽粮绝、精疲力竭，但还是没有一家能够达到70%的市场份额。面对残酷的现实，它们的资本方站出来做局，促成两家企业的合并。

这是一种理智的决定，也是一个非常直接的过程。合并最大的好处就在于消除了无序竞争。互联网企业在疯狂竞争时，实际是透支了消费生态链。而合并一旦达成，无序竞争就自然减少或者消失，企业回归本质，从而进行遵从商业规律的发展。

两家企业合并之后，能够推动它们持续前行的仍然是创新。对于我国的互联网企业来说，在技术创新或者产品创新上面不是特别突出，但我们的企业在应用创新上具有优势。

这种以用户需求为中心、为用户带来价值的创新，能够推动产品和技术创新。例如，用户有上门美甲美发的服务需求，互联网平台就为他们提供这样的应用服务，这就是一种创新的体现。此外，营销手段的创新也是值得提倡的。企业只有为用户提供价格合理的高质量服务，才有可能持续地发展壮大。

当然，对于行业而言，老大、老二合并后，很难会有新的竞争者出头，后起的小公司很可能只能依附于巨头生存。但在整个互联网业，新的巨头会在竞争还没有那么激烈的领域孕育诞生。因此，机遇和创新仍然存在，创业者要做的就是发现机遇、坚持创新。

合并企业最大的问题是内耗

鲁振旺：资深电子商务观察家，上海万擎商务咨询有限公司CEO

2015年出现的多起企业合并现象只是开始，未来还会持续发生。

两个企业合并之前，往往深陷竞争之苦，尤其是烧钱的恶性竞争，比如滴滴和快的掀起的疯狂补贴大战，团购市场的返利大战等。惨烈的竞争，不堪回首。

在企业合并后，过度竞争随之结束，新公司成为行业巨头，占领了绝对的制高点。这个时候，从外部来看，企业处于一个比较舒适的位子，一方面竞争减少，另一方面实力足够强大。但是，这并不代表企业合并后不会产生问题。

合并是否成功，很大程度上取决于签订合约之后的整合过程。这个过程，可能会很漫长，也可能会很痛苦，会引发公司内耗。如果内耗过于严重，合并后的公司甚至会失去市场，失去客户，从顶端滑落至低谷，最终结果就是合并失败。

在融合过程中，新公司人力资源重组和组织运作的整合都可能出现问题。例如，交易达成之后，高层管理人员没有努力推动整合，人事调动困难、企业文化冲突难以解决、缺乏决策能力等，都会成为整合进程中的阻碍。

不过，在近期的几个合并事件中，我们可以看到，公司在合并之前，对合并后的发展都进行了事先约定，比如谁走谁留，谁保留原业务，谁去开拓新业务等。

可以说，一方面，事先沟通越仔细、越到位的企业，成功整合的可能性就越高；另一方面，在资本的推动之下，新企业的决策制定和执行会更快，减少不必要的磨合成本。

未来，没有被巨头完全垄断的领域都有可能发生合并事件，比如O2O领域、垂直电商领域、游戏领域等。而值得强调的是，企业合并并不意味着绝对的行业垄断，新兴竞争者还是会出现，挑战巨头的地位，在相互竞争中，为消费者提供多元化的服务。

市场状态决定合并机会

王利阳: 网络观察者，独立评论人，电商从业者

互联网企业合并有两大驱动力，一方面是市场驱动力。以58同城和赶集网为例，企业所处的互联网分类信息市场已经到了一个饱和状态，发展到了“瓶颈”阶段，行业格局稳定，没有新的价值和变量出现了。这时候，选择合并是继续发展的最好方式。

另一驱动力来自于资本。互联网企业的诞生和发展，几乎每一步都是由资本驱动着前进的。从天使投资到之后的每一轮融资，企业的发展都离不开资本的灌溉。

在行业两大企业为了争夺市场进行无休止的大战时，流血的是它们背后的资本，烧的都是资本的钱。而当资本进入寒冬，企业就没有了打仗的子弹。这时候，终结战争的最佳办法就是战斗双方握手言和，不仅稳定了彼此关系而且会争取到更

大的市场份额。

此外，从大环境来看，中国的互联网业进入了一个成熟发展阶段，才会有很多企业呈现出整合的态势，进入合并时代。

有的说法认为，行业老大、老二合并之后，很难再有新对手出现，新公司的霸主地位是难以撼动的。其实并不然。两大企业合并之后，行业还会不会有新的机会，这取决于它们所处的市场处于什么样的状态。

如果市场仍处于成长阶段，属于增量市场，那么就算老大、老二合并，新的机遇或者颠覆性的力量还是会出现。在增量市场里，行业老大、老二合并形成的垄断状态是短暂的，能不能保持市场地位，变数较大。行业内其他竞争者还有很大的机会。

但如果是存量市场，市场活力已经衰退了，那么行业老大、老二合并后，就很难产生新的发展机会。

还有一种情况是，两个企业合并后，虽然位居霸主地位，但其产品和服务质量却严重下滑，不能满足消费者的需求，这时候新的竞争者也有机会成功挑战“巨无霸”。

尤其是互联网市场，变化向来快速，考验创业者的不是机遇缺失，而是当机遇来的时候，能不能迅速地抓住机遇。

资本在合并中的根本作用

李成东：电商战略分析师，《纽约时报》中文网专栏作家

互联网创业公司是资本驱动型公司。一般而言，公司不是一个人的公司，而是很多资本方共同的公司。企业在成长阶段，资本发挥着供血作用；企业在竞争的时候，资本发挥着提供粮草弹药的作用。

2015年之前，大量资本涌入互联网行业，帮扶培育了一大批创业公司，各家竞争力不分上下。尤其在中国市场上，同类型的互联网公司很多，相互之间提供的产品和服务同质化严重。例如，在团购网站发展的高峰时期，全国甚至出现了上千家同类网站，来分食同一块蛋糕。

在这样的市场环境下，我们可以看到，一些投资机构为了防范风险，会同时投资两个竞争关系的企业。在企业发展初期，这

种做法是分摊风险，但当两个企业发展为不相上下的对手时，对资本来说就是一种浪费。

而对所有的企业来说，不管是传统企业还是互联网企业，发展的目的都是为了缩减成本，赢得定价权，进而赢利。而只有达到垄断，才是实现目的的最佳状态。在对垄断的追求上，资本方和企业有着共同的信仰。

但是，实现垄断的道路坎坷崎岖。企业之间互相较劲，越到后期需要投入的资金越来越多，但又迟迟难分胜负。于是，资本方开始吃不消，活跃度极速下降，进入了资本寒冬的阶段。

这时就是合并的自然时机。相较于企业来说，资本方的合并意愿会更强，而且资本方也具有足够强大的话语权。

一家公司身后往往有上十家投资方，合并是各方共同的意愿，并不会由某一个投资方或者BAT公司主导而成。对于BAT公司和其他任何投资机构而言，投资企业或者促成企业合并都是一种投资行为，然后才涉及它们本身对市场的布局。

当然，两家竞争企业合并，最直接的益处就在于消除了恶性竞争，同时占领了更大的市场份额。不过，这并不是说行业老大、老二合并之后，市场就没有竞争了。

在一个良性发展的市场，竞争会一直存在。老大、老二合并为一之后，老三自然排在老二的位置，反而会有更多的机遇。例如，美团和大众点评合并后，市场上还有百度糯米和口碑网，并没有形成完全垄断的状态，其他竞争者仍有机会。

“创新性合并”才是好合并

宗宁：笔名万能的大熊，是知名微信自媒体作者，新浪名博，网易科技、虎嗅等网站知名栏目作者

从2015年上半年开始，就出现了越来越多的互联网企业合并、并购、私有化、分拆和回购等现象。往日一片繁荣的各种楚汉之争、三国杀、四国军棋的各领域突然开始变成化干戈为玉帛的祥和之地。这似乎成了一种新常态，隐隐还透出一种病态。

合并看似轰轰烈烈、皆大欢喜，但是，繁花似锦、烈火烹油的背后，更多的是无奈，是被迫——如果公司发展一帆风顺，没有人愿意和竞争对手分享手里的蛋糕。

这些合并大多发生在相对成熟甚至有些衰老的市场里。这类市场的主要特点是：规模增长已相对放缓，竞争格局已相对固化。换句话说，市场土壤的养分，已经无法滋养多个巨头的快速

扩张。为了生存，巨头们只能握手言和。

这一点，可以从一个事实得到验证：很多合并，背后其实都是资本方的推动。只有合并，才能继续挖掘存量价值、提升估值、实现上市——好像上市变成了最终目标。可是公司的经营者们忘记了，上市只是融资手段，它不该是公司发展的一个终点。以上市为目的合并，是遗忘了初心。

因此，2015年的很多合并，并不是“好合并”。它们的合并，没有形成新的好产品，没有形成新市场的开拓，没有增强公司的核心竞争力。不客气地说，因为财务原因的合并，是正在走“下坡路”的企业的合并，是迫不得已的自救。

合并并不会造就很多人想象中的“绝对垄断”。在一个大行业之下，总会有着无数更加细分的领域。再大的赢家，也吃不完所有的领域；再大的平台，也吃不完所有的长尾。

以世纪佳缘、百合网合并为例。其实二者的合并对在线婚恋行业的影响并不如想象中那么大。二者的合并虽然形成了一个体量庞大的巨头，但珍爱网作为行业第三，其固有的生存空间并没有被压缩。这起合并并没有创造新的婚恋服务形式，珍爱网等依旧可以通过强化自身优势形成差异化竞争，拿下属于自己的市场。

什么是“创新性合并”？滴滴和快的的合并就是让人眼前一亮的“创新性合并”。尽管从表面上看，二者也是在走烧钱比拼—精疲力竭—握手言和的老路，但是合并之后，滴滴快的很快将注意力放在新产品的推出和完善上。顺风车、专车、代驾、滴滴巴士等，这些就为用户创造了更多的价值，将被补贴打车吸引而来的用户真正地固定住。坦白说，很多公司烧钱烧得没道理，就是因为钱烧之后，产品、服务没有升级，用户会很快流失。而滴滴和快的前期的烧钱所带来的用户，被多样的新产品、新服务稳定住，这才有价值，也是合并后公司的榜样。别忘了，只有产品才是一家公司的核心竞争力。

自 序
INTRODUCTION

中国人都熟悉《三国演义》开篇第一句：“天下大势，分久必合，合久必分。”

分与合，堪称中华文化的传统艺术。而在分合之间，中国人对于“合”又有着坚固的执念。从秦朝起，中国就成为一个统一的中央集权国家。而在之后的两千多年历史中，除了少数时候的分裂，中国一直维系着一个统一国家的框架。似乎有一种力量，像磁石一般在促使着天下一统。只有归一，才能给人带来踏实的安定感。

英国历史学家阿诺尔德·约瑟·汤因比说，中华文明之所以是文明特征延续最好的古文明，就得自于中国“统一的文化”。对于中国历代政权，统一是考察所有国家治理技术的边界。一旦丢失领土，其合法性就会受到挑战。很难说统一是目的本身，还是一种统治者达到其目的的手段。

三国是我们最为熟悉的分裂时代。从三国故事中我们就能看出统一作为一种趋势的强大力量。

东汉末年，群雄并起。用现代的市场语言表述，这就是自由竞争的“野蛮生长期”。这个阶段，行业门槛极低，是创业的“窗口期”，只要有点武装、有点声望、讲好故事，就能打出自己的旗帜进而割据一方。大家忙着打下城池、招募文臣武将、各自为政、跑马圈地。而人才、资本则通过对各个小政权进行“估值”做出选择，张郃、许攸从袁绍处“跳槽”到曹操处，诸葛亮被“聘任”为刘备政权的“经理人”，刘备获得糜氏家族的“风险投资”……这是各政权高速发展的阶段，强势的政权不断兼并弱小政权，吞并他们的“市场份额”。这个阶段是“黑暗森林”阶段，不消灭别人，就会被别人消灭，这是自由竞争时期唯一的游戏规则。

经过几十年的厮杀，三足鼎立的局面形成，这是“寡头竞争”阶段。这个阶段，三个政权间形成了相对平衡，“创业窗口”已经关闭——“市场份额”已经基本瓜分完成，没有人有能力在魏蜀吴三家之外另立政权。此时没有一个政权有能力吞并另外两家，都不敢再发动大规模战役。但是“三分一统”是每个政权都想做的事情。只有统一（垄断），才标志着竞争的完结。在“统一基因”的驱动下，这样的平衡局面并不会维持太久，总会有人先出手，打破这个平衡，完成格局重塑。

在曹魏和孙吴的战时联盟面前，蜀国荆州沦陷、关羽被擒杀，成为打破平衡的第一块多米诺骨牌。刘备集全国之力伐吴，大败而归，病死白帝城。在五丈原，诸葛亮撒手人寰，猛将魏延欲投降被杀，让蜀国损失惨重。

在吴国，长期以来的故步自封让吴国从君主到群臣都丧失了危机感，再加上吴主孙皓在内部大力整肃异己，使得吴国上下人人自危，根基不稳。

在魏国，以司马懿为首的司马家族的崛起逼得曹家想把曹魏作为“家族企业”传承下去的梦想灰飞烟灭。司马家族个个都是人中龙凤，他们深知，蜀吴的衰落就是统一的“窗口”，此时统一，是顺应天时。他们也很快这样做了，事如人愿，天下归晋。蜀主和吴主都意识到趋势的力量，抵抗毫无意义，因此都是束手投降。

从这起“合并案”中可以看出，从寡头竞争迈向最终合并，尽管背后有趋势的力量在推动，但仍然需要很多条件。

第一，实力对比的变化。不管是武力进攻也好，还是招降也罢，没有让人心服口服的实力差距，都是难以完成的。

第二，有利的客观条件。有实力的一方必须要有充足的准备，有足够好的战略战术，有师出有名的舆论环境。尽管有较大的“实力差”，但在战场上应该尽量只付出最经济的代价。

第三，动机。这是促成合并的关键。为什么要在此时选择合并？合并能够得到什么？可能会丢掉什么？这是决策者必须考虑的问题。司马家族篡魏不久，需要通过战争来树立威望。如果能统一天下，那将是永载史册的光辉业绩，这笔政治功勋，就连文韬武略的魏武帝曹操也得眼馋。加之战乱已久，人心思定，民心也在渴盼着统一。若能三分一统，天下归晋，司马家族就是上承天时，下应民心，合法性问题就能得以解决，这是司马家族统一天下的最强动机。

福尔摩斯说，日光之下，并无新事。

虽然技术发展日新月异，人类文明获得了光鲜亮丽的物质外壳，但是剥去这些，我们在做的事可能和古人相比并没有多大变化。难道不是吗？当我们发现管仲“国有民营”的思想与凯恩斯不谋而合；当我们发现商鞅强力的宏观经济管制、仇视货币和自由贸易的思想像极了苏联计划经济；当我们在北宋时期的四川发现了“铁本位”的纸币“交子”，发现了后来“交子”因为与实物抵押脱钩，进而引发通货膨胀的过程像极了美元从金本位到脱离金本位的转变过程，我们不得不承认，很多事一脉相承。

马克思在观察资本主义社会时归纳出，自由竞争必然引起生产集中，生产集中则必然引起垄断。当我们在20世纪80年代推开了市场经济这扇门，古老中国的统一文化基因和现代的市场基因，还有马克思的论断，都将附身于企业实体之上，伺机复活。

按照英国著名演化生物学家克林顿·理查德·道金斯的观点，基因才是本质，肉体只是传播基因的工具，肉体的一切行为都是为基因服务的。如果说中国企业身上有着古老的“统一”文化基因，也有着现代的“市场竞争”基因，那么不管是从文化维度还是从经济维度，走向合并似乎都是题中应有之义。

在“统一基因”之外，中国互联网行业还流传着一个“721”法则。即一个超级公司会占据市场70%的份额，老二会占据20%左右的份额，剩余的10%由几家小公司分食。这个法则已经在搜索市场、社交市场等领域被腾讯、百度等公司验证。而2015年互联网行业的合并潮，仿佛冥冥之中也在朝“721”法则所预言的方向而去。

“721”法则所揭示的规律尽管可能拥有黑洞一般的强大引力，但要促成巨头之间的合并，必须占尽天时地利人和，从而使合并成为所有逻辑共同指向的唯一、必然的结果——我们可以认为，合并潮绝非偶然事件，而是多重因素叠加的必然。并购是市场中的常事，但2015年互联网大合并事件空前爆发，体量之大、数量之多、规模之巨，让业界目不暇接。让我们回到2015年这个特殊而又平常的时间节点，看看为什么天时地利人和都在这一年突然发力，将中国互联网企业推向合并。

我们可以发现，在2015年合并的这一批互联网企业，很多是成立于2005年前后的。正如奥地利作家斯蒂芬·茨威格在他的传世名著《人类群星闪耀时》里所说：“这些戏剧性地凝聚起来而且关乎命运的时刻，往往发生在某一天、某一个小时甚至某一分钟。虽然在个人的一生中和历史的进程里都难得一见，但它们的决定性却超越时间之上。”

2005年是中国互联网发展的一个高光年份，这是中国接入国际互联网的第二个十年的开始。经过第一个十年的快速生长，BAT三巨头已初见端倪：2005年9月，百度上市时一气冲上100美元大关，不但创造了纳斯达克的纪录，而且还吸引了华尔街投资家们极大的热情。正是由于百度上市的影响力，投资家们将资金大把地撒向了中国，而百度也间接地引领了中国这一年的互联网创业潮。评论家说：“如果说2005年是中国互联网的第二春，那么百度无疑是这个春天里最灿烂的花束。”2005年，阿里巴巴成功并购雅虎中国，8月底，雅虎中国区总裁周鸿祎离任，准备创办360；在2000年，雅虎杨致远本准备把这个职位提供给马云，可是当时马云已经决意回杭州创办阿里巴巴。2005年第三季度，国内C2C（个人对个人）市场规模总额达到87.74亿元，从市场份额来看，主打免费策略的淘宝网占据57.10%的绝对份额，“阿里巴巴帝国”的一把尖刀正在成型。在腾讯，至今活力不减的“QQ空间”找准了数码相机已普及的时间点上线，上传分享图片这一功能击中了社交痛点，每天QQ空间上传照片数量高达一亿。

尽管BAT走势如火如荼，但是当时没人能想到在十年后，BAT成为超脱于一般行业龙头公司的“超级存在”，它们是公司，同时又是投资人。在2015的并购潮中，背后就隐隐约约有着三巨头的身影。在中国互联网短短十几年的发展史中，从没有哪一年像2005年这样：大事件在狂飙，未来的明星也在默默生根。

2004年12月圣诞节，杨浩涌只身从美国回到北京创业，赶集网于2005年3月正式上线；同年离开万网的姚劲波创办了58同城；初出茅庐的李想在为汽车之家找钱、找人；海归出身的庄辰超试探着创办了“去哪儿”。

如果再把这串名单拉长，我们会看到：周鸿祎在这一年开始二次创业，创办了奇虎360；王兴和李学凌分别做了校内网和YY语音；王微、姚欣和周娟同期做了土豆、PPTV和56网；杨勃创办了豆瓣……中国互联网企业创业的“窗口期”适逢其时。

到2015年，拐点显现。经过近十年的拼杀，各个互联网行业从自由竞争走到寡头竞争的阶段，市场份额已经基本划定，进入相对平衡期。然而，维系平衡局面本身，也需要大量心神。对于互联网企业，那就是要继续投入大量资金，维持用户体验。

但是，随着经济持续下行、资本市场波动剧烈，手握资金的资本方越来越谨慎。一些偏保守的投资方更是认为，持股不如持币，资金安全最重要，因此持守望态度。大量资本的涌入造成创业公司估值水涨船高，但当泡沫破裂时，VC的钱无以为继，创业公司就将遭遇“供血”中断的噩运。

赛富投资基金合伙人羊东认为，企业可以烧钱，关键是一定得烧出结果。投资人看重两件事：一是烧钱能烧出极速增长；二是烧钱烧得有效率，能烧出一个稳得住的企业。但是，“很多公司我看不出来烧完钱以后是不是能够稳住，如果一直烧下去也稳不住，那就有问题”。

资本方的踌躇无疑扼住了互联网企业的喉咙。没有后续资金投入，不仅无法战胜对手，连现有的“恐怖平衡”都无法维系。但资本方已经投入了太多“沉没成本”，为了让“沉没成本”不至于打水漂，就只能撮合企业整合。很多时候，或者说绝大部分时候，资本才是推动企业合并的第一作用力。尤其是对很多尚未上市的企业，上市也许是创业者的目的，但退出才是投资者的目的，一旦一家企业创始团队股份被稀释过度，那么很容易成为资本的附庸，被资本意志左右。

如果说前两年是O2O创业的爆发期，2015年尤其是下半年开始则进入了“退烧”期，O2O行业“死亡名单”越来越长，16个领域、近千家的O2O项目，包括外卖、洗车、教育、旅游甚至餐饮O2O等领域，都出现了企业因资金链断裂或是战略问题停止运营的案例，原本蜂拥而上的O2O创业被迫“降温”。这些企业基本都是前期投入大量资金，以低价手段做营销，以至于后期资金紧缩，甚至崩溃。再加之因多国股市动荡、经济复苏缓慢、资本预期收益降低等多方因素，风投市场开始趋向紧缩，“资本寒冬”正式袭来。

几乎所有新兴的创业领域皆陷入突如其来的困局中。这或将是中国互联网创业热以来，遭遇的最大的一次资本寒冬。这轮资本寒冬打乱了原来那种企业烧钱链条。若资本寒冬持续1年，很多大幅烧钱的互联网企业可能会难以为继，或倒闭，或裁员，也或者是被其他企业给并购掉。

另外，相对平衡的局面下是日益激烈的竞争。为何合并的都是行业领先企业？因为它们最懂得“高处不胜寒”的苦衷，最明白“骑虎难下”的进退维谷。它们为竞争所累，为了保持存量份额，过于重视战术而不是战略，或者说是无力考虑战略层面的问题，只能疲于应付一场又一场广告战、宣传战、补贴战……难以自拔。而移动互联网、智能终端的快速普及，正在要求企业转变战略，思考转型升级的问题。

只有合并成一个在行业内具有绝对话语权的公司，竞争对手方能偃旗息鼓，才能把精力用到转型升级上，提升整个行业的水平。

58同城与赶集网合并，不仅有效节约了营销投入，还有利于其专注精力从信息平台向交易拓展，比如58的到家、招聘，赶集的租房、汽车，行业的剧变使得58同城与赶集网的竞争对手不再只是对方，而是各种O2O细分领域的玩家；滴滴与快的合并也是如此，由于尚未有成熟的商业模式，合并后不仅可以减少补贴规模，还能专注于出行领域其他场景的拓展（比如拼车、顺风车等）；京东与易迅合并，则可以获取微信入口继续保持用户的有效增长，而腾讯则顺势剥离了不赚钱的电商业务，优化其财务报表的利润率；至于优酷土豆、爱奇艺PPS的合并，则是因为视频行业版权过高、流量严重依赖搜索、自制偶然性太大、宽带烧钱等因素，不得不抱团取暖。

总结一下：一方面是公司业务层面，同行之间与其相互撒钱竞争，还不如合并双赢；另一方面，创业公司早不是创业者的公司，投资者在背后越来越多地推动双方合并，尤其是在竞争双方都在浪费同一家投资者的钱大玩补贴的时候，不知道投资者心里是何滋味。

总之，合并后的公司不仅节省了大量营销投入，还优化了自身劣势，本质是双赢的局面，当然这对合并劣势一方的创业者的情怀是一种打击。

市场的集中、资本的疲累、竞争的升级、转型的需要……这一切都集中在了2015年。内在外在因素层层叠加、形成共振，合并因此成为不可逆的大势，所以我们也就看到了不少化干戈为玉帛的好戏，看到斗得死去活来的对手坐到一起把酒言欢。

在这个“衣服”不厚就会被冻死的残酷时代，创始人的英雄主义情怀开始没落，实用主义开始主导；并且随着行业发展的加速，资本也在加速退出可预见性的行业，加码更有前景的产业与公司。

互联网的疆界已经拓展到了人们随时随地都会使用的事物，并且行业和用户已经产生了密切的联系，市场的扩容也是指数型快速增长，加上用户的使用习惯、付费习惯也迅速完成培养。

这种万事俱备的市场大环境之下，对资本而言加快动作已经是非常合理的事情，资本方想做的事情是：尽快看出输赢，无需过长时间等待结果出现，而继续等待一个行业内同类型企业斗争的结果，所承担的时间成本与风险，未必会比快速合并退出的做法小，并且还能腾出手做其他事情。例如，滴滴和快的合并的背景是双方都已经补贴到手软的情况下，Uber强势进入市场，休战去克服扩张市场中会遇到的未知困难无疑更加明智。

在合并大势面前，最不稀奇的声音就是“垄断”的指摘。我们在课堂上受的教育告诉我们，“垄断”是个坏东西。但是很多人不清楚的是，市场上有好的“垄断”。

比如企业通过提前获知客户的潜在需求，通过自己的研发活动引导或者满足客户的潜在需求，通过这样的企业行为获得比其他企业更多的市场份额、利润和更多的市场美誉度，形成相对垄断。

但也只有在这样的垄断环境下，其他的企业才会主动或者被动地去进行创新，力图打破这样的垄断，也就是说这样的垄断会促使整个细分行业出现更多的创新性活动，更快促使整个行业的发展和提升。

或许，合并本身也可成为“垄断”的反面。如何打破BAT对中国互联网的垄断？合并或许可以。合并能最快地实现优势互补、规模扩张，最后形成1＋1>2的效果。

这对于创业者的借鉴意义就是在当下传统行业全面互联网化的情况下，如何把握机会，如何判断谁才是你真正的敌人和朋友，与其和同行“火拼”最终两败俱伤，被巨头收购，不如选择合并大步快跑。合并或许不失为继独立上市、巨头收购后的又一种发展路径。

本书所选择的案例，都是对相关行业影响深远的合并案。本书力图通过梳理这些企业的发展历程、合并动机、合并结果，找到2015年这一波合并浪潮的主线，分析这些企业共性与个性的“基因”。在这变化激荡到让人看不懂的世界里，我们不奢望能够参透合并的真谛，只希望一个案例能够让您读懂一个行业的前世今生，更希望您能在阅读过程中形成独到的见解，对“大合并”这个话题有不一样的诠释。

前 言
PREFACE

大合并漩涡

在自然界，漩涡是两股或两股以上方向、流速、温度等存在差异的能量（如气流、水流、电流等）在相互接触时，互相吸引而缠绕在一起形成的螺旋状合流。

而两企业之间的合并，就如同漩涡。

两家不同的企业相互接触，碰撞融合在一起就会产生合并漩涡。对于企业来说，形成漩涡的能量又可以称之为搅动因子，一般分内外两种。在内外搅动因子共同作用下，形成漩涡，然后开始运转。而漩涡最终会怎样，是一个谜。

2015年到2016年年初，中国互联网业就集中爆发了六起强强联手的合并。与此同时，随着中国国企改革的行进，以从事实业为主的国企合并潮流也已来袭。

在本书中，我们将目光放到了互联网企业的合并上。我们想知道，频频产生的互联网合并事件是在怎样的情况下生成的？这些合并会引发怎样的反应？企业到底是应该投身合并漩涡还是走出漩涡?

合并，是一种无法躲避的改变。既然选择了碰撞合一，那就要有面对变化的勇气。合并是为了生存，为了活得更好，更是为了成为霸主。但是，如果漩涡失控，很有可能两败俱伤，甚至波及更多的局外企业。

因此，在知晓互联网企业合并的来龙去脉之前，我们有必要知道哪些因素导致合并漩涡的生成，之后会有哪些变化，以及合理控制漩涡的办法。

一、漩涡搅动因子

1. 垄断

追求垄断，是互联网企业投身合并漩涡的第一大内在搅动因子。

互联网有着天然的垄断基因。对于互联网企业来说，网络打破了地域限制，边际成本几乎为零，而且商品价格很低甚至是免费共享。不过，一旦占领了足够份额的市场，看似免费的产品就会产生巨大的利润。

以腾讯为例，正是因为它成功打败了飞信、UC等社交聊天工具，用 QQ聊天占领了绝对的市场份额，黏住了数亿用户，它才得以成为互联网巨头。

当时，聊天工具都是免费使用，但QQ以活泼时尚、方便快捷、传播力强、功能丰富等优势获得了众多使用者的青睐，以产品实力夺得了市场第一。

在中国互联网刚起步的时代，还没有哪家公司的产品有实力与 QQ抗衡。因此，QQ快速占领制高点，垄断在线通信市场。这样一来，在 QQ之后，类似的社交聊天工具逐个关闭，也再没有新的聊天软件出现与之抗衡。

阿里巴巴的崛起也是如此。虽然电商企业众多，京东、苏宁、当当网表现也不错，但十多年来，淘宝强悍的霸主地位无人撼动。搜索领域的百度更是如此，尤其在谷歌退出中国大陆后，百度几乎成了网民唯一的搜索选择。

为什么互联网企业在短短时间就能垄断市场？与传统企业相比，互联网企业最大的优势就在于边际成本接近于零。对于传统企业，空间距离是难以逾越的。比如一个传统的服装店，想要扩大市场，就必须在不同的地方开更多的实体门店，雇用更多的员工。

但如果在网上开店，空间可以像科幻小说中描述的那样被“折叠”，距离不再是限制因素，这就会节省相当一部分房租、水电以及员工工资，而且不受地域和地段限制，而且人流量也较为可观。

这些天然优势使得一个小小的互联网企业能够占领60%以上的市场垄断份额，而普通的传统企业很难做到。

《从0到1——开启商业与未来的秘密》的作者彼得·蒂尔说过，“垄断是对创新的一种奖赏”。任何一种垄断的产生，其根源都是产品在特定领域的无可复制性，也就是其独创性。

互联网企业总是能创造新产品，产品独特必定会产生价值。垄断企业所获得的巨额销售利润，正是对这种独特创新的奖赏，创新、领先、巩固之后就必然是垄断。

彼得·蒂尔的话，完全可以为深受垄断问题困扰的互联网企业正名，创新型垄断为用户提供了最优选择方案，何罪之有?

在互联网刚兴起的PC时代，阿里巴巴、腾讯和百度在中国市场就是一种创新。这批企业崛起的一大原因在于起步早、竞争者少，先来者可以先得。

当它们在几乎没有对手的环境里占领一片处女地时，后来的竞争者已经无法追赶上它们的脚步。相较于如今信息更发达，竞争更加激烈的移动互联网时代，PC（个人电脑）时代的企业更容易凭借个体实力实现创新垄断。

也就是说，它们不需要通过强强联手来垄断市场，仅凭自身实力就能达到垄断。然而，当互联网发展到一定阶段之后，每个行业的门里门外都挤满了竞争者，那么企业为了实现垄断，就不得不采取一些手段。此时，合并就成为最直接也最实用的选择。

在2005年前后，互联网领域总是会在某个时候集中爆发一大批模式相同的新公司，然后经历疯狂的厮杀争夺市场，剩下几个实力较强的。而在这些公司当中，排名前两名之间的竞争尤其强烈，常常为了达到垄断目的打得“头破血流”。市场之上，拼资金，拼服务；市场之下，还充斥着“互黑”的小动作。

当竞争者的体量发展到一定程度，谁都无法吃掉对方。直到双方精疲力竭，市场仍然是几巨头排排坐，没有出现垄断局面。于是，原本是对头的行业老大和老二，就不得不选择合并的方式实现垄断。忘掉情仇，回归利益，这无疑是决策者对公司最负责任的理性做法。

2. 止损

互联网企业在猛烈对抗后，还能牵手合力形成漩涡的另一内因就是止损，或者说是为了获得融资。

不管是阿里巴巴还是腾讯，发展企业的资金都不是创始人自己掏腰包，而是花的投资者的钱。

VC/PE（Private Equity，私募股权投资）基金起源于20世纪四五十年代的工业文明时代，在企业创新和重组中发挥了积极作用。而当社会迈入信息时代后，VC/PE机构则开始发挥前所未有的巨大作用。

在互联网企业诞生之前，从来没有企业与资本的关系如此密切。可以说，是资本孵化孕育了互联网公司，给它们创造了足够的物质条件去“战场”上打拼，以达到绝对占领市场的最终目的。

综观国内外互联网巨头，阿里巴巴、百度、腾讯、谷歌、Facebook、Amazon，无不是在诸多资本的武装下快速成长壮大的。没有资本的投入，就没有互联网巨头们的天下，更不会催生高速发展的互联网时代。

而当互联网企业真正强大之后，VC/PE机构将获得巨大的回报。1999年，马云创立阿里巴巴之时，高盛就为这家寒碜的初创公司注资330万美元，成为首批投资阿里巴巴的投行之一。

仅5年之后，高盛以2200万美元的价格卖出持有阿里巴巴的所有股权，已相当于买入价的7倍。如果高盛等到阿里巴巴2014年上市再卖出股权，那么它的收益会超过30倍。

投资机构投资一家企业，第一考虑因素就是这家企业赚钱的能力，或者说赚钱的潜力，然后进行估值，计算出投资额度。如果一家企业没有挣钱的能力或者潜力，资本绝对不会为了一个美好的贫穷梦想对其投资。

互联网企业在真正强大之前，都离不开资本方的灌溉。尤其在互联网发展愈加成熟之后，进入的投资机构也越来越多。

在市场形成初期，不同的投资者往往会选择不同的扶持对象，而且互联网产品可复制性强，市场就会出现多个对手，进行趋于同质化的竞争。而互联网企业在前线互相厮杀的时候，背后往往有投资者为其撑腰、输血。最终的胜负，往往就是由投资者钱包的厚度所决定。你弹尽粮绝了，我还活着，那么你的市场份额我照单全收。

从滴滴和快的在合并前一段时间的竞争中，就可以直观感受到互联网企业在PK过程中对金钱的渴求程度。为了拼倒对方，双方不计成本，大玩烧钱游戏。

截至2014年5月17日，滴滴、快的共补贴超过24亿元。其中滴滴补贴14亿元，快的补贴超过10亿元。

这么多的资金，全是资本方付款。谁没钱，谁就会死。在滴滴补贴最高的时候，当日订单量峰值曾达到530万单，而停止补贴后，平均每天的订单量回落到300万单左右。而快的在补贴期间日单数甚至超过了600万单，补贴结束后订单数下降了6成。

如此恐怖的市场下滑幅度，让随时面临死亡危机的企业不敢轻易停止“烧钱”。

如果企业一开始就死了，资本方多半亏钱，所以企业初期能拿到的天使资金不会很多。如果企业在竞争过程中被淘汰了，资本方有可能赚钱也有可能赔钱，这时候亏钱就意味着投资失败。而只有企业撑到了最后，成为独霸天下的巨头，资本方才能悠闲地坐等回报。因此，考虑到越来越高的沉没成本，互为竞争对手企业的资本方就会选择“对赌”，不断为各自麾下的企业续命。对于投资者来说，笑到最后，才是赢家。赌到最后，可能会赢，而中途放弃，肯定会输。这就是为什么在企业大肆烧钱的时候，资本方还是会不断供给投资的一大原因。

在企业发展中，有的投资者会选择持续参与到企业的多轮融资中，或者干脆购买股权成为企业的大股东，等待最后的大丰收。

然而，随着竞争对手的涌入，竞争成本越来越高，资本获益越来越难，投资方会越来越缺乏等待的耐心，信心降低，变得焦躁不安。这时候，大股东不愿再把资金投进一个无底洞，而面对一片红海，新的投资方也很是踌躇，不愿意再进入。

资本方缺钱，企业资金就会丧失流动性，好比一个人失去了行动能力，只能坐以待毙。如果没有新的资金输入，企业很快就会萎靡下去，快速丢失之前耗费心力抢占的山河，市场流失的速度比得到的速度更快。

对于资本方来说，最关心的是如何才能实现大一统，收获预期回报。对于企业来说，最关心的是应当如何重获资本信心，得到企业继续生存的救命钱。

这两个问题有一个最直接的共同答案：强强合并。在互相较劲不分胜负的情况下，行业一、二名的企业又都深陷亏损和融资难的泥潭，现状混沌，前路渺茫。何况，行业的三、四名还在身后紧咬不放。似乎只有合并，才是双方止损、重建信心的最佳办法。

3. 资本

在两家企业视对方为眼中钉、肉中刺时，它们背后的资本方很有可能已经暗中牵手。作为企业的“金主”，资本方扮演的角色很特殊，可以说它们属于企业内部，但它们常常又站在第三者角度看问题做决策。因此，它们能更冷静地与曾经的“敌人”成为合作的朋友。

在2015年和2016年发生的大大小小合并案中，投资机构起到了不小的作用，甚至可以说是关键的搅动因子。毕竟，从诞生之日起，资本的一大力量就是助力企业做大做强。

因此，资本方之间会存在共同的利益诉求，只要实力相当，它们之间没有敌人。中国互联网企业第一起轰动的合并——优酷和土豆合并案，就是由双方投资方敲定的。

2012年2月第一周，优酷和土豆投资方正式接触。优酷网第一大股东——成为基金创始人李世默，与土豆网第一大股东——纪源资本符绩勋讨论双方合并的潜在可能性，符绩勋表示愿意进一步谈判，双方一致同意见面。

整个谈判和最后合同的签订，都是由双方各自的第一大股东主导进行的，一切都进行得干脆利落。拿人手短，一旦资本的搅动力量变得强势，企业创始人或者CEO（首席执行官）的话语权就会很弱。

相较于两个不同大股东的合作来说，更有趣的是，两个竞争企业背后的投资方很有可能相同。资本天生就有控制风险的本能诉求，使其会选择将鸡蛋放进多个篮子里，如果这一篮鸡蛋碎了，还有另外一篮补给。也就是说，两家企业虽然是竞争关系，但它们背后很可能隐藏着同一个金主。

一般情况下，投资方不会随意干扰企业的决策。但是，当两个篮子越来越相似，进入有我没你的境地时，投资者就会考虑收缩成本。毕竟，没有人愿意不断花钱打自己。

知名投资机构红杉资本就深谙合并之道。在选择投资项目时，红杉资本会在一个大市场投资两家以上有潜力的同行业公司，如果在竞争中短期内不能形成一家独大的格局，则尽力推动二者的合并，做大新公司的规模和估值。

据统计，红杉资本在全球总共投资超过500家公司，200多家成功上市，100多家通过兼并收购成功退出。在中国旅游O2O领域，红杉资本投资过驴妈妈和途牛；在汽车O2O领域投资过51用车、PP租车、天天快车等。

最为典型的是，在美团和大众点评的合并中，红杉资本也是双方共同的金主。当然，红杉资本投资大众点评之时，不曾想到几年后会投资美团，更不会想到自己扶持的两家公司会在团购市场成为“死对头”。

红杉资本曾多次表明态度，澄清自己并不是美团和大众点评合并的幕后推手。对于两家企业的每一轮融资，红杉资本都是抱着助力企业发展的愿望而投入其中的。

但这样的理由并不能令人信服。在两家企业势不两立的时候，相信没有谁比红杉资本这样双方都有投资的机构，更想要促成两家企业的合并了。

当然，喜欢在同一行业多投几家公司，以此降低风险的机构不止红杉资本一家。据统计，截至2014年年底，去哪儿和携程有8个共同股东，合计持有23%的携程股票以及48%的去哪儿股票。这样的股东结构，降低了双方合并时的许多沟通成本。可以说，双方股东的重合程度越高，合并的意愿就越大。

在双方共同的投资者看来，“本是同根生，相煎何太急”这句诗最适合用来淡化两家竞争企业的敌意。或者说，在合并过程中，共同的投资者能够扮演“说客”“润滑剂”或者“催化剂”的作用，推动双方更顺畅更快速地走到一起。

有人说，资本是红娘，是救命稻草，它和善友好；也有人说，资本是毒药，是绑架者，它冷漠无情。

无论怎样去定义资本的角色，有一点不可否认的是，在企业合并过程中，资本有着巨大的搅动力。如果企业合并的内力不够强烈，那么资本就会成为关键的补充力量，甚至可以替代内力作用，主导合并交易完成。

从近两年中国互联网企业合并案例来看，资本对合并的意愿强于企业自身合并的意愿。例如，土豆CEO王微、去哪儿CEO庄辰超、大众点评CEO张涛，他们既是创始人也是实际管理者，内心深处并不想把自己的企业与竞争对手合二为一。

对于企业来说，合并在一定程度上更像是一种被迫选择。例如，王微就没有参加优酷和土豆合并的第一次谈判，而庄辰超也曾强烈反对去哪儿与携程合并。

虽然他们最终都为了企业更好地发展选择合并，并能感谢资本的撮合，但却并非真实的本意。

4. BAT——幕后的搅动因子

世界是你们的，也是BAT的，但归根结底是BAT的。

在2015年和2016年集中爆发的互联网企业合并中，BAT三大公司可以算作是幕后最大的搅动因子，它们发挥的力量，甚至超过了资本方。如果没有BAT搅动，合并漩涡恐怕难以形成。

滴滴和快的、去哪儿和携程、美团和大众点评、优酷和土豆、58同城和赶集网、蘑菇街和美丽说，这六大合并案，与阿里巴巴、腾讯和百度都渊源颇深。在它们的投资者中，都出现了BAT公司的身影，要么直接控股，要么是最大投资股东，“操纵”着幕后的一切。

美丽说与蘑菇街合并后，美丽说创始人兼CEO徐易容在给员工内部信中就提及，作为美丽说的股东之一，互联网巨头腾讯将向合并后的新公司“大力追加投资”。而相关的交易人士称，美丽说的大股东腾讯“花了很大力气促成合并”。

与红杉资本、高盛投资、软银等风投相比，阿里巴巴、腾讯和百度其实更加频繁地出现在合并互联网公司的金主名单上。

快的打车、美团、优酷土豆（2015年8月6日更名为合一集团）是由阿里巴巴支持，腾讯则是滴滴打车、大众点评、58同城、美丽说最大的投资方，去哪儿则是由百度一手控股的。

滴滴打车和快的打车合并时，最令人惊讶的不是这两家“仇敌”在一夜之间化干戈为玉帛，而是它们背后的大佬阿里巴巴和腾讯竟然能握手言和。

众所周知，阿里和腾讯为了支付端口，暗地里较劲多时。腾讯投资滴滴之后，滴滴支付以及一切优惠，全都通过微信完成支付。通过打车软件线上交易，微信支付在滴滴的渗透率一度达到了70%以上。也就是说，支付端口是两家企业的必争之地。

当然，两大巨头争斗，不会只为了争夺支付市场。那么，背后真正的原因是什么?

答案很抽象：生态系统。很多人不太明白马云、马化腾不断提及的生态系统到底是什么，甚至两家公司内部员工也未必完全理解老板的思维。

2014年阿里巴巴赴美上市前夕，马云发表了一封《在15年争议中如履薄冰，不回避挑战》的公开信。在这封信中，他27次提到生态系统。

他这样解释：“我们运营的不是一个公司，而是一个生态系统，一个用新技术、新理念组建而成，由全球数亿的消费者、零售商、制造商、服务提供商和投资者组成的仍在持续长大和进化的新经济体。”

从马云的描述具体分析，阿里巴巴是从B2B（企业对企业）和淘宝起家，建立了数据系统，并由此衍生出天猫、聚划算等多个业务线，形成了买卖双方、批发零售的交易关系；然后，阿里建立了一层由支付宝、阿里小贷、菜鸟物流、阿里云等组成的资金流、物流、信息流的循环体系；再外一层，阿里围绕信息流、支付流和物流，投资及收购的企业，如新浪微博、高德、快的打车、美团、饿了么、口碑网、优酷土豆等，形成电商市场、平台和生态系统，获得更大的业务想象空间。

不得不说的是，为了建造生态圈，阿里做的远不止这些。

而对于腾讯而言，马化腾从2011年开始就实行一种开放平台战略。他想的是，让更多开发者都云集到微信平台，将用户黏得更紧，从而达到整个生态系统的长久发展。也就是说，做到以微信、QQ及公众平台为基础，连接人与商品和服务，才能帮助腾讯打造开放、完整、丰富的生态链。

就腾讯近年来的举动来看，的确是以微信为平台，从各个角度、层面去搭建和丰富微信，将包括滴滴打车、大众点评、58同城、美丽说在内的各股势力集中到微信，集结成一股大力，颇有一种以一抵十的态势。

不仅是阿里和腾讯忙着布局生态圈，百度也在为今后做打算。在O2O打车领域，百度投资了Uber；团购领域，百度收购糯米，创办了百度糯米；在线视频领域，百度也全面控股爱奇艺；尤其在在线旅游领域，百度成功控股去哪儿后又促成其与携程合并，由此成为在线旅游领域的巨头。

对于BAT三大公司而言，一个生态圈就好比一个小世界，在里面的物种互相依靠着生存，支持彼此的成长。因此，不管是去哪儿、携程，还是美团和大众点评，实际都是BAT公司生态圈里的一个环节。

在BAT公司的参与甚至主导下，这些互联网企业争抢市场是为了生态圈建设，不计前嫌共谋发展也是为了生态圈发展。由此看来，脱离BAT公司存在的互联网第四极力量尚未崛起，未来三足鼎立的局面仍将保持下去。

二、漩涡效应

两家企业合并后，一定会产生反应，有可能是融合，有可能是摩擦。融合能让漩涡有序运转，而摩擦则有可能引发混乱。

1. 协同效应

从体量来看，行业一、二名合并将使得新公司的规模扩大。

合并之前，携程在在线旅游市场占有40%市场份额，去哪儿则占据30%；美丽说和蘑菇街的用户重叠度仅20%，合并后除开重叠的用户数，将会有可观的用户增长；而美团和大众点评在合并之前则分别占有高达50%和40%的市场份额，虽然两者在业务上有重叠，但拥有不同的区域优势和子项目优势，能够互相补给扩充；滴滴打车和快的打车在牵手前也各自占有四五成的市场份额，合并后预期的份额将超过60%。

为什么企业会不惜一切代价争夺市场份额？其中一个关键原因在于，只有达到垄断状态，成为消费者唯一的选择，企业才能从消费者手中夺回制定产品价格的主动权，即定价权。

当消费者没有更多选择，而为了满足已经形成习惯的需求又不得不买某个产品时，他们的相议价能力就比较弱。而这个时候，企业方调整产品定价，也不会对需求造成太大的负面影响。

最典型的例子就是滴滴快的合并后的价格变化。双方合并后，给司机和乘客的红包明显减少，“免费打车”“补贴十元”这样的营销活动销声匿迹，甚至推出“动态加价”，在用车高峰期变相提价。而此时，用户使用打车软件的习惯已经培养起来，就算只享受每单一、二元的优惠，他们也会继续使用滴滴快的。

当然，只靠提价“欺负”用户赚钱是绝对不长久的。合并双方对新市场的开发也很重视。例如，滴滴快的合并后就打通了大数据平台，通过挖掘数据，进行更高效的资源调配，研究新的赢利模式，拓展新的市场。

如果不是为了扩大规模，占有绝对的市场份额，掌握定价权，这些公司也不会轻易选择化敌为友。不过，合并后到底能不能像预期那样联盟成为市场霸主？结果存在高度的不确定性。

2012年，优酷和土豆合并时，外界盛传两者将一统在线视频江湖，成为最后的霸主。当时，优酷已占有超过20%的市场份额，土豆则超过10%。如果单纯相加，新公司的市场份额超过三成，就算保守估计，接近三成应该没有问题。

但两年后，优酷土豆所占的市场份额与此前优酷单独占有的市场份额相当。虽然仍然是市场第一，但两者合并的确不如预期。相信古永锵费力笼络王微，不会只是为了两家合并保第一，稳住已有的20%市场份额。

合并并非易事。宣布合并只需要一分钟，但真正的合并往往道阻且长。不同的公司涉及不同的业务范畴，整合的难度各有不同。

例如，滴滴和快的都是打车业务，美丽说和蘑菇街都是社区电商，业务相对比较单一，整合难度相对较小；而58同城和赶集涉及生活分类信息服务的多个方面，美团和大众点评涉及餐饮、电影、婚庆等多个领域，携程和去哪儿也涉及酒店、机票、旅游等不同方向，业务复杂度高，整合起来就会更难，花费的精力也会更多。

于是，在真正合并的进程中，新的公司会遇到层出不穷的问题，比如项目关停、人员调整等。不确定的风险因素导致了不确定的市场结果。

两个公司合并，不会是简单的规模相加，内部管理和外部竞争的问题仍然存在，甚至会变得更严重，1加1小于2的结果也时有发生。

2. 节约竞争成本

在互联网业，有个很流行的术语叫做“资金消耗率”，简单来说就是“烧钱率”，指的就是这一类企业在实现盈利前消耗投资者资金的速度，一般按月来计。

由于天然的垄断特质以及与资本的亲密关系，互联网企业烧钱率特别高。去哪儿、美团、滴滴、快的……每一个都是出了名的“烧钱大户”。

美团的外卖业务一个月就能烧1.5亿元，滴滴打车每个月给司机和乘客的补贴超过2亿元；去哪儿更是一个月就能烧掉近10亿元……

在赶集网的强烈攻势下，58同城的投资方华平投资曾放言称：“赶集投一个亿，我们投两个亿，他们投两个亿，我们投四个亿。58市场份额是第一，你不要错过一个时代，不要犯错让对手绕过你。”

在谈及合并理由时，58同城和赶集网双方均认为是迫于竞争的原因。各自居高不下的营销、推广费用，是合并的主要原因。

这些年，互联网公司之间的营销大战，一个比一个疯狂，人们回想起来都会觉得不可思议。为什么它们要花这么多钱去搞补贴大战？原因很简单，如果谁不烧钱，谁就会死。

但大家都很清楚，疯狂的补贴和营销是没有尽头，更没有希望的。一直烧钱搞补贴大战，谁都受不了。一般情况下，企业都是表面上一边气势汹汹烧着钱，一边在暗地里焦急地谋求生路。

快的和滴滴合并后，吕传伟（快的CEO）发表的内部信中直言，“恶性的大规模持续烧钱的竞争不可持续”这个因素促使了双方合并。另外，合并后可以避免更大的时间成本和机会成本，新公司可以马上加速开展很多新的业务。

一旦终止比拼式的不合理烧钱行为，企业会省下不少钱，可以将之用在新业务发展方面。

滴滴和快的合并前一夜，似乎还在“红包大战”。但自从宣布战略合并后，双方立即转变为兄弟，一同打理江山。合并仅两个月后，滴滴和快的就推出“一号校车”“滴滴快送”“一号快车”等新产品，丰富产品线。

试想，如果双方没有合并，那么就一定会出现“滴滴一号校车”和“快的一号校车”，然后进行新一轮校车补贴大战。也就是说，每一个新产品推出都会面临烧钱竞争，无法预计盈利，甚至可能出一个新产品就亏得更多。

于是，企业就算怀揣着一箩筐新产品，但忌惮于高昂的竞争成本，也不敢轻易推出。只有在竞争成本可控的情况下，企业才会试点新产品推广。

3. 资金增强

合并前，融不到资；合并后，涌进一大波资金。这是合并案例的一个共同现象。资本就像天气一样，说下雨就下雨，说放晴就放晴。

经济下行的大环境下，互联网企业也难以独善其身，连BAT都在缩招。资本评估一家企业不再看企业本身有多大的造血能力，而是千方百计地撮合两家实力相当的同类企业在一起抱团取暖、求存图强、规避系统风险。资本变得谨慎小心，不愿去冒未知的风险。

幸好，资本还算守信，它们的确会在企业合并之后兑现承诺。美团和大众点评在合并3个多月后获得超过33亿美元的巨额融资，融资后，新公司估值超过180亿美元。

要知道，正是用钱之际的美团和大众点评距离上一轮融资已经有一年时间了，获得大笔资金的新公司就像久旱逢甘霖一般，获得了重生。

滴滴和快的在合并后，则仅用了两周时间就拥有了20亿美元融资。可见，在消除了比拼烧钱的顾虑后，资本方对其重拾信心。

另外，优酷土豆并入阿里旗下之后，也很快宣布整合阿里资源，投入10亿元资金扶持在线视频内容方向的创业者。而背靠阿里之后，优酷土豆“3年投100亿支持网生内容”的计划才有了强大的物质基础。

当然，除了融资能力增强外，公司合并也可能挽救财务亏损。

去哪儿与携程合并后的第一季度（2015年第三季度），去哪儿网净亏损为7.3亿元。这是自2013年第三季度去哪儿网公布第一份财报以来，其季度净亏损第一次环比收窄。财报指明，亏损收窄主要得益于“总营收和毛利润的强劲增长，以及运营成本的控制”。

从携程2015年第三季度财报来看，净营收为人民币32亿元，同比增长49%；归属于公司股东的净利润为人民币24亿元，与2014年同期的人民币2.17亿元相比大幅增长过10倍。

携程梁建章在财报分析师会上表示，携程和去哪儿的合作刚刚开始，有很多协同效应还有待开发，比如在营销领域，与去哪儿的合作可以提高公司营销、广告和流量获取方面的效率。在产品促销方面，双方合作可以减少非理性的竞争。在产品研发方面也可以减少不必要的支出。

如果两家企业合并之后，仍然没有融资进入，甚至亏损更大，那会怎样？当双方怀着美好的愿望结合在一起之后，却发现与理想的发展方向背道而驰，那会怎样？

合并或许能够解决一时的燃眉之急，一时激情之后，长远发展的路途上仍然荆棘密布。

4. 创始人离开

将合并两个字分开来看，一方是合，一方是并。“并”字还可以解释为并购。也就是说，概念上虽然是合在一起，携手共进，但实际上很可能是一家企业对另一家企业的并购行为。合并之后，相对弱势的一方或将名存实亡。

两家企业合并消息传开的同时，总会伴随一个猜测：谁将离开？优酷和土豆合并后，王微离开，古永锵留下。时过三年，古永锵将公司名字改为优酷网注册用名——合一集团。人们不禁叹息，优酷还在，不见土豆。

去哪儿创始人庄辰超的离开显得更加干脆。去哪儿和携程合并不到3个月，庄辰超就宣布离职，将公司完全交与梁建章。

同样的事情也在58赶集合并后发生。58同城和赶集网合并后，赶集网CEO杨浩涌卸任58赶集集团CEO一职，保留集团联席董事长职位。

同时，杨浩涌还带走了一块“心头肉”——瓜子二手车。这个项目原本是赶集网旗下，如今从58赶集拆出成为独立公司。杨浩涌以个人投资者身份向这个公司投资6000万美元，任公司CEO。

美团和大众点评合并时宣布，王兴和张涛担任联席CEO。然而仅一个月后，张涛成为新公司董事长，不再担任CEO。两位创始人也有了不同的分工，王兴抓管理和运营，张涛转战幕后，负责长期战略。此后，张涛将离开新公司的传言就不曾断过。

和张涛一样深陷“被离职”困扰中的还有百合网CEO慕岩和快的打车CEO吕传伟。对于新公司来说，两个人联席CEO毕竟只是一种过渡手段。

有人说，留下来的是赢家，离去的是输家。一方创始人的离开，往往意味着他所创立的企业在新公司里成为弱势的一方，也就是被并购的一方。也可以理解为，强势的一方消灭了弱势一方，以合并的名义除掉了最大的竞争对手，再一统天下。

就算新公司以两家公司共同命名，虽然公司内部有强弱之分，但合并就意味着两家公司变成了一家，两个CEO终将变成一个CEO。对于双方来说，这都代表竞争对手消失了。相较于通过市场竞争消灭对手，合并未尝不是一种更划算的有效办法。

5. 公司精简机构

几乎每一个合并的企业都曾表示过不会裁员。然而，当两个有着同样业务的公司融合为一时，必定会有部门调整，由此会引发员工岗位变动或者离职。

其实，企业合并后如果没有部门和员工调整，绝对是一件不合理的事情。虽然打着“不裁员，不降薪”的口号，但合并仍然会带来不小的人员动荡。

名义上来说，公司不会强行裁员，但在进行部门精简整合后，员工仍然会面临是否接受新岗位的抉择。

2015年10月，美团和大众点评合并。两个月后，两家公司不再各自独立运营，各地区美团管理层正式全面接手大众点评和美团两个平台的到店餐饮业务，而大众点评原管理层则主要负责结婚、亲子、家装、丽人、KTV、休闲娱乐、外卖等非餐饮事业群。

简单来说，大众点评原有最重要的餐饮项目将全部由美团接手，之前餐饮项目的员工就不得不面临转岗问题，这一群员工数量是非常庞大的。

新公司向美团和大众点评数千位销售经理发出过一份内部招聘邮件。范围涉及全国146个城市，既有餐饮业务岗位，也有非餐饮业务岗位，申请转岗的经理可以填一个“第一志愿”和两个“备选志愿”。

转岗竞聘竞争激烈，新岗位也不一定合适，留在原岗有被裁的危险，一些员工无法与新公司的调整融合，选择了主动离职。

现实情况是，美团和大众点评的到店餐饮业务销售团队重合度最高达到了80%。新公司启动内招的目的，就是在内部先消化一批重合劳动力。

更早两年合并的优酷和土豆也是如此。虽然古永锵和王微在第一时间对员工进行了安抚，表示不会因合并而进行规模裁员等对员工不利的行为，但公司机构调整带来的人事变动，仍是不可避免的。

合并后的优酷注重电视剧、访谈节目等内容投入，走主流路线；土豆则侧重于动漫、综艺娱乐、原创视频等内容，吸引相对小众的人群。

既然公司部门进行了调整，那么就不可能没有人员变动。王微离开后，土豆网COO（首席运营官）王祥芸、CFO（首席财务官）余滨、CTO（首席技术官）黄冬、CSO（首席战略官）于洲等数位高管相继在一年内离职。

据统计，合并后一年内，优酷土豆集团共有40多名总监以上人员离职，大部分来自土豆网。

另据内部统计，新公司一年来入职近1300人，离职约700人。在离职员工中，优酷、土豆各占一半。其中，土豆员工因部门拆散合并的原因，被动离职较多，而优酷以老员工主动离职较多。对于一家2000人的公司来说，这样的部门和人员变动实在很大。

合并后的机构和人员精简，可以说是一场阵痛，可以说是有效配置资源，也可以说是甩掉负担。总之，这是不可避免的环节，新公司在这两方面如果做得不好，势必会影响后续发展。

2000年，美国在线与时代华纳宣布合并，交易额超过1600亿美元，成为当时世界上最大的企业合并案例，堪称经典。

但长达9年时间后，两家企业最终黯然分手，美国在线总市值缩水98%。市场研究机构Gartner分析师雷·巴尔德斯认为，这起合并整合失败的最主要原因是两家管理模式严重冲突，文化也不相容。时代华纳像是西装笔挺的老派人，而美国在线则是穿着牛仔裤的IT工程师。

如是，对于合并而成的新公司来说，管理融合、人员融合、部门融合，将是持续性的问题。这些问题是企业合并漩涡生成的一个一个子漩涡，如果运转顺利，它们将助力合并，稍有不慎，则会干扰甚至破坏合并漩涡的正常运转。

6. 抑制新竞争

两个企业合并一起，形成转动着的漩涡，周边依然会存在“局外企业”对其干扰，与其竞争。就算合并后的新公司占领了市场垄断地位，但在自由竞争的市场里，仍然会有竞争企业的存在。

而合并企业双方最希望看到的状态是，外部竞争影响微弱，无法对其形成威胁。58同城和赶集网合并后，占领了60%的市场份额，其他对手零零散散，整个市场仅剩一家百姓网看似能够与之抗衡，然而冲击力也几乎为零。

滴滴和快的合并后也是如此，双方抢占了六成以上的市场，达到了垄断状态。神州专车、Uber很难从滴滴快的口中抢走市场。

更神奇的是，当某个行业前两名的企业合并之后，几乎就再也看不到新的同类公司出现了。例如，滴滴和快的合并后，没有再出现除了现有打车软件外的新公司。

不难猜测，当某个领域出现了巨头之后，没有谁愿意冒风险去做鸡蛋碰石头的事情。没有新的竞争者出现，也不足为奇。

正因如此，互联网市场越来越推崇快速制造巨头的办法，在最短的时间较量出行业巨头，以此扼制新对手的出现。因为巨头所达到的高度，后来者已望尘莫及。

滴滴和快的就是很好的例子，从企业诞生到合并为行业巨头，它们只用了三年时间。而携程和去哪儿、58和赶集走到一起，都经历了十年之久。而今后，互联网企业从诞生到竞争再到合并的时间或许会越来越短。

不过，合并当时成为行业巨头并不意味着一直都会是巨头，更不代表永远不会被颠覆。当你以为市场竞争已经饱和时，也许并没有；当你以为不会再有人敢挑战第一时，也许有人正另辟蹊径从别处杀了过来；当你以为你坐稳了垄断者的宝座时，也许明天就被赶下台。

变化实在太多。优酷和土豆在合并时也许真没有想到，仅仅3年后就被爱奇艺差点追到平手，而且还受到不走寻常路的乐视网的不小威胁。

不过，与滴滴和快的、美团和大众点评不一样的是，优酷和土豆合并时，没有一方的市场份额能达到50%，两者份额简单相加也不过35%左右，其实没有达到垄断标准。而乐视、搜狐等竞争对手的市场份额看似分散，却也蕴藏了巨大的反转能量。

或许是吸取了优酷土豆的“教训”，滴滴和快的、美团和大众点评、携程和去哪儿等公司在合并时，两个企业各自基本都能达到40%以上的市场份额。如此一来，合并后形成垄断的可能性才会更大。

尽管如此，如果两家大企业一合并就贴上巨头的标签，难免有点为时过早。市场变化太快，谁都无法说自己是永远的霸主。

三、漩涡之外

1. 美国互联网公司为什么没有合并？

既然美团和大众点评合并了，为什么美国排名前两位的团购网站Groupon和LivingSocial宁死也不合并？既然滴滴和快的合并了，为什么美国排名一、二的打车软件Uber和Lyft仍在焦灼地竞争？

从创立时间来看，它们都先于中国的互联网公司，如果说合并是一条必经之路，是绕不过去的漩涡，那为什么更早诞生，也更早互相竞争的国外互联网公司还没有合并呢？用一句话来总结则是，国外互联网企业并不具备足以形成合并漩涡的搅动因子。

先从企业内部说起，相信但凡是自主创业的公司，没有谁会心甘情愿与竞争对手合并。难道它们之间竞争不大？当然不是。国外互联网软件之间的较量，火药味更浓。

为争抢司机，Uber提出，如果Lyft的司机改用Uber的服务，Uber会给500

美元的奖励；Lyft则在特定的城市和时期为新司机提供最多达750美元的补贴，每周给予他们1200美元的担保金。

为争夺乘客，Lyft宣布，在曼哈顿的部分地区，Lyft拼车服务将降价至每次5美元；Uber紧跟着宣布，其拼车服务UberPool在纽约的价格将降至每次10美元；2016年元旦后，Uber又宣布，将下调位于北美 80 个城市（将近半数都有 Lyft 公司的运营）的打车价格，提高在寒冷冬季的乘坐率。

另外，Uber员工曾冒充Lyft客户预订和取消了5000多次Lyft打车服务；Uber甚至还打过口水仗，让用户在获得促销码时，要说“Lyft是垃圾”……

类似幼稚而又针锋相对，甚至带有十足恶意的竞争手段还有很多。不过与滴滴、快的不同的是，Uber和Lyft并没有沉醉于价格战之中。

例如，Uber在2015年1月份，就下调过西雅图的打车价格，但后台的数据显示，尽管客单数量因价格降低有所提高，但依旧不足以弥补价格下调后营收方面的损失。于是，Uber 很快就恢复了原有价格。

既然Uber和Lyft是有所克制地“烧钱”，那么它们是否赢利呢？不，它们当然也亏钱。至今为止，两家企业都尚未赢利。2015年上半年，Lyft收入共计4670万美元，而亏损则高达1.27亿美元；Uber在2015年前三个季度的营收为12亿美元，亏损高达17亿美元。

一份关于Lyft私募投资的文件显示，2015年上半年，Lyft在市场营销上投入9610万美元，这比同期Lyft净收入的两倍还多。文件还披露， Lyft过去在亏损，并且在可预见的未来也很难赢利。

尽管竞争很痛苦，但对于公司本身来说，宁愿被打死也没想要合作。美国第一大团购网站Groupon上市后，股价曾一度超过30美元，但不久就走上了一蹶不振的道路。

2015年，Groupon宣布，作为重组计划的一部分，2016年9月前，公司将在全球裁员约1100人。

紧随其后的竞争对手LivingSocial也曾经历过市值高达30亿美元的辉煌，后来却为了挽救非常严峻的财务破产危机而接受亚马逊的控股。

2014年，LivingSocial联合创始人兼CEO蒂姆·奥肖尼斯（Tim O'Shaughnessy）离职。另外，LivingSocial还以2.6亿美元将韩国子公司Ticket Monster卖给了对手Groupon。

然而，在2015年，Groupon就宣布，将以3.6亿美元的价格出售其所持韩国最大团购网站Ticket Monster 46%的股权。

2014年年底，LivingSocial还发表声明称，作为成本削减举措的一部分，将裁减400个岗位，关闭加利福尼亚州托伦斯（Torrance）市的办事处。

死亡气息笼罩着这两大团购公司。但就算陷入死亡危机，这两家企业也从没考虑过抱团取暖这件事情。当双方都辉煌的时候，它们拼全力去竞争。而当双方都衰退到某个程度的时候，就算合并，也没有多大的意义了。

与它们相同的国外企业，还有很多。

可是，难道投资人会任由他们在对抗竞争中自取灭亡吗？投资人不能把他们撮合到一起吗？也许，Uber、Lyft、Groupon等公司背后的投资人也很想让它们和竞争对手合并，但最终都没有成功。

据传闻，Lyft的投资人曾推动Uber收购Lyft，但一方面Uber不同意，另一方面，Lyft拥有100多位投资人，没有谁能够轻易决定卖出公司。

Uber更是如此。Uber CEO特拉维斯·卡兰尼克（Travis Kalanick）甚至没有出售任何个人持有的股份。这就代表着，卡兰尼克和Uber都不会被投资者绑架，不会被迫上市，更不会在不知不觉中就交出了公司的控制权。

相较于国内投资机构，美国的资本方数量更多，而且更活跃。在创新产品层出不穷的环境中，投资方有更多不同的项目选择，去尝试更多新鲜项目，不必要同时投资两个业务雷同的公司来分摊风险。

也就是说，基本不可能出现一家投资机构投资了两个竞争对手，最终做主将双方绑在一起的结局。

那么，美国的互联网巨头们呢？谷歌、微软、亚马逊、苹果，它们不用布局生态圈吗？它们为什么没有想方设法去控股后起的新公司？

我们列举谷歌投资的一些产品，看看这家“不打算成为普通公司”的公司投资过哪些东西？

——无人驾驶汽车。2012年5月8日，在美国内华达州允许无人驾驶汽车上路3个月后，机动车驾驶管理处为谷歌的无人驾驶汽车颁发了第一张合法车牌。

——谷歌眼镜。这款风靡全球的眼镜集智能手机、GPS、相机于一身，用户只要眨眨眼，就能完成拍照上传、收发短信、查询天气路况等操作。

——防抖勺子。防抖勺子的加速计可以检测用户的摇晃程度，让勺子稳定，确保帕金森病患者能从碗里舀起食物，并一直送到嘴里。

——Calico医疗保健公司。Calico是谷歌旗下一家医疗和保健公司，成立于2013年9月18日。它专注于因衰老而带来的各种问题，包括危及生命的疾病、影响精神和身体敏捷性的问题等。

——Google Fiber。Fiber是谷歌的千兆光纤项目，它向网民提供千兆的光纤网络。

……

谷歌投资范围广泛，在医疗健康、移动终端、企业及大数据、消费、商业等领域都有投资。在投资板块，谷歌设置两个分支。其一是谷歌风投（谷歌 Ventures），主要投资处于创业初期的公司；其二是2014年新成立的谷歌资本（谷歌 Capital），主要侧重于投资技术相对成熟且有一定发展基础的公司。

长期以来，谷歌风投是谷歌的投资主体，对大量不同领域的新兴初创公司进行投资。必须提及的是，谷歌对生活消费类软件不大感兴趣，吸引它的更多是一些技术型公司，所以我们可以看到它投资收购了很多类似无人飞机制造商Titan Aerospace、英国大数据公司Rangespan这样的企业。

当然，谷歌也是团购网站Whaleshark、打车软件Uber早期的投资者，但似乎这些企业对谷歌来说也不是非要不可。

2013年，谷歌风投向Uber投资2.58亿美元，这是谷歌风投在当时规模最大的一次投资。不到一年后，谷歌又参与了Uber的新一轮融资。几乎可以断定的是，谷歌对Uber的投资，就是为了有朝一日将其收入麾下。

可是，在2014年年底的时候，Uber的市值就从谷歌投资时的32亿美元暴涨到400亿美元，谷歌因此放弃了收购计划。然后，剧情就不再按谷歌想要的方向发展了，Uber显露的野心越来越大。

2015年，Uber计划收购诺基亚公司的地图产品Here，虽然没有成功，但足见Uber的决心。之后Uber接受百度投资，与百度地图有了新合作。

同年，Uber宣布将会联合美国卡耐基梅隆大学，进入自动驾驶汽车项目的研发。此外，Uber也尝试与Facebook合作，众所周知，Facebook是谷歌在广告营收方面最大的竞争对手。

Uber所布局的一切，都是与谷歌相逆的，它甚至挖走了谷歌全球公关主管。

而面对Uber这个叛逆的投资项目，谷歌也不会心慈手软。据称，谷歌也在研发与其无人驾驶汽车项目相关的打车软件，而且宣布将在谷歌 Now中为用户提供第三方应用的数据，初期合作伙伴包括潘多拉珠宝Pandora、空中食宿Airbnb、美国房产网站Zillow和专车应用Lyft，这几家全是Uber的竞争对手。另外，谷歌语音助手选择的合作伙伴，也不是Uber，而是Uber的“死敌”Lyft。

从诸多事件来看，谷歌和Uber已经撕破脸展开了竞争。Uber这个看起来比谷歌小太多的新公司，身后也没有其他互联网巨头撑腰，就敢与投资方正面对抗，不曾畏惧谷歌的实力。似乎在一夜之间，Uber就强大到摆脱谷歌的束缚，与谷歌从盟友变成了对手。

有人说，谷歌这是养虎为患，花钱养大了一个劲敌。但在美国市场，这样的事情并不是第一次发生。1997年，苹果危机四伏，乔布斯重新回归后千方百计获得了微软1.5亿美元的投资援助。

靠着这笔资金，苹果超越微软，变成了微软最大的敌人，在系统和硬件等方面与微软展开了你追我赶的较量。不得不说，Windows和iPhone系统的确都是世界上最伟大的发明。

被投资的企业赶超“金主”，这样的事情在美国不足为奇。再回到合并来说，美国互联网的后起之秀（Uber、Lyft、Groupon等）自身有着强大的野心抱负，面对竞争对手，它们的态度是竞争到底；面对资本方，它们尽可能地保持独立，不被资本绑架；面对前辈们（谷歌、微软、苹果、亚马逊等），它们毫不畏惧，敢于挑战巨头，还敢拿着巨头的钱和巨头竞争。

这些企业和中国的Uber（滴滴快的）、中国的Groupon（美团）们不一样，它们的字典里似乎没有与竞争对手合并这样的字句。它们可以去收购或者并购其他公司，但它们中间没有任何一家第二名企业会为了活得更好，或者为了单纯地垄断市场而与第一名企业合并。

围观者们能够看到的，就是这些公司用着或道德或者不道德的竞争手段在市场里对抗，但没有过于疯狂持久的补贴大战，也似乎不会因为亏损而喘不过气，不被投资机构逼迫，也不受巨头威胁。对它们来说，生就是生，死就是死。

同样，谷歌、苹果、微软这样的国际互联网巨头，也不会过于忌惮或提防后来者的挑战，它们会把触角伸向更远的地方。

2. 国企合并潮流已至

2014年12月30日，中国列车整车制造的第一名中国南车、第二名中国北车联合宣布，双方将在技术上采取中国南车吸收合并中国北车的方式进行“对等合并”。

2015年12月11日，中国航运业两大巨头中国远洋运输（集团）总公司与中国海运（集团）总公司启动重组，合并后，新公司名为“中国远洋海运集团有限公司”。

不到一年的时间，我国就发生了两起国企合并案，其中有争议，更有深意。在大合并爆发时代，中国国企合并是一种特殊行为，更是不可忽视的力量。国企以强大的意志控制了合并引发的不安因子，能够呈现相对平静的局面，抑制不稳定漩涡的形成。

我们以中国南车、中国北车合并为例，分析国企合并的内外搅动因子，从中得到为何不会形成漩涡的原因。

在我国，包括铁路在内的高端装备制造业及其他涉及国计民生的关键产业，长期以来都是央企主导，背后则是国家意志和社会效益的需要，这样才能确保对有限资源的高效调配，使之服从大局、为全民服务、为国家服务，而不是单纯地追逐市场利润。

也就是说在国内市场，像中国南车、中国北车（以下简称南车、北车）这样的国企之间，并不存在大的竞争关系。

1985年，按照“政企分开”的改革思路，中国铁路机车车辆工业总公司（原中车公司）由铁道工业总局改组成立。2000年9月，为了便于管理，基本上按照长江为界进行区域分割，中车公司与铁道部彻底脱钩重组，分离为“划江而治”的两个集团公司，分别叫作中国南车、中国北车，由国资委监管。

此后20年，南车、北车突破了技术、舆论压力等重重问题，大力修建高铁，使我国快速迈进了高铁时代。

2008年4月11日，首列国产时速350km“和谐号”CRH3动车组在中国北车集团唐山轨道客车有限责任公司下线，我国拥有完全自主知识产权，由此成为世界上仅有的几个掌握时速350km高速铁路装备技术的国家之一。

2008年6月24日，CRH3动车组在京津城际铁路进行运行试验中创下时速394.3km的“中国铁路第一速”，通过200多项综合试验，各项性能指标都达到了优良水平，完全满足高速列车运行对高安全性、高稳定性、高舒适性的要求。

当然，新事物的诞生，总会伴随很多匪夷所思的传说。比如蒸汽机车刚刚在欧洲诞生时，有人说蒸汽机车会让男人不孕不育、让孕妇流产，甚至会让母鸡不再下蛋、奶牛不再产奶，还会降低稻谷与棉花的产量等。

中国高铁也是如此。2011年，“七・二三”动车事故等一系列事件使得国内对于高铁的质疑达到顶峰。

这一切流言都指向一个结论：中国高铁不行。其更为深远的影响，是使中国社会对高铁、对速度患上了恐惧症，进而以高铁为代表符号，产生了对中国快速发展的整体担忧。

面对惨痛的事故和舆论疯狂的质疑，南车、北车都携手扛了过来。

已经通车的城市享受到了高铁红利，还没通车的大量城市，最理性的考量，就是跟随高铁趋势，更好地融入区域经济发展圈。

2009年，长沙高铁车站启用，在当时，当地人对高铁的确没有清晰的需求。但到2013年，情况反转，虽然每隔几分钟就有一辆高铁列车从这里出发前往中国各地，但每趟火车的车票都能卖光。

当高铁带来的好处越来越不可忽视，当乘坐高铁成为中国民众跨城出行的首选，沿线城市经济得到了拉动，批评、质疑的舆论悄悄地偃旗息鼓了，取而代之的，是关注中国高铁网络如何连接越来越多的城市。

2015年年末，中国将基本建成以高速铁路为骨架，包括区际快速铁路、城际铁路及既有线提速线路等构成的快速铁路网。

2015年1月，京沪高速铁路股份有限公司发布消息：2014年京沪高铁运送旅客超过1亿人次，同比增长27%，客票收入约300亿元，按营业税口径计算，有望实现利润约12亿元。京沪高铁2011年6月30日才开通，三年后就开始赢利了。

同样在2014年，全国铁路固定资产投资完成8088亿元。其中，铁路建设投资6623亿元，机车车辆购置投资1465亿元。到2015年年底，中国将提前5年实现2020年的高铁蓝图。

在全国广泛铺建高铁的同时，中国高铁制造的能力也在飞速增强。

北京交通大学教授纪嘉伦说，中国的高铁已经形成一个系列，设备、工程、线路、桥梁隧道、知识产权、动车组、工程建设、管理等都已经成型。

比如中国南车、中国北车生产出的380型动车组系列产品已经得到美国认证。下一步，将中国列车开向世界各地，已是水到渠成。

通过向国外延伸高铁网络，构建以中国为中心的国际高铁网，中国的国际战略地位将大大改善，这种收益绝不仅仅局限于经济收益，而是一直延伸到国家安全等各个方面。

也就是说，靠着国外技术建造起来的中国高铁，已经达到了国际制造水平，能够将我们的技术和产品卖到其他国家，这可是一笔国际大生意。

高铁商机无限大，中国高铁必须“亮剑”。

2015年上半年，国内高铁相关企业共斩获近千亿美元海外订单，考虑到世界各国高铁需求不断上涨，预计到2020年，世界高铁总里程将超过50000千米，未来7年内的新增里程将达到30000千米以上，带来高铁直接投资将超过1.1万亿美元，海外高铁利润空间巨大。

美国《华盛顿邮报》评论，中国高铁走向世界，可以说是中国经济由大到强的样本和分水岭。

也就在这个有史以来最好的时机，本来是亲兄弟好战友关系的南车、北车开始出现矛盾。在国内，它们分江而治，各自发展自己的区域，能够友好地携手推动高铁发展。然而在国际市场上，它们面对的是同一块“蛋糕”，没有固定分配，必须靠竞争去夺得市场。

于是，昔日的兄弟变成了对手，它们不仅要和其他国家的公司竞争，还要和自家兄弟竞争，关系越来越糟糕。

内斗式竞争越来越严重的同时， 高铁出口需要进一步掌握核心技术，这需要大量的研发投入。作为竞争对手，南车、北车都要形成自己的研发体系。这对于国家资源配置来说，是一种浪费。

鉴于南车、北车在海外市场的过度竞争现象，将两者合并形成一致对外的力量，显然更有利于高铁走出去。

在看待合并这件事上，当事人南车和北车的确有共同的诉求。随着国内铁路市场日益饱和，南车、北车海外扩展的动力将越来越大，这从近年来的数据可以看出，以低于成本价的代价夺得市场当然非其所愿。

南车、北车都希望国家整合南车、北车和其他科研单位的力量，尽快研制出完全有自主知识产权的中国标准动车组，同时在海外市场竞标时大家不互相拆台，形成一定的默契和协定。

然而， 一旦合并，势必形成一方并吞另一方的局面。显然，体量类似的南车、北车谁也不愿意被吞并。

南车、北车合并需要考虑的风险，以及具体落实的难度，是普通互联网企业合并难以想象的。南车、北车规模大致相当，资产均超过1400亿元，年营收均接近1000亿元。这样大体积的合并，更可能会引发火星撞地球一般的大震动。

南车、北车如果要合并，需要克服以下障碍：

合并的第一个层次，是组织，特别是新公司高层领导座次的确定。合并是谁吸收谁？一把手从哪个公司产生？班子成员如何构成？这是一场错综复杂的博弈。

第二个层次，是资本。这倒只是水到渠成的时间问题。一旦决定合并，就按照中国内地和中国香港的相关法规执行换股即可。

第三个层次，是企业文化。

虽然南车、北车脱胎于一个母体，似乎具有先天的亲近。但是，两家集团公司已各自独立运行十多年，在公司管理理念、专注领域、从研发到销售的整个系统已经各自进化出了独特的基因，并且在国际市场竞争中已经结下了梁子，想要在行政指令下无缝对接，有点“包办婚姻”的味道，多多少少总有些不情不愿。

南车、北车合并面临的障碍，国内互联网企业合并也会遇到。但推动南车、北车合并的原因，却和滴滴快的、美团大众点评等企业有很多不同。

互联网企业合并的原因很多，比如上文提到过的垄断、止损、资本推动、BAT促成等。而对南车、北车来说，合并达成只有两大原因，一是国家意志，二是垄断，而且这两大因素是融合在一起的。

南车、北车整合的原因与目的一致：合并实现垄断，消灭过度竞争，强化国家整体的国际竞争力。

在国外，各国装备企业多为一家出面竞夺，如德国方面多为西门子，加拿大则是庞巴迪，法国则是阿尔斯通。如果南车和北车合并为一家公司，则可以避免竞争过程的相互压价，提高中国铁路车辆出海的竞争力。

中国工程院院士王梦恕直言，此次南车、北车合并就是为了垄断，特别是技术上的垄断。他说，中国的高铁技术如今处于世界领先地位，合并之后，就不会再造成技术上的流失，有利于集中力量搞研发，突破高铁核心技术。

合并前南车、北车在国际竞争中是对手，鹬蚌相争渔翁得利，好处留给了其他国家，这显然不是一个我们想要的结果。合并后的中国中车在国家竞争中已经具备了锋芒毕露的竞争优势，实现强者恒强的马太效应。

当然，马太效应也是普通企业合并想要达成的愿景。但由于国企的特殊身份，干扰因子相对更少，所以它们之间的合并更容易实现强者恒强的目的。

2014年12月30日，中国南车、中国北车联合公告宣布，双方将在技术上采取中国南车吸收合并中国北车的方式进行“对等合并”。新公司初定名称为“中国中车股份有限公司”，将继承及承接南车、北车的全部资产、负债、业务、人员、合同、资质及其他一切权利与义务等，同时建立新的组织架构、管理体系、公司品牌等。

消息公布后，立即引发了国内外轰动。中国中车这个3000亿元级的巨无霸，就此启程。

合并后，雄心勃勃的中国中车计划2015年海外市场订单额达到70亿至80亿美元，到2020年订单总额要在前述基础上翻倍。之前南车、北车的海外项目整合起来，统筹运营，已覆盖了澳大利亚、马来西亚、欧洲等100多个国家和地区。

在2015年9月下旬国家主席习近平访美前夕，包括中国铁路总公司、中国中铁与中国中车在内的六家中国企业组成的中方联合体已在美国注册成立了中国铁路国际（美国）有限公司，并与美国西部快线公司就组建合资公司建设美国西部快线高铁签署了合作协议，这是美国的首条高铁建设项目。

拿下美国的首个高铁订单，中国高铁先声夺人。这意味着中国高铁建设优势被发达国家认可，中国高铁全球影响力与竞争实力将大大提升，这也为中国高铁“走出去”形成示范效应，未来中国高铁海外输出有望更加顺利。

中国中车、中远洋和中海运的合并还只是开始。2015年，中电投和国家核电也相继完成合并。另外，国资委发布消息称，南光集团和珠海振戎将实施重组。

在庞大的国企阵容里，中国中铁与中国铁建、南北船、宝钢集团和武钢集团、三大货运航空等，也多次传出合并传闻，似乎都有成为现实的可能。

国资委消息称，2016年将继续加快国企改革步伐，加大集团层面的兼并重组，推动强强联合；推动专业化重组，以行业龙头企业为依托，进一步强化同质化业务整合和细分行业整合。

如是，随着国企改革的进行，国企合并的高峰也已来到。

随着改革步入深水区，每一次企业改革措施的出台，都要慎之又慎，要把震动降到最低，又要形成新的增长点，拉动处于下降通道的经济增速，这并不是一件容易的事。想要抑制不稳定地合并漩涡，国企要经受更大的考验。

3. 漩涡控制基因

合并已成定局，漩涡已经形成，企业需要做的，就是控制漩涡，使其能够顺利高效的运转。除了尽可能排除干扰漩涡的因子之外，最重要的是企业自身应当具备内控力，才能应变漩涡的千变万化。

创新基因

在互联网领域，中国还不是一个创新市场。从互联网出现至今，中国尚未走出通过照搬或者说“山寨”国外创意的阶段。从最开始的门户网站，到阿里巴巴的电商、百度搜索，再到人人网、美团、饭否、微博、打车软件等一系列的互联网产品，几乎都是通过从国外，尤其是从美国模仿生成。

对产品有一定灵敏度的创业者，在吸取新鲜产品信息后，能够比较容易地克隆出一个中国版本，然后迅速推广到市场，再进行不断修正升级。

所以说从一开始，国内创业者做的事情就不是去调研消费者需求，创造出新产品，而是研究国外市场的新产品，然后模仿改良，加入本土化元素，变成自己的创意。有种说法认为，率先模仿也是一种创新。

而且为了保险起见，产品引入者往往倾向于模仿国外已经比较成型的产品，以此降低创业风险，也能够吸引更多的资本进入。

另外，资本的兴起使得国内互联网企业能够更快、更完整地将国外的产品照搬到国内，并能在比较好的环境里迅速孵化成型，成长为小巨人。

美国的互联网市场领先者，通常是以创造者和发现者的身份出现，简单的模仿、跟随、拷贝，通常并不会被用户认可，得不到市场承认。然而，中国市场的资本和用户，似乎不太在意产品是不是绝对原创。

美国互联网创新者赢就赢在发展比别人快，创意比别人新，当其他人竞相模仿时，作为鼻祖的企业或许早已经历了无数次更新迭代，从产品完善度和用户规模上，都达到了难以超越的高度。

这些公司追求的是创新垄断，想尽办法创造新需求，而很少考虑联手合并的规模垄断。当然，并不是说美国就没有模仿者。但相较而言，模仿者也会更追求产品差异化。

Uber、Lyft打得不可开交的时候，都不曾放弃创新。从细节来说，Uber会不定期推出创意服务，比如Uber用户在5分钟就能叫到一辆冰淇淋车之类的。从大方向来说，Uber立志要用无人驾驶汽车取代私家车以及人类司机。

另外，Uber还率先在美国、澳大利亚的墨尔本、葡萄牙的里斯本、印度的新德里等国家和地区推出了打飞机服务Uber Chopper。这些都是竞争者没能做到的创新。

Lyft虽然一直承受着“山寨Uber”的压力，但它却一直寻求着不同的发展路线。Uber提出专业司机的服务，Lyft就更重社交功能，强调司机与乘客的社交关系。

例如，Uber要求司机能主动为乘客开门，提供矿泉水等专业的服务。而Lyft则鼓励乘客坐在副驾驶，与司机进行朋友一样的交流。

在技术层面，Lyft也是竭力创新，拼车服务就是Lyft的首创，Uber的拼车业务推出的更晚。而滴滴快的的拼车业务就更晚了。由此可见，遇到Lyft这样具有创造力的“模仿者”，鼻祖Uber如果一不留神，就很可能被超越。

有趣的是，Uber创始人卡兰尼克在一次采访中说：“中国和中国的企业家，是补贴方面最好的创新者和创造者。我必须迎头赶上，了解中国创新的补贴做法。”

不可否认，在补贴方面，中国企业比Uber更胜一筹。或许这也会是赢得胜利的最大筹码。然而，专注于营销战的创新似乎偏离了互联网产品本身，显得有些奇怪。

再以团购网站LivingSocial和Groupon为例。Groupon先于LivingSocial诞生，是美国团购网站的创新者。然而，LivingSocial后来的表现却屡屡超越Groupon。

例如， LivingSocial创新推出了即时团购服务和旅游类产品服务，而Groupon则成为克隆者。LivingSocial首席执行官蒂姆·奥肖尼斯（Tim O’Shaughnessy）公开指责，团购网站龙头Groupon缺乏创新意识，只会盲目地抄袭竞争对手。

但LivingSocial没有采用价格战战胜对手，而是决定继续创新。奥肖尼斯认为，迟早有一天，因为持续的专注于新产品的开发，LivingSocial一定能够赶上Groupon。

虽然两家企业在辉煌后都从顶峰滑落，但有理由相信，它们享受到了创新竞争的乐趣和刺激。

不得不说的是，除了创业者自身原因外，中国互联网市场创新不够还有其他原因。例如，中国在互联网知识产权保护方面做得不是很完善，以至于很多好的创意都死在摇篮中，创新活跃度不高。

2009年，著名社交网站Facebook的创始人扎克伯格就被大学前室友指控偷窃他们的构思创办该网站。而后，Facebook与原诉人达成和解，支付了6500万美元赔偿。

虽然被指抄袭创意，扎克伯格却是个极其重视创新的创业者。他认为，抄袭不可能获胜，从一开始就只想抄袭他人的公司不会成功。而社交网站MySpace就是因为抄袭Facebook，才在竞争中落败的。

而事实证明，扎克伯格的确是个创新者，如果没有他的创新设计，一个创意也很难成长为一个风靡全球的产品。

不忘创新，是每一个企业发展的动力因子。国内互联网公司在合并之后，如果不持续创新，那总有一天会被创新者超越，甚至会在合并漩涡里越陷越深，不能顺应漩涡的旋转，也无法抽身而出。只有坚持创新，它们才有机会成为搅动漩涡的主导者。

品质基因

如果说创新是主导漩涡的动力，那么品质就是控制漩涡的根基。有句话说的是，垄断会带来庞大的规模，同时也可能引发停滞不前。

当你成为一家独大的企业时，你很可能在安逸中忘了进步，甚至不知不觉地开始后退。当消费者不得不选你的时候，你就放松了对待顾客应有的紧张感。产品没有好的变化，服务不如从前，对于再大的企业来说，也非合理的生态和发展之道。

在追求品质的问题上，不得不提到日本文化中的匠人精神。在日本文化中，匠人最典型的气质，是对自己的手艺拥有一种近似于自负的自尊心，并为此坚持不懈、不惜代价，但求做到极致完美。正因为匠人精神的感染，日本才会有那么多传承百年的企业或者店铺。

在全球，日本企业寿命长是出了名的。自创立起存续至今的日本企业中，寿命最长的竟能达到1000年以上。而截至2012年，日本企业的平均寿命超过35岁。如此长寿，令人羡慕。

日本企业也经历过战争、经济崩溃、经济复苏及经济停滞等打击。但历史在变，唯一不变的是对产品品质的坚持。不管是生产电器，还是种植苹果，或者是煮一碗拉面，正因为坚持对品质的追求，一家企业或者一个小摊铺才能良好地发展。

2015年，华为集团的一封由任正非签发的内部邮件在网络上广泛流传。通过邮件转载的名为《日本工匠精神：一生专注做一事》的文章，任正非肯定了日本工匠精神的意义，而这也是华为集团一直践行的精神。

正如任正非所言：“华为是不是互联网公司并不重要，华为的精神是不是互联网精神也不重要，这种精神能否使我们活下去，才是最重要的。乌龟就是坚定不移往前走，不要纠结、不要攀附，坚信自己的价值观，坚持合理的发展，别隔山羡慕那山的花。”

企业家王石也曾说，亚洲最好的工匠文化在日本，那种精益求精的执着，值得我们学习。在这个浮躁的时代，工匠精神太少了。质量是企业的生命，是底线，质量就是和工匠精神联系在一起的，没有工匠精神、缺少工匠文化，说严重点，是会带来灾难的。

对于互联网企业们来说，产品功能创新，客服及时有效处理问题，满足更多新需求，保证互联网安全，这些都是对品质的追求……每一个细节，都不容忽视。

两家企业简单站在一起，不是真正意义上的合并。它们必须拥有共同的理想，坚持创新，坚持品质，才有可能在合并漩涡中掌握自己的命运，拉长公司寿命，创造长远的辉煌。

第一章

滴滴快的：没有永恒的敌人

“二战”时期，英国首相丘吉尔发表演讲时说：“我们没有永恒的敌人，也没有永恒的朋友，我们的使命就是为我们的利益而奋斗。”时至今日，丘吉尔这句经典总结仍然被频繁引用，尤其是在没有硝烟的商战中。此前有优酷、土豆停火言和，如今又有滴滴、快的从敌人变成一家人。瞬息万变的商场，总是有这样戏剧性的事情发生。

100多年前，开着美国产奥兹莫比尔牌小汽车的上海富翁不曾想过，有一天像他一样的私家车主会在街上“拉客”。

1年多前，滴滴打车和快的打车交战正酣，谁都未曾想过，它们竟然能握手言和，合二为一。

从富人专属到平民拥有，出租车行业走了半个世纪；从专职司机到全民车夫，出租车又走了半个世纪。

出租车市场的衍生和发展

18世纪，英国的有钱人特别喜欢短途旅行。这时候，他们不会用自己家的马车，而往往会选择雇用一辆单马双轮轻便车（cabriolet）出行。到了19世纪，人们开始用这个单词的缩略形式“cab”来指城市中专供出租的大型马车。

1885年，德国人卡尔·弗里特立奇·本茨发明了世界上第一辆马车式三轮汽车。经过反复试验之后，1886年1月29日，他发明的世界上第一辆三轮汽车获得了“汽车制造专利权”。这一天被公认为现代汽车诞生日，本茨也被后人誉为“汽车之父”。

不久后，cab这个词又沿用到汽车上，汽车成为新一代的出行交通租赁工具，一时间风靡欧美，受到许多富家子弟的青睐。其中一个叫亚伦的富二代受不了马车车夫漫天喊价，找人发明了一个用在汽车上的计程仪表，取名叫taximeter。

很快这款计程神器备受乘客们的欢迎，他们干脆把出租车直接称为taxicab，或者简称为taxi。相对公平、透明的价格，使得出租车在国外流行起来。

20世纪，在鸦片战争、侵华战争的轰炸下，中国封建大门被迫打开，汽车也在这时候运了进来。那些年，洋汽车是达官贵人的专属。直到中华人民共和国成立后，出租车也不是普通百姓能够随便乘坐的。

70年代以前，广州出租车专门负责接待外国元首、政府首脑与高级官员、参加交易会的外商、海外华侨、港澳同胞等，被誉为广州市的“国宾车队”，需要外汇券才能乘坐。在物资紧缺的年代，出租车的确是个稀有物。

80年代初，出租车行业在北京、广州等地迅速发展起来，出现了许多出租汽车公司。发展到2000年之后，出租汽车公司数量已经非常庞大，市场呈现饱和状态。

这时候，大公司合并小公司，大鱼吃小鱼的情况也就发生了。出租车行业经历了一次行业洗牌，小公司被兼并，而大公司拥有的汽车数量则急速增加。

中国的出租车消费者，大多数是中产阶级。他们有一定的经济实力，或多或少的需要出租车服务，以减少公共汽车出行的不便。2000年，二十几岁的程维和陈伟星，踏入社会工作，也正好赶上了出租车行业市场竞争最严酷的10年。

2000年到2010年，这十年时间里，出租车市场从辉煌步入混乱。乱收费、绕路、黑车等现象，层出不穷。最让人头疼的是，出租车虽然越来越多，但出行并没有变得方便很多。反而是街上车水马龙，耽误行程还会加重大气污染。

这十年，出租车市场的混乱，让很多人无法忍受。这些人里面也包括快的打车创始人陈伟星，一个土生土长的浙江人。戴着框架眼镜、身体瘦瘦小小的他有着浙江人灵活多变的性格基因。

快的打车，生于质疑之中

2003年，陈伟星考入浙江大学建筑工程学院，就读于土木工程专业。一进入学校学习，陈伟星就成为大学里的风云人物。他曾担任过浙江大学学生科学技术协会主席，还曾创办了浙大《科创》杂志，担任编委会主任。在许多女生心中，外表阳光的陈伟星，绝对是个“型男”。

当然，陈伟星不是个绝对的乖学生，他也有着男生惯有的“坏心眼”。大二的时候，作为学生领导的陈伟星就“黑”过校园网，还尝试过开发一款校园社交工具。

2006年8月，正读大三的陈伟星和同学东拼西凑了17万元创业，成立了杭州泛城科技有限公司（FunCity Inc.）专注于网页游戏和移动互联网应用的开发和运营。那时候，网游市场正红，但陈伟星还是吃了不少苦头。

公司成立不久，陈伟星通过游说其老家上虞的一位做房地产朋友的父亲，得到了一笔120万元的天使投资。前前后后，泛城科技被陈伟星折腾过数个不赚钱的项目，其中一些甚至产品还没上线就胎死腹中。

摸爬滚打了两年，摔得鼻青脸肿，转机适时出现了。陈伟星带领泛城做出了一款2.5D效果的大型网页游戏，取名叫魔力学堂，获得了玩家们的热捧。

一夜之间，财富滚滚而来。陈伟星毫无保留地透露，魔力学堂这款游戏让公司赚了两三个亿，一度成为业界神话，引来了巨人网络史玉柱、360周鸿祎的关注。

2010年，陈伟星因为魔力学堂的成功而顺利融到4000万元的投资。但之后，各种原因使得泛城科技的游戏业务并没有像外界期待的那样，达到更巅峰的状态。

2012年6月15日，陈伟星在一片质疑声中，投资300万元孵化推出了一个新的App项目——快的打车。

程维辞职创滴滴打车

近三个月后，2012年9月9日，从阿里巴巴辞职的创业者程维也进入了打车软件市场，推出嘀嘀打车（2014年5月20日正式更名为“滴滴打车”）。陈伟星和程维，以及吕传伟、王刚、李治国等一群人，从这时候起，冥冥中就产生了躲不开的关联。

程维，江西省上饶市铅山县河口镇的一个毛头小子，出生于1983年。从小到大，程维数学成绩就很好，头脑聪明。但是他高考的时候粗心大意漏写了一页答卷，结果只考上了北京化工大学，念的还是不温不火的行政管理专业。

从北京化工大学毕业后，程维在北京过了两年北漂生活，卖过保险，做过销售，甚至在足疗店打过工。从大学开始，他就对新兴的互联网行业特别向往。他知道，就算他不会写代码，但只要投入互联网这个行业，就一定有奔头。

于是，2005年，程维从北京到杭州，并顺利应聘进入阿里巴巴，从属公司旗下B2B公司，主要负责一款“出口通”产品的销售。

程维似乎天生擅长与人交流，他进行了大量的客户跟踪拜访，与客户零距离接触。很长一段时间，他都在想方设法说服那些做外贸的小工厂、小贸易公司，使用“出口通”，帮助他们扩张业务。

因为销售业绩出色，程维迅速被提拔成为当时公司最年轻的区域经理。之后6年时间，他在5个城市待过，基本上是一年换一个地方。离开阿里之前，程维被调往在阿里旗下的支付宝公司，专门负责团购、电商业务，任支付宝B2C事业部副总经理。

在那里，程维受到了创业的诱惑。看着一个接一个团购网站的站起倒下，程维发现创业是一件值得尝试的事情。虽然太多的创业公司死得很快，留下了惨痛的教训，但程维心中的创业之火越燃越烈。他不甘心只是看着旁人的“生生死死”，他更想跳进去赌一把。

花了近1年时间，程维想了好几个创业项目，直到摸到打车软件的门前，他才决心带着阿里给他的视野和经验毅然辞职，于2012年6月6日创办了北京小桔科技有限公司。2012年9月9日，程维紧随陈伟星之后推出了他的第一个创业产品——嘀嘀打车。

滴滴获A轮融资

互联网产品有个共性——烧钱。多少美妙的项目，也会因为缺钱胎死腹中。

显然，拿着粗糙的项目去找投资人是一件比登天还难的事情。但相对于其他纷繁复杂的项目，滴滴、快的还是在最快的时间里拿到了钱。

滴滴的诞生，天生就带着天使投资。程维本人投了10万元，另外的70万是天使投资人王刚投的。王刚，曾在阿里巴巴任职超过十年，花名“老聃”，曾主管B2B北京大区、支付宝商户事业部和集团的组织发展。

王刚几乎是与程维携手辞职创业，滴滴是他在2012年离开阿里巴巴后孵化投资的第一个项目。后来正当他们四处奔波找融资的时候，金沙江创投合伙人朱啸虎主动找上门来。

2012年12月1日，滴滴得到金沙江创投的300万美元A轮融资。两年多以后，滴滴打车和快的打车合并消息宣布，朱啸虎在朋友圈说：“第一次见程维还是通过微博私信方式，谈了半个小时，双方‘一见钟情’，陌生拜访的投资人是真爱。”

吕传伟来了

滴滴融资11天后，快的很快宣布获得阿米巴资本合伙人李治国16万美元天使轮投资。在做投资人之前，李治国曾是阿里巴巴第46号员工，是阿里云的组建者之一。2004年离开阿里后，27岁的李治国就创办了红极一时的口碑网。后来投资的互联网项目包括花瓣网、蘑菇街等。

李治国不仅给了钱，在而后的快的、滴滴合并过程中也是积极的撮合者。

更重要的是，如果没有李治国，陈伟星也许就找不到吕传伟。

“70后”吕传伟是李治国的朋友。

2012年，吕传伟在SK电讯的硅谷分公司负责无线产品业务和亚太区业务。由于工作关系，他常来往于世界各国。同年2月，他到英国出差，发现英国有一款叫“Hailo”的打车软件很火。虽然国外向来习惯电话叫车，但手机软件的加入，无疑为人们的打车生活提供了更大的方便。

吕传伟联想到美国也有一款类似的软件叫Uber，既然这种服务在美国也很火，英国也很火，那何不移植到中国去呢？吕传伟想，国内的乘客应该也需要这种叫车服务。

很快，吕传伟回国与自己的好友李治国见了一面。他知道，李治国在阿里巴巴工作多年，对国内的互联网市场非常熟悉。吕传伟向李治国详细说了自己对国内打车市场的分析，他认为移动互联网与在线打车软件的结合一定会是一个庞大的市场，一旦这个市场被撬动，那影响力将是无限大的。

那时候，李治国对打车软件还不了解。听完吕传伟的讲述，他什么都没说，但却把这事放在了心上。就这样，吕传伟飞回硅谷继续做高管，李治国则在国内继续做天使投资。2012年5月，李治国给吕传伟打了个电话，他说：“打车软件的事情有眉目了，你回国吧，介绍几个朋友给你认识。”

吕传伟接到电话立马买机票回国，在李治国的介绍下，见到了快的打车的创始人陈伟星、担任COO的营销高手赵冬以及管理技术的副总裁闻诚。吕传伟给人的感觉一点儿不像典型意义上的海归，他说话干脆，略带东北口音，喝茶和喝酒都是一饮而尽。

陈伟星向吕传伟抛去了橄榄枝，给他介绍了国内打车软件的市场情况，以及快的打车的发展现状和一些预想。吕传伟觉得，陈伟星的说法和自己预判的差不多。他们一个是胆子大动作快的“80后”，一个是沉稳低调的“70后”，但却找到一种志同道合的感觉。

吕传伟无疑是感受到了陈伟星的诚意，他回到美国，陷入了另一轮思考。是自己创业，还是加入快的？这个问题困扰了吕传伟很长时间，曾一度搞得他失眠。期间，李治国不断给他“汇报”快的的发展情况，而吕传伟的另外一个好朋友光速创投董事总经理宓群也支持他加入快的。

宓群在加入光速之前，曾担任谷歌投资并购总监，负责谷歌公司在大中华区的公司并购和战略投资，投资的公司包括百度、大众点评、迅雷、天涯、赶集、聚胜万合（MediaV）、融360等。

“国内的打车软件几乎在一夜之间就占领了市场，再晚加入，就赶不上这趟车了。一个人势单力薄，硬着头皮做不如大家合力去做。”宓群以第三者的身份，为吕传伟做了客观的分析。2012年12月，快的获得了阿米巴资本和阿里巴巴的天使投资。

陈伟星再次约吕传伟见面。这时候，他对人才的需求已经到了极度饥渴的状态。在成立将近一年的时间里，陈伟星饱受质疑，就算得到融资，也是如此。由于很多人的不看好，快的项目团队曾一度只有两个人在维持。

陈伟星坚持认为，快的打车是一件可以做大的事情，不应该放弃。他希望这件事情能够做到足够大，趁年轻狠狠地搏一把。他预见打车软件市场即将进入更白热化的竞争状态。此时，他需要一个强有力的人才，带动快的团队更强地作战。

陈伟星深知，自己并不擅长打产品仗，执行上做不好，精力上也顾不过来。他比任何人都清楚，快的打车需要外援。

他第一时间想到了吕传伟。第一次见面后，他就对吕传伟有留意。这一次两人见面，陈伟星一上来就直奔主题，邀请吕传伟加盟快的打车，并很快在黑板上划出了相当优厚的股权分配方案。

虽然双方没有透露过股权划分的具体数据，但有消息称，陈伟星提出的划分方案做出了巨大的自我牺牲。吕传伟加上另外两位公司高管赵冬和闻诚，三人的股权占比超过50%（三人需要投资购买）。而剩余的股份中，由阿里巴巴、天使投资的阿米巴资本以及陈伟星共享。

由始至终，陈伟星对吕传伟都是持坚定的肯定态度，他一直看好吕传伟的管理经验和为人品质。但实际上，陈伟星对吕传伟的彻底认可源自一次争吵。在一次产品讨论会中，吕传伟与陈伟星因为产品升级的问题发生了激烈的争吵。之后陈伟星便认定，吕传伟真心实意为快的好，是个可以信赖的人。

不得不说，在很多外人眼里，陈伟星大方得有点过分了。吕传伟加入之后，陈伟星几乎是主动放弃了对快的打车的控股权。这样的行为，让人觉得有些犯傻。

可陈伟星觉得，一方面，为了把快的业务做起来，股权让步是值得的。这种合伙人制带来的好处也很明显，它能让这支队伍能打善拼，而这样的队伍也是创业初期所需要的。另一方面，陈伟星并不想放弃泛城的游戏项目，他想集中精力把游戏做好。

事实证明，陈伟星这样的安排让快的高管层成为一个向心力极强的团队，扭转了之前团队涣散的局面。另外，吕传伟接手之后，快的打车的确更加专注，集中精力推广，铆足劲和滴滴对抗。

资本的宠儿

如果不是持续近1年的大战，滴滴、快的不会那么快就从冤家变恋人。

合并之前，滴滴和快的打了两场轰动热闹的仗，一是融资大战；二是补贴大战。

2012年12月，滴滴打车获金沙江创投300万美元A轮融资；2013年4月，获腾讯1500万美元B轮融资；2014年1月，获腾讯集团、中信产业基金和其他机构合计1亿美元C轮融资；2014年12月，获腾讯、淡马锡、国际投资集团DST共7亿美元融资。

2013年4月，快的打车获阿里巴巴、经纬创投1000万美元的A轮融资；2014年4月，获阿里资本领投的B轮投资；2014年10月，获阿里资本等机构超1亿美元C轮融资；2015年1月，获软银、阿里、老虎基金等机构6亿美元D轮融资。

很明显，资本不断注入之后，主导公司的不再是原班团队，而是财大气粗的投资方。有趣的是，滴滴和快的背后的投资方，正是中国当今最牛的两大互联网公司，腾讯与阿里巴巴。所以与其说是滴滴、快的在明争，还不如说是腾讯与阿里在暗斗。

从时间上来说，阿里刚投快的不久，腾讯就投资了滴滴。这不免让人猜想，看似巧合的背后存在着种种原因。

2013年年初，陈伟星在硅谷找到马云要钱。他对马云说，快的是国内一个打车软件公司，需要很多钱来抢夺市场，3年内这个项目是赚不到钱的，这事要不要干？马云说："干！"

当然，他们两人的谈话不可能这么简单。陈伟星正在硅谷拦马云的时候，另一边的滴滴却遇到马化腾"求"上门来塞钱。而一开始，程维是拒绝的。

同样的2013年年初，时任腾讯副总裁、腾讯产业共赢基金董事总经理的彭志坚找到了程维，约他和王刚一起见面。那一次，程维丝毫没有考虑过要拿腾讯的钱，所以象征性地和彭志坚聊了半个小时，找了个理由起身要走。但没想到彭志坚也是个不达目的不罢休的人，他硬把程维摁下来，又谈了2个小时。

当时，除了腾讯之外，滴滴同时受到了其他一些VC风险投资的追捧。已经融资金沙江创投300万美元的滴滴对于B轮融资特别谨慎。2013年春天，程维和王刚还是在彭志坚的极力撮合下，和马化腾见了第一面。

程维和王刚向马化腾分析了移动出行可能的各种发展情况以及滴滴对于腾讯的价值，另外就是对公司控制权的重视。马化腾答应了他们提出的所有条件，包括不干涉公司业务的独立发展、不谋求控制权。但他希望能占有更多的股份，也就是说，他有意愿领投滴滴。

第一次见面结束后，马化腾3月份到北京开会，又专程找程维吃饭聊天。一来一往，双方也增强了熟悉感，有了更多了解。交流了几次之后，程维和王刚对腾讯的戒备心少了许多，从一开始的排斥转变到逐渐接受。

还有一点，程维和王刚两人都是从阿里巴巴出来的，曾经都是阿里巴巴的得力干将。他们对老东家有着比较深的情结，一下子转而拿腾讯的钱做事，心里总觉得有些别扭。不过到后来，也正是阿里巴巴对快的的投资，让程维和王刚决定接受腾讯的投资。

阿里巴巴在2013年4月投资了快的之后，滴滴开始有了危机感。如果腾讯等不及他们做决定，转身去投了摇摇招车，滴滴很可能因为缺钱而死掉。而且，在所有追捧他们的VC之中，腾讯的确是最优的选择。不仅有钱，而且如果能利用腾讯微信平台的强大入口，滴滴未来的想象空间十分巨大。

在北京一个足浴店里，程维和王刚做了最后的讨论。王刚倾向腾讯跟投，而程维则想选择腾讯领投。最后，王刚向程维妥协，同意腾讯领投。

从滴滴接受腾讯投资的那一刻起，打车软件的竞争就不再只是单纯的滴滴PK快的，而直接升级到腾讯和阿里的较量。

为什么快的和滴滴能够拿到如此高额的融资？陈伟星本人曾分析称，融资高低并不是由谁决定的。比如马化腾，他一开始就觉得交通业会出现好的互联网公司，所以投了很多钱。然后马化腾又自然联想到，这个软件可以用来推广微信支付，所以他又继续投钱。

腾讯给滴滴多少钱，阿里就给快的差不多的数量，这里面没什么逻辑。但对于投资方阿里来说，之所以愿意投钱，多半是看中这个市场未来的想象空间。

疯狂的“烧钱大战”

无论投资原由如何，这场你追我赶的融资，直接引发了互联网界前所未有的“烧钱大战”。滴滴、快的的握手言和，与这场让双方精疲力竭的大战直接相关。当双方实力相当的时候，如果英雄之间不惺惺相惜，那么固执地争一名必定是一件元气大伤的事情。

2014年1月10日，滴滴乘客车费立减10元/单，司机奖励10元/单；

1月20日，快递打车乘客车费返现10元，司机奖励10元；

2月17日，乘客返现10～15元，新司机首单立奖50元；快的乘客返现11元，司机返5～11元；

2月18日，滴滴乘客返现12～20元，快的乘客返现13元；

3月4日，快的乘客返现10元／单，司机返现5～11元／单；

3月5日，快的补贴金变为5元，滴滴乘客每单减免随即6～15元；

3月22日，快的乘客返现3～5元；

3月23日，滴滴乘客返现3～5元；

5月17日，滴滴和快的的乘客补贴“归零”；

截至2014年5月17日，滴滴、快的共补贴超过24亿元。其中滴滴补贴14亿元，快的补贴超过10亿元。

两大打车软件停止乘客补贴后，用户数量大幅下滑。滴滴打车表示，在滴滴打车补贴最高的时候，订单量峰值曾达到530万单，而停止补贴后，平均每天的订单量回落到300万单左右。快的也声称，在补贴期间日单数甚至超过了600万单，补贴结束后订单数下降了6成。

补贴上瘾的两家公司再次掀起新一轮大战。2014年5月23日至31日，滴滴用户微信支付车费后分享红包至微信可以和好友一起抢红包。快的紧随其后，推出“打车返代金券”，用户打完车可以得到一定金额的代金券，下次打车支付时直接抵扣车费。

7月9日，双方司机补贴降为2元/单；

8月10日左右，双方司机奖励补贴“归零”。

2015年1月，滴滴、快的掀起给乘客8元至15元代金券的活动。整个2014年，投资方对滴滴、快的的态度很简单，即钱烧完了再投，后方似乎有源源不断的财富供给。

有意思的是双方在半年多的补贴大战中，马云还曾发文做出评论。2014年2月27日晚，双方已进行了2轮比拼之时，马云坐不住了，跳出来说话。他在阿里的社交App来往上以花名“风清扬”的名字发文并配两只正在打架的熊的图片称：

几天前，我妈和我说她在路上打出租车，很久没有车停下来。她说她们这年龄的人不会用手机打车软件，不仅不能享受到“竞争红利优惠”，连起码的打车服务也没有了。我父亲说要不是我公司参与这个竞争以及看到很多年轻人喜欢，他早骂上门来了。

我觉得市场竞争的原则是要让市场受惠，让用户受益。不怕烧钱，更不怕竞争，但最怕伤害用户的利益，特别是老人孩子的利益。

这事还真得认真思考和对待。打车软件的朋友们，你们还想打多久啊？建议你们坐下来喝杯茶，商量一下，下一步如何干得更智慧点。呵呵，竞争千万不能伤及别人。

两个蛮汉打架，街上看热闹的人多，绝对不要认为别人在看比赛，别人是在看笑话。

一时间，马云爸妈打不到车的消息传了开来。但后来愈演愈烈的大战证明，滴滴、快的并不愿意领悟马云发话的真正含义。双方杀红了眼，不可能因为马云的一句话而停战，谁都不愿意乖乖缴械投降。

从头来看，这场没有硝烟的战争最初其实是由滴滴挑起的。2014年年初，滴滴拿了腾讯的钱，程维本意是做一次市场推广。于是，腾讯给了滴滴几千万元来做营销推广，顺便把微信支付一起捆绑营销。

补贴带来了立竿见影的用户增长和交易增长，程维尝到了用户暴涨的甜头。不过，他在烧钱引入用户的时候，也许没有想过，同样背景雄厚的快的会快速跟进。滴滴本来准备见好就收，但快的急切地带着支付宝加入战局，开始比着腾讯大发补贴。

快的的补贴政策也迅速吸引了大批的乘客和司机加入，当程维告诉滴滴董事会说，快的的数据预计会在两周后超越滴滴时，大家都惊呆了。如果被超越了，那么第一轮投入的几千万元岂不白花了？

在董事的电话会议中，王刚和朱啸虎提出，尽管是滴滴首先发动的补贴大战，但是务必立即进行有力反击。如果等一个月后再反击，市场份额可能变成7：3甚至是8：2。这就意味着，到时候主动权将掌握在快的手里，滴滴有可能在市场上消失。

快的打车的火速跟进，让滴滴感受到了巨大的压力。显然，那时候的滴滴觉得，这事是能用钱解决的。于是，滴滴和腾讯达成一致意见，继续投入补贴。之前的补贴是由腾讯全部买单，后来达成的方案是腾讯和滴滴各拿50%。

自此之后，滴滴、快的补贴大战越打越凶，根本停不下来。你给5块，我给10块；你给11块，我给12块；你随机补贴，我就发红包。就这样，这场战争很快就超过了用钱就能解决的范畴。

从表面上看，滴滴、快的那时候势不两立，如果碰面肯定要动手打起来。2014年整整一年，双方隔空暗战，都想把对方这颗钉子拔掉。也许很多人都不会相信，在这场大战之前，滴滴、快的其实比较友好地见过一面。

当时讨论的话题比较严肃，直接谈及竞争。比如地面团队竞争、App客户端的竞争等。双方早就约定，不能互相攻击对方的应用，要有底线地竞争。两家心里明白，一旦一方攻击，把对方的软件从用户的手机上全部删除，甚至封杀浏览入口等，势必会导致双方阵亡的悲惨结局。

也正是因为事先打了“预防针”，两方才没有在杀得你死我活的时候，失去最后的理智。

争抢大黄蜂

烧钱大战的第二个结果，整合了打车软件行业，确立了寡头格局。

2012年，打车App集中爆发。快的和滴滴并不是最早的软件，摇摇招车和易到用车才是走在最前面的。直到2014年年初，打车软件市场一直处于混乱状态，顶峰时期市场上有30多个软件。比如百米打车、打车小秘、大黄蜂打车等，都想从市场上分一杯羹。

除了快的、滴滴之外，摇摇招车和大黄蜂在行业内也曾占有一席之地。然而，随着滴滴、快的的强势发展，以摇摇招车为代表的多数软件被淘汰了，而大黄蜂的命运则是被收购。

摇摇招车在2011年创立于北京，创始人王炜建的最终目的是打造中国版的Uber。一开始，摇摇招车的模式是商务租车，后来运营车辆逐步从租赁公司转移为私家车。不过，这样的模式引起了监管部门的高度关注。从2012年年初起，摇摇招车旗下的私家车辆就开始频繁受到交管部门的处罚。

对于一个新生事物来说，一诞生就受到挤压，日子不会好过。而摇摇招车这时候又没有公关团队去与政府谈判，行业里也没有其他的同伴与他们共同奋斗。孤军奋战的摇摇招车在危机之中，如履薄冰。2012年9月，摇摇招车无奈暂时放弃私家车市场，选择了出租车市场。

业界传闻腾讯、中信在和滴滴达成投资意向之前，还接触了当时在北京市场处于第一位的摇摇招车。但王炜建不想失去公司的独立权，拒绝了腾讯的资本示好。不知道后来的王炜建有没有后悔过，与这次成功的机会失之交臂。

政策风险和资本不足越来越让摇摇招车裹足不前，加之滴滴和快的拿到钱之后，疯狂扩张，摇摇招车第一的地位几乎在一夜之间被对手们取代。2014年初，摇摇招车在竞争对手的挤压之下，不得不停止了打车App业务，甚至无力参与到后续的补贴大战之中。

在上海，也曾有一个差点成为地方第一的打车软件，名叫大黄蜂。2013年7、8月份，大黄蜂在上海创立，100多人的团队，专攻上海一个城市。大黄蜂也是带着融资诞生的，补贴推广的速度，让滴滴感觉到了威胁。

程维分析认为，快的在二线城市大举进攻，而滴滴这边就不能丢掉核心城市，上海作为重要的一城，决不能让快的或其他的竞争者抢走。程维认为，必须在上海打败大黄蜂。于是，滴滴就集中力量跟大黄蜂竞争。

为此，滴滴在上海投放了超过北京5、6倍的营销资金。没过多久，大黄蜂的势头有所下降，滴滴、快的、大黄蜂三家公司在上海地区的占有率基本持平。

局面刚刚平稳没几天，程维就听说大黄蜂在找百度融资。这个消息让滴滴感到不安，如果百度投资大黄蜂，那就意味着，BAT三大公司各投了一家打车软件，形成“三国局面”。不管是滴滴还是快的，都不想看到这个局面。

滴滴决定争取主动权，程维找到了百度战略投资部的负责人，直接说，如果投了大黄蜂，百度也不见得能把它推到第一的位子，资金很有可能打水漂。如果不投大黄蜂，滴滴的天使投资人可以卖老股，争取让百度进来。

没过几天，业内就传出大黄蜂决定卖掉公司的消息。自然大黄蜂成了滴滴和快的争抢的对象。滴滴、快的分别与大黄蜂进行了洽谈，而大黄蜂则利用两边的竞争关系，拼命提高收购价。大黄蜂的举动，让程维心里很不高兴，他觉得要是滴滴和快的继续僵持下去，岂不是便宜大黄蜂卖了个虚高的价格？

第一次合并谈判

第一名和第二名为了第三名争风吃醋，损伤的其实是前两者。与其这样，还不如一、二名合并，联手奠定市场地位，不被其他第三方所动摇。带着这样的想法，滴滴主动约见了快的。由于有共同的利益诉求，双方启动了谈判。这一次的谈判，不只是单纯的两方见面，它们背后的金沙江、阿里、腾讯也都出面了。

虽然双方都觉得合并这个方法可行，但因为在股份比例和管理权等问题上存在严重分歧，无法达成共识，所以最终没有谈拢。眼看两个死对头有靠拢的倾向，大黄蜂也没再抬价，就静静地在旁边看了一阵子。

谈判未成，滴滴决定放弃争抢大黄蜂，由快的把大黄蜂收到旗下。虽然是竞争对手，但是双方也不会允许第三方占便宜。后来，大黄蜂的原团队组建成了一号专车团队，成为快的在上海的子公司。快的收购大黄蜂，也成为打车软件市场的一次成功的收购案例。

在滴滴和快的你追我赶的竞争下，打车软件行业在2014年一年的时间内就基本洗牌完毕。有消息透露，截至2014年10月，全国有超过40款打车软件“离场”。神州专车、易到用车成为二级梯队，而滴滴、快的则各占40%以上的市场，整个打车软件市场形成两家寡头的稳定格局。

亦敌亦友

补贴大战的第三个结果，是为打车软件行业争取了地位。

2012年，转向私家车运营的摇摇招车，面对政法管理部门的严查严打，根本招架不来，最终只好放弃私家车运营。到了2014年年底，滴滴专车和快的旗下的一号专车也面临了同样的问题。

2014年7、8月，快的和滴滴相继推出了以私家车运营为主的专车服务，并进行了大力的补贴推广。然而，12月24日，当有上海市人大代表提到滴滴专车是否属于黑车，上海市交通运输和港口管理局某副局长回应：是黑车，营运不合法。

很快，上海开始查扣专车运营。而后，沈阳、南京、济南等地也宣布了封杀专车的“禁令”，出租车司机也掀起罢工运动。一时之间，专车是否违法的问题再次浮出水面。

对于滴滴和快的来说，双方那时候正拿到了D轮巨额融资。还没来得及庆祝，就遇到了政策封杀，那感觉如同从天堂到了地狱。如果专车被判定为非法，那么整个专车市场，将会受到重创，很可能从此无法翻身。

在滴滴、快的前半年在整个打车软件市场席卷一阵之后，已经建立了良好的舆论基础和群众基础，乘客们力挺专车，就连《人民日报》等媒体，也对专车这一新生事物持积极肯定的态度，并对把创新事物定性打死的做法，提出了批评。舆论界还一致认为，滴滴、快的等打车软件的出现缓解了城市交通，对环保出行也起到了积极的影响。

地方管理部门的为难，让滴滴、快的从对立面站到了统一战线。为了争取合法地位，程维和吕传伟也多次交流，那段时间，面对各种政府出文，大部分时间都是他们两个人一起代表行业，一次又一次去跟政府有关部门交流沟通解释。那一刻，他们是同一战壕的兄弟。

滴滴、快的表明观点认为，“黑车”的显著特点是四“无”，即双方信息不透明、价格不透明、无组织管理、无法监管。而互联网专车，所有的车辆和司机信息都公开可查，价格透明公正，管理体系严格，绩效评级严格。因此，互联网专车与黑车有着本质的区别，希望能够得到国家的客观评判。

在多方的“公关”下，地方交通管理部门的强势气焰消减许多。2015年1月8日，国家交通运输部正式表态称，专车对于满足运输市场高品质、多样化、差异性需求具有积极作用，正式认可了专车的合法性；同时，禁止私家车接入专车平台提供服务，从车源上为专车划定界线。

按交通运输部的说法，专车的服务模式是通过互联网整合租赁车辆，并通过第三方劳务派遣公司提供驾驶员服务的创新服务模式，跨越了出租汽车和汽车租赁的传统界线。也就是说，专车的车源必须是“租赁车辆”，驾驶员必须来自“第三方劳务派遣公司”。政府这一表态，等于认可了专车这一创新，间接承认了滴滴专车等专车软件的合法身份。

补贴大战的第四个结果，推动了打车软件成为全民化应用。

打车软件为出行打开了一道互联网之路，虽然马云“吐槽”说，老年人打车更难了，但事实却是，更多人在打车软件的帮助下，以更快、更方便、更便宜的方式打到了车。

尤其是在专车领域开放之后，用以载客的不再仅限于传统出租车，乘客有了更多的选择，直接缩短了等待打车的时间。另外，虽然现金补贴只是企业的促销手段，但是乘客的确享受到了1元打车、2元打车的福利。以前觉得出租车贵而不愿打车的人，也慢慢向平民价的打车软件靠拢，甚至有消息称，大妈出门买菜也爱上了打车出行。

如果没有那场疯狂的补贴大战，也许还有很多人不知道打车软件，不会用也不会去了解。那样的话，这类打车软件也许就是昙花一现，很快被市场遗忘。

滴滴、快的剑拔弩张的打法虽然耗损了大量气力，但是对于看热闹的乘客来说，用手机软件打车的观念就在一场场好戏中渗入了他们生活中。

吕传伟曾肯定表示，2014年2月到5月的补贴是非常值得的。通过补贴，滴滴、快的把一个相对小众的应用变成了一个主流应用。

阿里与腾讯的较量

滴滴、快的没日没夜的烧钱打仗，对于乘客、司机来说，的确是一件享受便宜的好事。不过，在一阵阵疯狂的补贴活动之后，人们开始思考，天下没有免费的午餐，滴滴、快的为什么有这么多钱拿来补贴？为什么出手如此阔绰？

顺藤摸瓜，背后的投资人腾讯和阿里便浮现出来。于是，问题自然变成，腾讯、阿里为什么舍得斥巨资来打这场互联网史上持久的推广大战？

对首先挑起大战的腾讯来说，目的很直接，即抢夺支付市场。腾讯投资之后，滴滴支付以及一切优惠，全都通过微信完成支付。通过打车软件线上交易，微信支付的使用者数量、日交易量的增长速度极其庞大。这样一来，微信支付在滴滴的渗透率一度达到了70%以上。

日后，这些用户将逐步习惯微信支付，生活水电费、日常购物消费都会使用微信支付。也就是说，通过打车软件的推广使用，腾讯找到一个切入口来绑定更多消费者的银行卡，培养大量习惯微信支付的用户。

往坏处说，如果以后滴滴阵亡了，微信还是能留住大量的支付用户，让他们继续使用微信支付。

有人会问，互联网那么多的软件，为什么偏偏选择了打车软件？原因很简单，打车软件见效快。总的来说，选择投资打车软件，是一桩很划算的买卖。

相比餐饮等需要庞大推广团队的线下消费需求，打车软件市场灵活度、交易速度都比其他软件更高。而且出租车市场具有统一性，也有唯一性，利于整合。此外，一般10元至30元不等的打车花费，也更便于调动用户参与度。

而对于阿里来说，支付宝与淘宝商城的关联，天生就具备了银行卡绑定的优势。因此一开始，阿里并没有急于挑起这场支付战争。而后的一系列动作，也是以一种应战的姿态出现，带着一丝斗气的情绪，并非完全想要进攻。

对于阿里来说，就算是为了避免腾讯全部占有出租车这个巨大的线下消费市场，出于防御目的，阿里也有必要继续支持快的，抢夺市场地位。

此外，打车软件每天带来数千万的线下消费，这对于任何一个互联网企业来说，都是舍不得松口的“肥肉”。

有分析认为，阿里大力投资快的打车，与其上市也有关联。在某种意义上，投资快的打车的举动，有助于其上市表现。

柳青加入滴滴

2014年12月，滴滴拿了7亿美元融资，被称为是中国移动互联网行业迄今单笔最大融资。后来传闻称快的在2015年1月拿到的投资也有6亿美元之多。就在大家期盼着2015年将有一整年的补贴大戏之时，滴滴和快的宣布合并，着实让观众们诧异。

距离第一次谈合并，时隔一年之久。再次见面，双方在经历一年的血战之后，态度出人意料地缓和许多。加之有了“公关”政府并肩作战的经历，似乎双方都意识到，在这个危险的世界，多一个敌人不如多交一个朋友。

这场合并，被称为中国互联网历史上最大的未上市公司的合并案，新的公司也成为最快进入中国前十的互联网公司。

这场合并案中，有一个女人贯穿始终，起到了关键性作用。柳青，1978年出生于北京。2000年，柳青从北京大学计算机系毕业，2002年在哈佛大学获得硕士学位，同年加入高盛（亚洲）集团投资银行部负责“分析员工作”。2004年，柳青转投直接投资部工作，2008年晋升为执行董事。2012年，她晋升为高盛（亚洲）有限责任公司亚太区董事总经理，是高盛历史上最为年轻的董事总经理之一。柳青之所以备受关注，因为她还是“中国IT教父”柳传志的女儿。

在加入滴滴之前，柳青在高盛任职长达12年，在私募股权投资方面积累了丰富的经验。2014年8月初，柳青正式从高盛直接投资部董事总经理职位离职，加入滴滴打车。

在很多人看来，柳青这次转变是非常突兀的。而实际上，柳青较早时期就开始关注互联网出行领域。作为投资人的她，总能捕捉到新鲜事物的魅力。2011年，高盛投资了Uber，这件事吸引了柳青对打车软件行业的关注。

2012年，滴滴、快的分别成立之后，柳青分别见过程维和吕传伟，与他们建立了联系。2013年上半年，滴滴、快的因为收购大黄蜂的事情碰头，首次提出了合并的想法。在双方谈判之时，柳青因为与两边的高层都能交流，所以就扮演了中间人的角色。

约双方见面当天，柳青早上从北京飞到杭州，与吕传伟、阿里投资部谢世煌等人一起，一边吃饭一边谈事。午饭之后，柳青又飞回北京。虽然最终双方没有达成合并共识，但柳青却因此对滴滴和快的有了更深入的了解。

2013年9月，滴滴、快的的合并想法已告吹，滴滴退出争夺大黄蜂收购的战争，时任高盛（亚洲）有限责任公司亚太区董事总经理的柳青提出投资滴滴，并且给出了大额筹码。然而当时的滴滴并不想拿那么多钱，而且老股东也不想在当时引入新一轮资金，柳青只能作罢。

2014年1月，滴滴拿到腾讯和中信的C轮1亿美元融资。这个消息传到柳青耳朵里，让她觉得有些懊恼。6月，她带着团队再次找到滴滴谈投资意向，就开玩笑地对程维说："腾讯投你们，之前怎么不提前告诉我？你知道我早就想投的啊。"程维就笑着说："你要是来滴滴工作，不就什么都知道了吗？"

一个多月之后，柳青宣布加入滴滴打车，任COO。上任之前，柳青给吕传伟打了一个电话，聊到了加入滴滴的事情，吕传伟在电话里祝贺了柳青，对她表示支持。

带着外界的好奇和质疑，柳青一上任就主导了滴滴最大的一轮7亿美元的融资，以最短的时间获得了公司上下的认可。2015年2月4日，滴滴宣布柳青升任总裁。

互联网业内人士认为，柳青熟悉资本运作，有雄厚的业界资源，可以帮助滴滴分担融资压力，扩展市场和政府关系。

柳青对于融资则是这样看的："融资这件事情公司一直都在做，我在高盛的时候不是都想投资嘛。但是，我进来绝对不是这个核心的诉求，真正有价值的公司不会为了融资而招人。况且我来之前，程维一个人去见投资人，一样融得很好。"

一场13小时的谈判

在滴滴的D轮巨额融资里，包括了俄罗斯投资巨头DST投的1亿美元。当时，DST联合创始人兼总裁尤里·米尔纳（Yuri Milner）曾到滴滴见了程维和柳青，他说了三句话：“第一，Uber要灭了你们；第二，如果要活命只有一个办法，和快的合并；第三，合并后我可以再给你们十亿美金。”

米尔纳的提议，与程维、柳青不谋而合。然而他们也知道，此前一轮谈判的失败，让大家对合并并没有太大信心。况且快的也很快拿到了融资，双方的想法或许将有更大的分歧。的确，在2015年年初拿到新一轮融资的滴滴、快的又掀起了一轮补贴大战。

然而，持续的补贴大战让双方都有些疲惫，尤其是对一些投资人来说，长期烧钱的打法，让他们有些吃不消。大家的共识是：滴滴、快的，一个背靠腾讯，一个背靠阿里，这样无休止地打下去其实没什么意义。后来滴滴和快的合并之后，业界也有不少人认为双方是被资本逼迫的。

2015年年初，当时的滴滴打车CEO程维、COO柳青再次到了杭州。此次，他们见了快的打车的CEO吕传伟，也见了阿里投资部的人士，双方合并的谈判正式开始。在谈判过程中，华兴资本CEO包凡和柳青成为重要的中间人，成为双方加强信任的纽带。

在互联网界，包凡有着“最棒的资本红娘”之称，之前当过滴滴的财务顾问。而华兴资本是一家擅长把“仇人”变“情人”的公司，之前优酷和土豆，以及腾讯和京东的背后都有华兴资本撮合的身影。

谈判一开始，阿里和腾讯就默契地设置了一个宗旨：投资方不干涉创业公司的决定，阿里和腾讯谁也不插手，谈判的主导权归创业公司所有，但要对阿里和腾讯公平对待。与此同时，在腾讯和阿里在移动端支付的竞争中，打车软件接入微信支付还是支付宝的选择权也交给了创业公司。

不过，业界也有传闻称，双方合并最大的阻碍来自阿里。吕传伟曾在一次采访中正面回答过这个问题，他表示阿里被冤枉，在合并的过程中，阿里和腾讯都是支持态度。各方都希望行业能够健康地发展，而不是陷于不健康的没有节制的烧钱行为中。

据说，吕传伟第一次和滴滴谈完回去，马云、蔡崇禧和彭蕾等几位高层就告诉过他："你是不是觉得应该并，如果你说并，我们100%支持。"对于马云的帮助，吕传伟丝毫不掩藏自己的感激。滴滴和快的合并后，吕传伟与马云有过交流，谈论了公司未来格局。吕传伟很感激的是，马云给了他足够的空间去探索新的发展，尊重他的决定。

第一次见面之后，双方在一个月时间内，又陆续见了好几次，经过了数次反复磋商。开会、吃饭、喝酒，滴滴、快的的高层从来没有如此亲密接触过。2015年1月21日在深圳，双方才进入实质性的谈判阶段。之所以选择深圳，也是为了体现不偏袒任何一方，快的总部在杭州，滴滴总部在北京，所以双方挑了一个可以直飞的第三方城市。

在一个服务型公寓里，吕传伟、程维、柳青、徐传陞、包凡和他的合伙人，6个人窝在一个公寓里，从早上8点谈到了晚上9点，整整13个小时。

徐传陞是经纬中国管理合伙人，投资人身份的他一直是吕传伟背后的融资军师。他曾在2013年，逆市主导了经纬创投对快的的A轮投资，在B轮继续跟进，并帮助撮合了软银、老虎基金等对快的6亿美元的巨额融资。

13个小时内，双方拟定了最核心的合并框架，在一张白纸上写下了9条认知，其中包括怎么处理阿里和腾讯的关系、公司继续独立发展、管理团队的控制权、高管股权激励等框架内容，谈判内容主要是以新公司的核心利益为考量，不去偏袒任何一方股东。

21日的谈判至关重要，当天两个CEO达成一致意见，认为一起做比分开做更好。他们认为，合并成一家，对于日益激烈的竞争市场，将有益无害。当时，神州租车正在大范围"招兵买马"，易到用车也有很多的资源投入，Uber

也在中国流行起来。如果滴滴和快的继续视对方为眼中钉肉中刺，那么结果很可能两败俱伤。

两方都清楚地知道，补贴时代已经完结，如果继续互掐，纯粹的补贴战很可能会演变成恶性竞争。另外，有消息称，百度正在撮合Uber和易到合并，这也让滴滴和快的双方不敢掉以轻心。

内忧外患导致他们迫切地想在一起。1月27号，双方管理团队在北京第二次碰头开会，第一次谈判的六个人，再加上双方的律师、审计、财务，大概有十六七个人。这一天，双方律师商议起草框架协议，前后共花了21天。2月11日，双方正式签约合并协议。

实际上，自从滴滴、快的曾谈判合并的消息不胫而走之后，坊间一直就有两者合并的传闻。2014年12月，吕传伟在接受媒体采访时还表示，双方为培育市场都烧了很多钱，但到2014年起两家在市场份额上没有太大的变化，未来较长一段时间还会是双寡头的状态。

从吕传伟的回应中可以揣测到，那时候双方没有合并的计划。甚至直到双方宣布合并的头一天，公司高层还在辟谣。2015年2月13日，媒体报道称：快的副总裁陶然表示，快的、滴滴合并一直都是传闻，不再就此事反复表态。

在2月13日这一天，舆论传得沸沸扬扬。这时候，柳青他们觉得消息包不住了（本来想在春节之后再公布的），正好第二天（2月14日）是西方情人节，那就干脆来一个“情人节计划”。

2月14日上午10点，滴滴打车、快的打车联合发布声明，宣布两家实现战略合并。滴滴打车CEO程维、快的打车CEO吕传伟将同时担任联合CEO。柳青拟任合并后新公司（名称未定）的总裁。

关于合并的事实和猜测

滴滴打车和快的打车合并后，新公司成立董事会，7名成员分别是程维、吕传伟、柳青、腾讯方、阿里方，投资方代表经纬中国管理合伙人徐传陞，另外还有一名天使投资人王刚。

虽然双方一直没有公布股权分配比例，但外界传闻认为，新的公司中，滴滴占据主导，滴滴持股约52%，快的持股约48%。诸如此类的猜测还有许多：

一种说法称，双方合并的重要目的是为了上市，这一说法也在吕传伟给员工的内部邮件中得到了印证；合并阶段，滴滴和快的仍保持独立运营。

不过吕传伟认为，公司在短时间内肯定不会上市，未来两年还有很多事情要做。“上市固然是我们投资人希望看到的事情，但是，这两家企业创立三年都不到，还有很长的路要走。”

第二种传言称，上市之后，快的管理层将逐步套现退出，最终由滴滴方面主导并占据主动，与当年优酷土豆合并案一致。对此，吕传伟做过正面解释称“不准确”。他提及：“滴滴快的还处在一个行业的发展初期，还有很多垂直业务是我们一直没有资源和余力去做的，两家的资源合并在一起，可以做的事情更多。”

这种猜测认为，双方合并后的业务中心将转移到专车运营方面，与Uber、易到专车、神州专车展开竞争。吕传伟谈到过，合并之后，至少在很长一段时间，两家公司的业务会并行。值得思考的是，公司会创新一些新的业务，包括有些还没宣布的新产品。也就是说，以后调动滴滴、快的部分人去新的产品部，都有可能。

其实有意思的是合并当天，马云和马化腾都隔空为新公司点赞，同时两个大佬之间的红包大战还在不断升级。这就意味着，虽然滴滴快的合并成功，但并不代表阿里和腾讯会握手言和，双方的支付竞争还将继续下去。

马云说："滴滴、快的合并是件非常开心的事情。感谢所有参与项目的人的共同努力。相信通过大家共同的努力，滴滴快的会取得更好的成果。在此，感谢腾讯，感谢滴滴团队，感谢快的团队，为了整个移动出行行业的发展所做的贡献，以及放眼未来，顾全大局，以精诚合作的方式实现合并。"

马化腾也祝贺表示："互联网改变生活，'互联网＋交通'将成为又一互联网化的行业。合并后的滴滴快的将成为这一大领域毫无争议的领先者。"他还充满信心地认为，从补贴大战到两家公司最终合并，对滴滴和快的一直看好。无论是面对Uber还是国外其他互联网公司的竞争，国内创业者无一例外都会是赢家。

关于合并的缘由和未来展望，吕传伟在宣布合并的内部邮件中做出了比较详尽的解释，其邮件全文如下：

各位同学：

今天，我们将正式宣布快的打车与滴滴打车的战略合并的消息。合并是通过双方合股的方式完成，不涉及现金交易。这次合并，是中国互联网历史上最大的未上市公司的合并案，新的公司也是最快地成为中国前十的互联网公司。对我们两家公司，对所有的投资人及股东，以及整个行业而言，都是巨大的里程碑。

中国有句古话叫"不打不相识"，也有"一笑泯恩仇"的说法，在过去的两年多里，我们和滴滴打车既是对手，更是磨刀石，这其实也是双方能飞速发展的最重要的因素之一，通过不断挑战极限，我们一起创造了一个个神话，飞速地撬动了中国移动出行的市场。

快的和滴滴已经深刻地改善了人们的出行方式，提高了中国城市出行的现有模式，这是我们经过呕心沥血的努力后做出的让参与其中的每一个人都引以为豪的了不起的事情。在城市移动出行领域的发展前景上，两家公司已经建立了共同的愿景，这是我们决定战略合并的最大原因。其他的主要原因如下：

——恶性的大规模持续烧钱的竞争不可持续；

——合并是双方的所有投资人共同的强烈期望；

——除了财务因素外，合并后可以避免更大的时间成本和机会成本，新公司可以马上加速开展很多新的业务。

双方合并之后，我将与滴滴打车CEO程维共同担任新公司的联合CEO，原有业务和团队依旧保持不变。

由于整个行业还在高速发展之中，需要大量的人才，不会影响人力资源的安排，我们年后会继续招聘更多的精英。快的和滴滴的每一位同事，也将会拥有更大的舞台和发展空间，去做一些我们之前一直想做，却没有精力去做的事情。合并之后，上市计划也会提上日程。

这次合并创造了共赢，也创造了历史，每一位谈判的参与者，包括阿里巴巴和腾讯，都对双方合并的决定表现出了一致的认可和赞誉。

未来的公司需要快的打车与滴滴打车每位同事的努力，我们要做到打则惊天动地，合则成为行业典范。

合并是逗号，不是句号，未来的挑战还非常巨大，除了要面对Uber的挑战外，还有很多的业务及产品规划会马上展开。希望大家不要松懈，继续保持开放的心态，继续专注工作，在更大的平台上实现自己的价值和梦想！

继续加油，迎接新的开始。

合并魅力：2周完成20亿美元融资

新的开始很美好，因为有钱。

2015年7月8日，合并不到半年的滴滴快的公司完成了20亿美元的融资，公司估值高达150亿美元。

新一轮的投资方包括资本国际私募基金（Capital International Private Equity Fund）、平安创新投资基金等多家全球知名投资者，而阿里巴巴、腾讯、淡马锡、高都资本等现有股东也都追加了投资。

柳青透露，与以往融资类似，这轮融资过程也非常快，从6月22日启动后，仅用了2周时间。在投资者的热情追捧下，融资金额从15亿美元攀升至20亿美元。这轮融资之后，滴滴快的公司将拥有超过35亿美元的现金储备。

这还并不是最轰动的消息。8月3日，《华尔街日报》率先披露，滴滴快的获得主权财富基金中国投资有限责任公司（China Investment Corporation，简称中投公司）投资，引发了全球科技圈的关注。

其实早在7月份宣布获20亿美元融资的时候，柳青就透露，此轮融资中还有数亿美元的剩余额度，将在一个月之内完成，全部结束后融资金额将超20亿美元。

中投也来了

没想到，最后压轴出现的会是中投公司。

2015年9月，中投对滴滴快的的投资尘埃落定。9月9日，滴滴快的对外宣布，结束新一轮总计30亿美元的融资，本轮融资创造了全球未上市公司融资的新最高纪录。据称，该轮融资完成后，滴滴快的将拥有近40亿美元的高额现金储备。而这一轮投资者里，出现了中投的身影。

中投公司，成立于2007年，是中国国务院批准设立的从事外汇资金投资管理业务的国有独资公司。2012年，阿里巴巴从雅虎手中回购大量股份，中投公司当时牵头对阿里巴巴进行了投资。2014年9月19日，阿里巴巴在纽约证券交易所挂牌上市，完成250亿美元的IPO（首次公开募股，英文全称Initial Public Offerings）。对阿里巴巴进行投资的中投公司，也因此获得了丰厚的利润。

中投公司官网显示，截至2014年，该公司45.6%的资产用于投资美国股票，33.5%的资产投资非美国的发达国家股票，对新兴股票投资占20.9%。有人把中投公司称为风险投资“国家队”，他们通常买入被视为对国家具有战略意义的项目的股权。

2015年7月27日，中投公司旗下对外直接投资业务平台——中投海外正式挂牌成立，中国财政部向其注资约1000亿美元，这些钱将主要用于基础设施、农林牧渔等长期资产的财务性直接投资。

也就是说，中投海外是投资界真正的“豪门”，而它把自己在互联网业的第一次投资给了滴滴快的。这一切都叫所有人眼红。

对于新开张的中投海外来讲，投资滴滴快的还有一个寓意，就是想赢得一个开门红。所以说，中投海外对滴滴快的寄予了厚望。此前阿里巴巴的完美表现，让中投有信心再投类似的国内项目。而中投希望在互联网领域继续拓展更强的实力，扩大行业影响力。

中投投资阿里巴巴时，阿里已经很成熟了，在业内已有不俗的表现。此次情况一样，滴滴快的在“互联网＋交通”领域已经取得了稳固的地位，马云笑称，滴滴快的现在是“拿着望远镜也找不到对手”。

从更深层面来说，作为“国家队”代表的中投投资滴滴快的恰好是响应中央政府支持“互联网＋”的一个实际行动。

2015年3月15日，李克强总理在《政府工作报告》中首次提出“互联网+”。之后，“互联网+”逐渐成为我国经济转型升级的新引擎，并提高到国家经济发展最高决策层面。

2015年7月4日，发布了《国务院关于积极推进“互联网+”行动的指导意见》。该文件除了详尽的行动规划之外，在完善融资服务方面指出，要积极发挥天使投资、风险投资基金等对“互联网+”的投资引领作用。支持国家出资设立的有关基金投向“互联网+”，鼓励社会资本加大对相关创新型企业的投资。

在互联网领域，中国也需要强有力的主权基金，与国际主权基金抗衡。例如，新加坡两大主权基金淡马锡和GIC（新加坡政府投资公司，英文全称Government of Singapore Investment Corp）在海外的直接投资总额大约为140亿美元，互联网投资则是它们最重要的项目之一。在中国，淡马锡通过投资阿里巴巴、京东、小米、滴滴、途牛等中国互联网公司，获得了丰厚的回报。

外国主权基金如此积极，中国自己的主权基金在互联网业却还稍微滞后一些，中投公司不愿意再错过互联网业的投资机会。另外，在全球打车行业，国家主权基金势力也在进入。以Uber为例，它的背后也有一只国际主权基金的身影，即卡塔尔投资局（Qatar Investment Authority，简称QIA）。

作为专车软件的开山鼻祖，Uber也是滴滴快的在中国专车市场最大的竞争对手。但Uber在中国市场并没有占主导地位，市场份额占有不到20%。不过，2014年12月，百度投资Uber，还是形成了中国BAT一家支持一个打车软件的局面。虽然没有透露投资金额，但外界猜测在6亿美元左右。

百度CEO李彦宏表示，投资不多，但重在战略合作，双方围绕技术创业、开拓国际市场及拓展中国O2O服务等多个方面，将有新合作。面对劲敌Uber的壮大和入侵，滴滴快的不敢懈怠，投资方也必须跟上。也就是说，Uber有主权基金投资，滴滴快的也得有。

中投的加入，还带来了一丝政策的亮光。长期以来，专车模式在风靡全球的同时，也受到了各国各地的一些阻力。有专车软件的地方，总绕不开一个问题，专车是否合法？

在中国，滴滴快的在合并之前也遭到过上海、洛阳等地的明确禁令，受到出租车行业的罢工反对。虽然经过不懈努力后，政府管理部门并没有一刀切禁止，但专车的日子仍然不好过。专车是否违法的问题，仍然悬而未决。

因此，就算在合并之后，滴滴快的也常常被执法部门抓获罚款。2015年年初，北京市交通执法总队对外表示，互联网公司的"专车"服务变相为乘客提供黑车。借助手机软件从事非法运营的车辆，一旦被核实从事非法运营，将按高限处罚（罚款2万元）。

2015年6月2日，北京市交通委运输管理局、交通执法总队等8个部门约谈滴滴快的、Uber等专车平台负责人。此时，北京市交通执法总队查处非法运营专车车辆963起，涉及滴滴专车平台从事非法运营车辆207起。

到7月23日第二次约谈时，北京市交通执法总队共查处非法运营私家车、租赁车2147辆，涉及"滴滴专车"平台1211辆，涉及"优步"平台170辆。也就是说，在不到两个月的时间里，执法总队仅在北京就查处千余辆滴滴专车。

被惩处的滋味并不好受，专车平台上的司机数量也因此有所下降。在严峻的政策形势下，中投加入投资队，引发了业界一阵激动。大家纷纷猜测，中投之所以敢冒风险投滴滴快的，是否意味着国家对专车市场即将开绿灯？

业内人士对此抱着乐观谨慎的态度。有媒体称，我国将出台与专车相关的监管政策，而"专车牌照"也将具体落实到各家公司。这样一来，就从政策层面上规范了专车市场，滴滴快的等专车公司有望实现合法经营。

或许是巧合，或许是中投的加入起到了积极作用，专车合法化很快有了进展。10月8日，上海市交通委宣布，向滴滴快的专车平台颁发网络约租车平台经营资格许可。

可以说，这是全中国第一张专车平台获得的资质许可，甚至也可以说是全世界第一张由政府部门颁发的专车牌照。上海市交通委相关人士透露，今后只要专车平台申请，并且具备一定条件，上海就给它办理营业执照。

尽管颁发了许可证，但还有很多问题有待解决。专车的合法化之路，才刚刚开始。

投入国际市场竞争

在滴滴快的不停融资的同时，2015年6月，Uber总公司也给了Uber中国10亿美元，支撑其与滴滴快的对抗。

就在滴滴快的合并后不久，Uber就找上门去谈判，表达了两个意思：要么接受它们投资，占股40%；要么就在中国投入超过10亿美元的资金，把中国打车市场搞得鸡犬不宁。无论怎样理解，Uber都是在威胁滴滴快的。

而中投此番投资滴滴快的，成为其背后的国家力量，可看作是对Uber的进一步施压。未来，当滴滴快的走出国门，走向国际市场时，中投公司有力量帮助公司在不同的国际市场找到最合适的合作伙伴，从而与其他国家的打车软件较量。

2015年8月19日，东南亚领先的打车软件Grabtaxi宣布完成3.5亿美元融资。在这轮投资中，就出现了中投和滴滴快的的身影。可以肯定的是，中投带着滴滴快的"出海"了，并将在海外市场施展拳脚。

柳青在此时透露了滴滴专车的市场份额，高达82%。她认为，滴滴快的与Grabtaxi这样的东南亚领先互联网企业合作有助于双方共同快速成长，滴滴快的愿意把自身大数据算法上的积累，以及多元化业务的运营经验和Crabtaxi交流共享，而Grabtaxi也会帮助滴滴快的进入东南亚华人市场。

被指垄断

据易观国际的数据显示，截至2014年第四季度，快的打车覆盖360个城市，滴滴打车覆盖300个城市。截至2014年12月底，滴滴打车市场份额占比为56.5%，快的打车占比43.3%。如果把两者直接加起来为99.8%，排除重叠市场，两者合并后的市场占有率也能超过80%。

如此高的市场占有率，引发了竞争对手的极度恐慌。前不久还在热议打车软件市场双寡头现象，立即转而讨论合并可能引发的市场垄断问题。

就在滴滴与快的合并后不久，易到用车向商务部反垄断局、国家发改委价格监督检查和反垄断局举报，滴滴与快的合并行为违反中国《反垄断法》，请求立案调查并禁止两家公司合并。

易到用车认为，合并方之一快的打车在其官网2014年3月披露的信息显示：该公司司机账户流水达47.3亿元人民币，月均营收超千万元，仅此一项就远超相关法规规定的反垄断申报标准。

根据《反垄断法》规定，企业合并属于《反垄断法》中的经营者集中行为，如果参与集中的所有经营者上一会计年度在中国境内的营业额合计超过20亿元人民币，并且其中至少两个经营者上一会计年度在中国境内的营业额均超过4亿元人民币，则应该向商务部反垄断局进行申报。

遭遇易到用车的为难，滴滴快的高层均予以反击。柳青公开表示："我们做的是出行行业，包括去哪儿、神州租车、携程都属于出行领域，所以我们不涉及垄断。"陶然也在微博上调侃："一家同业公司，竟然连司机账户流水和营业额都傻傻搞不清，不知道是故作无知还是用心险恶。”滴滴、快的只是为乘客提供了免费电招服务，乘客和司机结算的流水，是司机和出租车公司的收入，和快的滴滴一毛钱关系都没有！

对于双方合并是否涉及垄断，尚且没有官方明确调查结果。但法律专家意见倾向认为：基于《反垄断法》，判断所谓的市场支配地位，市场份额仅是参考因素之一，更具有实质性意义的指标是市场进入壁垒，亦即其他企业进入相关市场的难易程度。滴滴快的合并，并不会影响其他企业进入市场，也就谈不上垄断一说。

另外，互联网移动出行行业目前还是一个创新产业，市场竞争还非常激烈，现在给企业合并扣上“垄断”的帽子还为时过早。

未尽的猜想

业界对于滴滴快的垄断市场的话题还没结束，却又出现了另一种更奇妙的猜测。在中国，Uber中国区负责人柳甄是柳传志的侄女，她曾在硅谷做过十多年的律师，专业方向是风险投资、私人股本、合并兼并等。几年前，Uber曾是她的客户之一，之后她辞职加入了Uber。

国内企业中，联想控股是神州租车最大的股东，而神州专车是神州租车旗下项目。滴滴打车总裁柳青是柳传志的女儿。这三大软件的关系，最终集结到柳家身上。

因此外界认为，作为一家之主的柳传志其实早有安排，先让家里两个姑娘去敌方“卧底”，然后三家合一，统一归属联想。

当被问及如何看待女儿、侄女都选择专车行业时，柳传志多次解释这是孩子们自己的事业，只是偶然碰到了同一个领域，跟他没有什么关系。

柳传志在一次采访中，这样回答："她们选择了自己的事业，跟我一点关系都没有，我们家孩子其实没怎么管，基本是放养，我们那个年代怎么管？无非就是身教重于言教，我做人就是这么做的，我爹也是这么做的。"

就算柳传志试图撇清和滴滴快的的关系，但外界仍是传言纷纷，据说滴滴快的合并谈判之时，柳传志就充当了关键的媒人角色，促成了这桩资本婚姻，其爱女之心很难藏住。

神州专车今后是否也会加入到滴滴快的中？柳青委婉地表示，目前还没有计划，合并就像谈恋爱一样，谁知道什么时候就碰到对的人呢？一切随缘。

商界大佬的一举一动，总是让人浮想联翩。2015年6月25日，一向低调的神州专车发布一组"Beat U！我怕黑专车！"的宣传海报，直接挑战Uber，暗指Uber是违规黑车。虽然神州专车事后道歉，但外界仍然把这个事件理解为，"父亲替女儿打的一场仗""神州为滴滴快的出头"。

在中国，滴滴快的最大的竞争对手就是外来的Uber。如果击垮Uber，滴滴快的无疑轻松许多。但为什么滴滴快的一直不出手打压？为什么不站出来诋毁Uber？明明很想击垮对方，但为何开不了口？说到底，就是因为滴滴快的和Uber打车的模式雷同，它无法否认私家车扮演的重要角色。否认Uber，就是否定自己。

而神州专车就不一样了，神州专车是通过第三方劳务雇佣司机，开的是公司的车。也就是说，神州专车其实是合法的出租车运营公司，不用私家车拉客。因而，神州专车的确有底气质疑私车运营的公司。

不过，神州专车之大手笔"黑"Uber，其实也没得到好处，反而被网友喷了一脸。

难道神州专车不知道"黑"Uber会招人恨吗？既然没好处，那么神州专车为什么不安安静静闷声赚钱，却突然发招"黑"Uber呢？为什么不去"黑"同样用私家车运营的滴滴快的？

人们很直接的想到了一个可能，这是柳老爷子护女心切的表现。如果说父亲为女儿战斗，为女儿事业铺路，那么似乎一切就想得明白了。

试想，如果神州成功打压Uber，那么滴滴快的无疑是最大的获益者。就算是杀杀Uber风头，也能让滴滴快的在步步紧逼的竞争中喘一口气。

其实，神州专车这样的举动，也许是一种父亲对女儿的爱，也可能背后有一盘更大的棋。试想，滴滴快的和神州专车如果接连灭掉易到和Uber，专车市场就会又进入“双寡头”时代。

如此，神州专车将获得订单较少但利润丰厚的商务和企业市场，而滴滴快的将凭借专车、快车和顺风车的组合拳占据绝大多数中低端市场。两者业务不相干扰，在专业的高端和中低端领域，各称老大。

再想想，既然两家公司业务范围互为补充，而且私人关系紧密，那么时机成熟的时候，很有可能一拍而合，共同打造一个覆盖互联网打车行业上下游，集合专车、快车、顺风车多种形式，涉及高、中、低端多档次的超级移动互联网出行入口。

猜想始终是尚未实现的想法，就算是计划中的事情，也会遇上意外。这一次，意外找上了柳青。

2015年国庆节前一晚，柳青向滴滴快的全体员工发出内部信，坦言自己患上乳腺癌，前几天刚刚在医院做了一个肿瘤摘除的小手术。

患病消息发布后，柳青就淡出了公众视野，而人们也很自觉地没有去打扰她的休整。2015年12月，滴滴透露，柳青将于月底回归工作岗位。

对于柳青的复出，外界充满期待。无论如何，只要柳青在滴滴快的，只要联想控股还是神州租车的股东，那么双方就会存在千丝万缕的联系。

也许，更大的合并，正在酝酿之中。

第二章

优酷土豆：合并之后还是被收购？

在线视频的垄断，没有如预期般到来。

2012年，优酷与土豆的合并轰轰烈烈，曾被誉为是互联网界最出人意料的一场合并。

当时，优酷和土豆共同占据中国视频市场80%的份额。在广告市场，优酷占比21%左右，土豆占比13%左右，总占比超出34%。

行业一、二名强强联手，谁与争锋？在线视频行业似乎就此定型，优酷土豆居于垄断地位，爱奇艺、搜狐视频、PPTV、乐视、迅雷看看等只能争抢新老大剩下的一小部分市场。

现实却是，优酷和土豆的合并并没有催生行业霸主，也没有引发传说中可怕的行业动荡。合并三年后，2015年第一季度，优酷土豆在广告市场占比21.17%，紧随其后的爱奇艺PPS占比19.59%，位列第三的腾讯视频占比14.11%。

此外，乐视网、搜狐视频、风行网等视频网站在广告市场占比也有比较明显的提升。从以上数据来看，很明显优酷和土豆的合并没有达到1＋1>2的效果。不过反过来想，如果优酷和土豆没有合并，那么它们很有可能连第一名的位置都保不住。更带有一丝悲凉的是，如今的优酷土豆已经成为阿里的“猎物”，被收入阿里旗下。

在互联网界，优酷与土豆合并事件是标志性的。在其之后，互联网界才开始陆续发生行业一、二名合并的案例。大家从优酷和土豆合并案上，看到了化敌为友的可能。每当传出两个竞争对手合并的消息时，人们总会提到优酷土豆。

有人说它们是榜样，也有人说它们是前车之鉴。

在线视频江湖初成

2005年4月，中国第一家视频网站土豆网打着“每个人都是生活的导演”的口号正式出场了。当时，美国的YouTube还没有创立，土豆网算是一个开创性的创业项目。

喊出这句经典口号的是土豆网的创始人王微，辍过学，留过洋，当过国际企业高管，写过小说，编过话剧，王微身上有着创业人的传奇色彩。

有了第一个吃螃蟹的人之后，视频行业很快有了新成员。2005年11月，古永锵从美国回国创办合一网络，2006年6月优酷公测上线时，乐视网、激动网等也已经陆续创立。

与王微的文艺偶像派风格相比，古永锵走的是“实力派”路线。古永锵是中国香港人，14岁留学澳洲，19岁全家搬到美国。古永锵考入加利福尼亚大学伯克利分校（University of California，Berkeley），获学士学位，而后在斯坦福大学（Stanford University）获得MBA学位。

在创办优酷之前，古永锵做过投资，也曾任搜狐总裁，和张朝阳一起使搜狐成功在纳斯达克上市。2004年，在外人看来最风光的时候，古永锵从搜狐离职，去美国陪夫人读书，闭关大半年决定了创业目标——做视频网站。

就这样，随着一个个视频网站的建立，在线视频的江湖成形了。2010年时，优酷和土豆成为行业排名一、二的公司。众所周知，成就行业地位离不开资金投入。

2005年11月，优酷成立之初就拥有300万美元“搜索资金”；2005年12月，土豆网获IDG 50万美元第一轮风投。

2006年5月，土豆网获得来自IDG（美国国际数据集团，International Data Group）、纪源资本（GGV Capital，原Granite Global Ventures）、集富亚洲的850万美元风投；2006年12月，优酷获硅谷Sutter Hill Ventures、国际投资基金Farallon Capital和成为基金（Chengwei Ventures）三家风投 1200万美元注资。

2007年4月，土豆网获1900万美元融资，由今日资本、General Catalyst主导，韩国KTB风险投资基金、GC Entrepreneurs Fund、CA-JAIC China Internet Fund参与，前两轮的投资者IDG、纪源资本、集富亚洲也继续跟投；2007年11月，优酷网获得贝恩资本集团Bain Capital旗下一支基金及三家既有股东追加的共2500万美元注资。

2008年4月，土豆网D轮融资5680万美元，由凯欣亚洲和美国洛克菲勒家族旗下风险投资公司Venrock领投，此前的IDG、纪源资本等参投。

2008年7月，优酷获4000万美元融资。2009年12月，优酷网再获4000万美元融资。

2010年7月，土豆网完成上市前最后一轮5000万美元融资由淡马锡领投3500万美元，而凯欣亚洲、IDG、纪源资本、General Catalyst等追投1500万美元。

2010年9月，优酷网获得5000万美元融资。

源源不断的融资，奠定了优酷和土豆网的江湖地位。但形势却不容乐观，爱奇艺、搜狐视频、PPTV、PPS、迅雷、暴风影音、56网等视频网站都在分食视频市场这块大蛋糕。

竞争对手的财力，也不容小觑。

2010年，爱奇艺含着金钥匙出生，背靠百度，爱奇艺有着天然的流量优势，也不愁资金引入。和爱奇艺相似，有搜狐网站做支撑的搜狐视频也不愁“吃喝”。

2011年，PPTV与日本软银签订一份2.5亿美元的投资协议，创下全球互联网视频行业最大单笔融资的纪录。此外，看起来不太起眼的56网也曾先后获得海纳亚洲、红杉资本、迪士尼旗下思伟创投的投资。

土豆危机重重

有了江湖，就会有厮杀。可正当要拿枪激战的时候，王微却逐渐陷入痛苦。2008年，国家广电总局要求视频网站要申请获取视频许可证，才能合法播放视频节目。

这时候，王微感到自由被束缚，在监管之下，他感觉有些无趣。在王微看来，土豆网就是播客们自己主导的视频播放平台，如果加入审查，产品范围会变窄很多。

王微曾坦言：“大家都说，创业是痛并快乐着。但我觉得土豆后两年就只有痛，没什么快乐。”王微感觉到，土豆网的发展离他原本的设想越来越远，而且他无力扭转局面。资本不准许他由着性子来，大环境的规则也无法由他来设计。

土豆网的发展，越来越不按照王微导演的剧情发展了。他对此不满，但又力不从心，只好跟着资本，跟着大环境朝前走，还得去和优酷争，还得奋力保住自己行业二哥的地位。

困难重重。

第一大问题就是上市。2009年年底，酷6网成功借壳上市，这令其他视频网站蠢蠢欲动。对于王微来说，上市是一个必须完成的作业，给股东一个交代，给员工一个交代，也是给自己一个交代。

于是，2010年11月10日，土豆提交了在美国纳斯达克的上市申请。一周后，优酷也向美国证券交易会提出了在纽交所上市的申请。

申请后不到一个月时间，2010年12月8日优酷网成功登陆纽交所公开发行上市，股票代码为YOKU。同天，当当网也在纽交所上市。古永锵带领他的创业团队站在纽交所交易大厅，满脸笑意地敲响了开市钟。“那一瞬间，我感觉就像是在参加毕业典礼。”

戏剧化的是，因为一场意外土豆网的王微“延迟毕业”9个月。就在土豆申请上市的第二天，王微的前妻杨蕾提出起诉，要求分割婚姻存续期间的财产。虽然是夫妻之间的私事，但夫妻共同财产却与土豆网关联不小。

2007年8月二人结婚，2008年8月王微提出离婚，此时土豆网已完成前四轮融资，2010年3月双方正式离婚。在双方婚姻存续期间，土豆网成立了上海全土豆网络科技有限公司，王微在该公司中占股95%。

这部分股份中，有76%涉及夫妻共有财产问题，杨蕾遂提起诉讼，对这部分股份的一半予以权利主张，法庭随后冻结了该公司38%的股份进行保全，禁止转让。

这起事件犹如一块巨石，直接阻碍了土豆网上市，王微不得不先解决个人问题，再谈上市。一直到2011年6月，王微才和前妻达成庭外和解，代价是王微要在土豆上市后支付前妻700万美元的补偿。

上市进程耽误了数月，美股市场已经逆转。半年前，优酷上市首日大涨

161%，成为当时美国5年来IPO涨幅之最。当时，美国投资者对在线视频行业充满激情。

半年时间，市场就经历了突变。财务问题、被合并传闻以及竞争对手欲强强联手等负面消息，令土豆网难以招架。按照2011年3月31日土豆向美国证券交易中心提交的上市申请文件，此时土豆所有资产打包大约价值2.089亿人民币。据业内人士分析，面对高昂的带宽、版权和内容制作成本，如果不以上市、续融资或者出售的方式补充资金的话，土豆很可能熬不过2011年。

因此，尽管预测到上市的反应不会太好，但王微不想再拖下去了，夫妻财产问题一解决，他就重启了上市进程。

那是一段怎样的日子？中国概念股在美国市场遭遇“做空”、感情纠纷、前景迷茫……相信任何人处于那样的境况都会觉得压抑、不安和沮丧。王微这个骨子里感情丰富的文艺青年，当然不会好过。

然而，肩上的责任让他不得不去解决问题，迎难而上才可能有所突破。无论如何，王微在创业最艰苦的时候，把土豆网推上了纳斯达克。

或许，他想奋力一搏，获得重生。或许，他想最后努力一把，为土豆网完成一个夙愿。于是很多人说，土豆网的上市充满了悲情色彩，令人唏嘘。

2011年8月17日，土豆网终于在纳斯达克上市。上市首日，土豆跌破发行价，跌幅达11.86%。毋庸置疑，这是一次相当惨烈的流血上市，几乎算断臂求生。

在纳斯达克敲钟的时候，王微还是露出了笑容。上市当天，王微以29美元的发行价出售了43万股的个人股票，套现1247万美元。外界认为，王微套现有部分原因是要支付前妻700万美元“分手费”。

但是，达成所愿的他没有时间喘口气。网络视频行业正深陷版权大战之中，土豆网必须打起十二万分的精神去战斗。

影视版权之争

随着视频许可证的出现，影视版权越来越受到重视。2009年，酷6网上市后宣布斥资3亿元购买版权，优酷网也把每年购买电视剧版权的金额增加到6000万元。同年，搜狐视频联合激动网、优朋普乐成立反盗版联盟——向优酷索赔1亿元，最终法院判决优酷赔偿45万元。2010年1月，搜狐与酷6联手出资1000万美元，建立国内首个“国际影视版权联合采购基金”。

版权的正规化，使得网络版权买卖市场迅速成形，并且达到交易高峰。视频网站陆续上市后，有了充足的资金，各方就开始拿钱买版权以争夺市场。白热化的竞争，不断刷新版权费的最高点。

例如，2006年红遍影视圈的《武林外传》，全81集的网络版权才卖10万元。而从2008年起，电视剧网络版权费就开始疯狂增长。

首先是单集版权费突破万元。例如，2008年《潜伏》的网络版权卖到了每集一万元；2009年《大秦帝国》的网络版权卖到了每集2.5万元。

很快，热播剧单集版权费突破十万元。2010年，新版《三国》的网络首播版权卖出了15万元/集，新版《红楼梦》也高达20万元/集。

2011年，网络单集版权很快迈入百万元级别。当年9月份，《浮沉》成为第一部单集破百万元的电视剧。接下来更疯狂的是，消息称腾讯视频为购得《宫锁珠帘》的网络独家版权，开出了185万元/集的天价。

按单集成本测算，从2006年到2011年，网络版权价从1000元的标准飞涨到30万元的水平，价格高得令人咋舌。大家纷纷感叹，5年前，30万元可以购买1000部电影，现在，30万元只能购买一集。

实际上，持续攀升的影视版权费还不算是最让人忧心的事情，竞争带来的互相“监督”才是最令人头痛的。2010年起，围绕盗版问题，优酷和酷6互相起诉，酷6起诉土豆，优朋普乐起诉迅雷，乐视起诉悠视……一时间，在线视频公司之间官司不断，闹得沸沸扬扬，无法收场。

有一段时间，优酷同时和日本东京电视台、华谊兄弟、江苏卫视、迅雷以及乐视网产生了版权纠纷，很是烦恼。

企业互相为敌，版权费畸形增长，使得在线视频行业呈现出奇怪的浮躁景象。谁都不好过，但谁也不放过谁，似乎只有咬牙死抗，拼得头破血流才是唯一的出路。

在各大网站纷纷出高价争抢独播权时，土豆网没有如人们想象中那么积极。由于上市进程被耽误，土豆缺乏充足的资金来买版权。

王微对此深有感触："采购这一块我们的确比较落后，落后的原因很简单，没有资金，优酷上个季度（2011年第二季度）花了一亿五千万，我们总共只花了3500万。"

土豆会和谁合并?

从王微内心深处来说，他其实不屑于用高价买剧这种方式来争抢观众。但不可否认的是，没有这样做的后果，就是土豆网观众开始流失。

掉粉的同时，土豆网的内部人才也在撤离。2012年年初，土豆网CFO黎勇劲离职。辞职后，黎勇劲成为了大黄蜂打车联合创始人。

公司内部人士透露，当时土豆网市场地位持续下跌，颓势难挽。员工士气低迷，丧失了斗志。另外，股价持续低迷，股票已从发行价的29块跌至10块，高管期权沦为废纸。

剧情没有朝王微期许的方向发展。就算上市，土豆网仍在处于水深火热之中。据土豆网2011年第二季度财报显示，公司该季度净营收为1782万美元，同比增长94.5%，净亏损达1204万美元。

而优酷网同一季度净收入为3060万美元，同比增长178%，净亏损为435万美元。增长比对手慢，亏损比对手多，土豆网似乎陷入了泥沼中。

上市后，土豆网迎来了一次短暂的回暖。2011年第三季度财报显示，土豆网净利润为820万美元，透出了扭亏的迹象。然而，紧接着的2011年第四季度，土豆网再次亏损，净亏损达2370万美元，业绩堪忧。

虽然优酷网在上市后也没有迎来赢利，但也没有经历大起大落，亏损保持在控制范围内。这就意味着，优酷网的未来比土豆网更为乐观，或者说更有希望。

人们感觉到，上市之前与土豆网有关的传闻，似乎并不是空穴来风。当时有流言称，优酷与土豆正式谈过收购事宜。

实际上古永锵和王微早就认识。在古永锵任职搜狐COO的时候，王微是贝塔斯曼在线的中国区执行总裁，双方曾试图进行业务合作。虽然合作没有达成，但古永锵和王微因此相识。

没想到，两人再次见面时，已是竞争对手。行业战争的硝烟并没有影响两人的交往，古永锵和王微保持着比较友好的来往。在土豆上市之前，他们曾经每隔三个月见一次，谈论过合并的事情。

但王微坚持独立上市完成心愿，所以双方没有达成交易。而且如果真的要卖掉土豆，王微希望傍上新浪这个大户人家。在他看来，卖给新浪和美国上市是对等的，甚至优于上市。

如果能够入户新浪，那么完全可以不上市了。新浪可以为土豆引入足够的流量，双方实现业务互补，土豆网还能继续独立运营，压力减轻不少。而且如果新浪愿意买进土豆，王微当时也许就不用花700万美元高价去摆平与前妻的经济纠纷。

据称2011年4、5月起，新浪CEO曹国伟和王微就已经开始就并购事宜进行电话或短信的交流，王微对这件事情还比较上心，希望能够达成合作。

然而，双方基本条件谈得差不多的时候，曹国伟却犹豫了。导致他退缩的原因，无非是优酷发展太快，而土豆追赶不及。如果收购土豆，新浪就势必会和优酷展开激烈竞争，到时候能不能战胜优酷，曹国伟没特别大的把握，他也不太愿意投入金钱和精力去视频领域冒风险。

一方面，土豆不愿意和优酷合并；另一方面，新浪又放弃了收购土豆。于是乎，土豆独立上市。至于被新浪收购或者与优酷合并的消息，都以传言予以描述。

投资方主导的合并

土豆上市打破了收购合并的传言，人们也以为土豆会平静一些时日。没想到，半年多后，土豆与优酷宣布合并。

难道王微改变主意了？不是的。王微甚至没有参与双方的首次谈判。

而且就在2011年12月底，优酷和土豆还因版权问题打得不可开交。土豆以“蓄意盗播”为名状告优酷盗播《康熙来了》，索赔1.5亿元，还要求政府部门吊销其视频网站资质。优酷随即反击，在北京、上海两地对土豆提请诉讼。

既然已经撕破脸皮对簿公堂了，怎么又在几个月后走在一起了呢？为什么要和仇家携手发展？

现实情况是，整个合并进程是由土豆和优酷各自投资方牵头谈判敲定。况且古永锵本来就希望与土豆合并。一方面，优酷加上土豆的市场份额，将与其他对手拉开大差距。另一方面，就算优酷不买土豆，百度、腾讯、搜狐和新浪也一定会有所行动。到时候，优酷就难以继续做视频行业的老大了。因此，就算曾经被土豆伤了心，但以大局为重，优酷还是期待合并。

2011年11月，国际金融服务公司摩根斯坦利开始向土豆发出战略建议，土豆网也向摩根斯坦利寻求财务建议，并决定开始主动寻求合作机会。这时候，土豆网股价也从上市首日的25美元左右跌去过半，在13美元左右徘徊，资本方有点着急了。

2012年年初，土豆网董事会开始讨论寻求和优酷等几家视频网站合作。2012年2月第一周，优酷和土豆投资方正式接触。优酷方股东——成为基金创始人李世默，与土豆方股东——纪源资本符绩勋讨论双方合并的潜在可能性，符绩勋表达愿意进一步谈判。

为何成为基金和纪源资本能够决定两个企业的未来？原因很简单，因为它们才是土豆和优酷背后的第一大股东，有话语权，也有控制权。

投资方牵头，一切都顺畅无比。与企业创始人相比，资本方没有那么多顾虑，没有那么多拖泥带水的个人感情，更不可能为了企业独立运营而抛弃利益追求。

2012年2月16日，优酷CEO古永锵、CFO刘德乐、成为基金创始人李世默与土豆方符绩勋会面，就优酷土豆换股合并进行初步讨论。

也就是说，王微没有参与第一次双方谈判的会议。没有人知道背后的原因，是王微不想参加？是资本方瞒着他？无从得知。等会议结束后，符绩勋才代表纪源资本将会议内容告知王微。

外界传闻称，王微是被资本绑架才不得不答应合并的。而实际上，王微虽然股权比例少于纪源资本，但他仍然有一票否决权。也就是说，如果王微坚持不合并，这门生意也成不了。

那么，王微到底有怎样的考虑？他肯定知道，一旦同意合并，就意味着放弃土豆。可是，不答应又能怎样呢？土豆早已不是他理想中的土豆，面对越来越大的亏损，他也不愿意眼睁睁看着一手创立的公司一蹶不振。

或许王微会认为，个人离婚事件给土豆带来了不可挽回的打击，如果为了自己的愿望不管公司死活，那就太自私。另外，他已经完成了使命，达成了土豆网上市，接下来似乎也没什么可做的了。

总之，王微点头同意了与优酷的合并案。2月22日，王微、土豆网CFO余斌、股东符绩勋委托凯易国际律师事务所就优酷起草的备忘录进行回复。

2月24日，优酷和土豆双方管理层和部分股东密会香港，达成合并最关键点：土豆占新公司28.5%股份。双方随后进入协议秘密阶段，并签署双边保密协议。

一切都在紧锣密鼓中进行，一天都没有耽误。在促成合并这件事情上，资本方永远比投资的速度快。在2月26日、28日、29日和3月6日、8日，土豆和优酷双方进行多次面谈和电话会议，并在合并换股、合作终止费用等细节方面进行了讨论。

3月10日，双方财务顾问、律师事务所达成最终协议。3月11日，优酷和土豆开始执行该协议。3月12日美股开市之前，优酷和土豆联合对外宣布合并。

王微的离开

在互联网界，行业一、二名合并，这是第一次。因此，合并消息公布后，瞬间炸开了锅。它们是怎么走到一起的？接下来怎么做？会有怎样的改变？太多的疑问，让人们兴奋不已。

宣布“闪婚”后，古永锵和王微一起做的第一件事情就是安抚员工。3月13日，古永锵穿上代表土豆的黄色T恤，王微穿上代表优酷的蓝色衬衣，共同奔赴优酷总部北京和土豆总部上海两地，召开“维稳大会”。

两位创始人向媒体和员工展示了足够的和睦感情，表达了合并过渡期间力求平稳的期望，并表示不会因合并而出现规模裁员等行为。

站在台上的两个男人，一位39岁，一位46岁。年长一些的古永锵已有了白发，而年轻一点的王微正处于古永锵7年前创业的年龄。

虽然时间过了7年，古永锵和王微内心的一些特质没有变过，而他们是完全不同的两个人。古永锵是个标准的高才生，职业经理人出身，谨慎、勤奋、专注、个人爱好不多、擅长谋划。创办优酷是古永锵的一个计划，他为此思考了多时。

王微则是个爱好广泛、有着理想情怀的文艺商人，他不是为了创业而创业，而是为了一种让每个人导演自己生活的情怀，就在土豆网正式上线前一秒钟，他还在犹豫要不要发布。他爱在线视频，写过小说，还做过编剧，爱话剧、旅行和酒吧，是个随性之人。

性格迥异的两个人，注定有不同的选择、不同的命运。古永锵选择了坚持，王微选择了走一条新路。

2012年8月20日，股东们投票表决通过了优酷并购土豆案，新公司优酷土豆集团正式诞生。

同一天，新公司宣称，优酷CEO古永锵将担任集团董事长兼CEO，土豆CEO王微将进入集团董事会担任董事，并参与重大决策，纪源资本合伙人符绩勋也被任命为新公司董事。

虽是新公司董事，但王微的心思早就漂到新事物上了。此时，他已经注册了一家动画公司，在北京弄着他的新电影剧本。当古永锵在美国和苹果CEO库克一起喝着咖啡讨论数字电视的未来时，王微在四处旅行。他去了西班牙、荷兰、法国，他想买一块地做葡萄庄园园主，也想买一艘游艇环游世界。

对于生活，对于生命，王微有很多期望，他想要得到很多东西，也想体验很多不同的感受。不管是物质层面的还是精神层面的，王微都有着很大的野心，甚至让人觉得他很贪心。

2012年8月24日（农历七夕节），王微宣布退休，不再担任新公司高管。王微感叹："七夕夜晚，七年土豆，今晚正式退休。谢谢每个兄弟姐妹，也谢谢路上每个经过的人在故事里留下的一笔色彩。下一个有趣的梦里再见。"

王微的离职，有些突然，却也在意料之中。正如他所说那样："人有人的命运，公司有公司的命运。就像人一样，公司总有死去的那一天。如果我们只看结果，那所有的结果就只有一个，死亡。在我们还能做着梦、活在梦里的时候，尽我们所能，做有趣的梦。"

而根据优酷此前提交给美国证券交易中心的文件显示，王微将在合并生效后有权进入优酷公司董事会担任董事，任期一年。也就是说，王微仍将担任董事一年，任期满后，他将完全淡出新公司。

王微的土豆时代，就此结束。但属于古永锵的优酷土豆时代才刚刚开始。

带着外界关注的眼光，优酷土豆继续前行。或许，古永锵设想过，在合并之后，优酷土豆将统领在线视频业，无人能够与之争锋。然而，这样的想象并没能实现。

在线视频业的竞争更加猛烈，行业老大、老二合并之后，排名其后的一众小辈没有畏惧，反倒是更加奋力地搏斗，视频大战持续燃烧，无法分出胜负，更没有出现人们想象的垄断局面。

既融合又独立

为了让优酷和土豆不分你我，古永锵从里到外做了很多努力。

在新公司内部，优酷土豆想了很多办法来营造友好气氛，建立融洽的关系。宣布合并后，新公司成立了一个9人合并委员会。在半年时间里，他们坚持每周举行一次例会，有时候在上海开会，有时候在北京聚；有时候在公园谈，有时候去咖啡馆，主要议题就是商量如何让双方更快速也更愉快地融合到一起。

例如，他们举行了3次总监级以上管理团队联谊活动。优酷和土豆的团队通过做游戏、烧烤会、篮球赛、扑克比赛、歌唱比赛、共同完成挑战任务等活动熟悉了解对方。

除了娱乐活动之外，双方团队也坐在一起讨论工作，商量新公司需要如何改变，以及未来发展方向等。更细致的是，新公司还规定了很多好玩的规矩来促进双方关系的良性发展。例如，员工们互相称呼同学、老师，弱化了领导和员工之间的等级关系。大家不能说“我们优酷”或者“我们土豆”，否则就要请吃冰激凌。

总之，优酷人有的福利，土豆人也会有。土豆人拥有的好处，优酷人也不会缺。享受一样的出差补助，吃一样的水果，喝一样的下午茶，颇有一种“无处不均匀，无人不饱暖”的意味。

在内部员工管理上，新公司提倡不分你我，都是一家人。但在两个公司的未来规划上，古永锵提出“让优酷更优酷，土豆更土豆”的设想。也就是说，优酷和土豆都继续保持原有的风格，并在不同的细分市场加以突出，寻求差异化发展。

按新公司规划，优酷土豆品牌独立，编辑方针和频道运营也都完全独立。在考核上，双方也是独立计量，可以说是仍然延续之前的竞争关系。

具体来说，土豆主要针对追求潮流的年轻观众，因此开辟了“猜你喜欢”“土豆制造”等活跃十足的个性化频道，还在其新版设计上加入了吸引年轻人的弹幕功能。而优酷则保持简单的风格，在频道名称上按传统命名为电影、电视剧、综艺等，让人一看便知。

在播放内容方面，土豆侧重于自制视频、动漫、综艺节目等娱乐、原创类节目方向，坚持自由、酷炫的风格。而优酷则加重电视剧、访谈节目等内容的投入，更贴近主流观众的口味。

粗略看起来，土豆偏重的内容并不能形成当时最重要的竞争力，但这些着力培育的“非主流”内容，很可能成为新公司未来的一大特点，能区别于其他视频网站，成为优酷土豆集团强大的助攻力量，甚至有望成为主流产品。

那时候，谁能想到，动漫游戏界会出现直播TV这样神奇的平台，完胜视频网站的动漫和游戏频道。

从计划来看，优酷土豆集团对未来胸有成竹，而古永锵或许都没有预测到，对手们反扑优酷土豆会带来怎样的威胁。

同行的反扑

优酷和土豆合并后不久，爱奇艺与腾讯视频、搜狐视频共同成立“视频内容合作组织”（VCC），在组织内部形成版权采买协作，有效降低了版权费支出。

2013年，百度以3.7亿美元收购PPS，爱奇艺与PPS合并；苏宁联合弘毅资本以4.2亿美元战略投资PPTV。这两起并购，使得在线视频领域的格局再生大的变动。

当竞争对手们忙着联盟或购买独播版权引流之时，优酷土豆却缩减了购买版权的支出，转而开始布局手机移动端的研发推广。

从当时的情况来看，移动端开发是个增加成本却又营收不足的项目。但按古永锵的逻辑，移动端是西瓜，购买热播剧版权是芝麻，他不会做出“丢了西瓜捡芝麻”的蠢事。

事实证明，古永锵的预测是正确的。不到一年的时间，移动端就成为优酷土豆的第一大屏，且贡献的收入占比超过30%。在全球中文应用榜单上，优酷App在周使用时长上位居第三名，仅次于微信和QQ。这就意味着，在移动端方面，优酷土豆提早谋划，走在了同行前面，尝到了甜头。

当然，爱奇艺、腾讯视频、搜狐视频这几家也没有闲着，它们各自在自制视频、独播剧方面也得到了不小的收获。

百度旗下爱奇艺视频独家播出的《汉字英雄》《爱情公寓4》《奔跑吧兄弟第三季》等影视综艺节目，为其带来了可观的流量、广告收入和观众规模。另外，马东、刘春、高晓松三大工作室的设立，为爱奇艺的自制视频节目加重了筹码。

腾讯视频更是将独播剧发展拓展到了海外。随着美剧、英剧的流行，海外影视版权也成为国内视频网站争抢的资源。腾讯视频与美国付费电视台HBO达成战略合作，成为HBO在中国内地互联网视频上的独家官方授权播放平台。这样一来，腾讯就收揽了一众海外剧的忠实观众。

另外，在原创节目、自制剧、微电影等栏目上，腾讯视频也有很大程度的丰富内容。

不得不说的是，在优酷和土豆合并之后，在线视频界杀出了一匹黑马——乐视网。虽然与土豆网成立时间相近，但乐视网的初期发展不如土豆、优酷，一直被大佬们甩在身后，是个不起眼的小弟。

不过，乐视网悄悄地做对了几件事情。第一件事情就是在2009年前提早采购、囤积了大量热播影视剧版权，在网络版权分销领域夺得了垄断地位。

当视频网站们为版权吵得不可开交时，乐视网将早期购买的版权分销给其他视频网站，赚了同行不少的钱。2010年，乐视网版权分销收入占总收入比重超过22%，2011年上半年已突破50%。

得益于版权优势，乐视网成为唯一赢利的视频网站。2008年到2010年，乐视网利润总额分别为3167万元、4770万元和7483万元人民币。

于是乎，乐视网在2010年成功登陆创业板。在默默发展两年后，乐视网开始爆发，其市值一度超越土豆优酷。这一次，乐视网又做对了一件事——开发终端硬件制造。乐视TV、乐视盒子、乐视手机的陆续推出，让乐视网赚足了眼球，股票"蹭蹭蹭"地往上涨。

虽然乐视网还无法撼动优酷土豆的老大地位，但其实力和潜力不容小觑。这家巧妙地活着的公司，日子一直过得很不错。

并入阿里巴巴

为什么一定要提到乐视网？并不是说它的成绩多么值得歌颂，而是因为在百度有了爱奇艺、腾讯有了腾讯视频的情况下，阿里巴巴能够选择收购的有价值的视频网站就只剩乐视网或优酷土豆。

有着强大野心的乐视是不会接受收购的，贾跃亭只许可阿里巴巴投资乐视体育，他可以和马云一起做大乐视，但不愿意被收购或者控股。阿里收购乐视，不具备天时、地利、人和的任何一个条件，难度实在太大。

然而，优酷就不一样了。虽然古永锵也坚持控制权，但其他条件都是可以谈的。最重要的是，古永锵并不排斥以收购的方式拓展优酷土豆的发展。

阿里巴巴并没有直接和优酷土豆谈收购。2014年4月28日，马云迈出了收购计划的第一步。当日，优酷土豆宣布与阿里巴巴建立战略投资与合作伙伴关系。阿里巴巴和云锋基金以12.2亿美元收购优酷土豆A股普通股，其中阿里巴巴持股比例为16.5%，云锋基金持股比例为2%。

古永锵或许没有去揣测阿里的真正意图，或许想到了但没有往心里去。反正收购可以，但控制权绝对不让，小股东阿里拿他也没办法。

拿了阿里的投资之后，优酷土豆加快了对于娱乐内容生态系统的构建，重点放在了自制内容上。2014年年初，阿里投资之前，古永锵就宣布以3亿元投入自制内容。所以说，阿里的投资对优酷土豆来说还是很关键的。

只是投资还不够，阿里巴巴还需修炼“内功”，提升自我价值，以吸引优酷下嫁。2013年，阿里集团发布了阿里TV操作系统，与互联网电视播控平台、盒子厂商、电视厂商、芯片商等一同成立智能TV生态联盟。

之后，阿里集团TV事业部联合华数、创维等厂商，相继推出多款盒子、智能电视产品。其实，收购优酷土豆也只是阿里为打造TV生态联盟的一步棋，阿里势在必得，不想给优酷土豆拒绝的机会。

阿里谋划的不止于此。TV生态联盟也只是其布局数字娱乐领域的一步棋。收购优酷土豆之前，阿里在影视制作领域成立阿里影业，又入股华谊兄弟，豪掷24亿元入股光线传媒，全面涉足电影制作；在放映领域，以8.3亿元现金成功竞价粤科软件，由此，在一夜之间拥有了全国几乎所有在线选座软件接口，全国大半影院的票房数据和商品销售数据；在电视播放领域，创造了自有品牌天猫魔盒，与小米盒子、乐视盒子抢占客厅屏幕。

唯独缺的就是网络播放板块了。如果自建一个播放平台，显然代价太高风险太大，阿里不会去做。马云宁愿用自建平台的精力去说服古永锵，也不会去做一件多余的事情。何况，两人是朋友，而且从现实出发，优酷土豆也需要阿里的帮扶。

行业数据显示，从2015年第一季度，优酷土豆在中国网络视频市场的广告收入占有的市场份额为21.7%，爱奇艺PPS为19.59%，腾讯视频占比14.11%，搜狐视频占比12.60%，乐视网位列第五名，占比9.25%。

从数据可以看出，每个平台之间的差距并不大，但如果要有所颠覆，也不是件容易的事。虽然守着市场第一的位子，但优酷土豆过得并不轻松。紧随其后的爱奇艺PPS眼看就要赶超，它们就会失去坐了近十年的宝座。

更让古永锵焦虑的是，虽然广告收入不错，但优酷土豆仍处于亏损状态。当然，位列第二的爱奇艺看似风光，却也是出了名的烧钱大户，另外搜狐视频和腾讯视频的亏损也在扩大。

一直特立独行的乐视倒是保持着良好的造血能力，开创了乐视体育、乐视超级电视、乐视超级手机、乐视超级汽车、乐视云、乐视影业、乐视音乐、乐视互联网金融、乐视网等子生态项目，享受着赢利带来的荣誉。

在外界看来，虽然广告占比落后，但布局全面、始终赚钱的乐视早已超越优酷土豆，有着更健康、更有潜力的发展前途。还依赖广告收入过活的优酷土豆，显然和乐视不在一个量级。

这时候，古永锵如果重新下一盘大棋，恐怕成功率不高。他需要的是一个已经下好棋的人。无疑马云就是那个最会下棋的人，而马云也正等着一颗好棋入阵。

很快优酷土豆有了大动作。2015年8月6日，古永锵在优酷土豆举办的首届开放生态大会上公布，优酷土豆正式更名为合一集团，未来将转型为文化娱乐产业的创业平台。

此外，古永锵重磅推出自频道战略，宣布打造三大计划，即“新人计划”，产生10万个拥有千人粉丝团的自频道；“万万计划”，产生1万个月收入过万元的自频道；“巅峰计划”，产生100个估值过亿元的自频道。最终，希望借此打造出一个万亿元市场。实现这个庞大计划的投入是100亿元，时间是三年。

有人感叹，古永锵在创业之初，公司注册名字就是合一。时隔十年，这个名字终于有机会从幕后站到台前。而更多人来不及感慨，而是嗅到了更大的变动。

改名是小事，但投资100亿元的资金从何而来？最大的可能就是，合一集团已经找到了理想的金主，为它买单付账。谁是金主？最大的可能就是阿里巴巴。

可是为什么双方又推迟了三个月才达成最终合作呢？问题有且仅有一个，控制权归谁所有？这个问题必须谈妥。

显然，双方僵持多年的结果是马云放弃了控制权。11月7日，阿里巴巴集团和优酷土豆集团共同宣布，双方已就收购优酷土豆股份签署并购协议。阿里巴巴将出资约45亿美元现金收购优酷土豆，交易预计于2016年第1季度完成交割。

现金收购就意味着，合一集团管理层并未丧失控制权，古永锵的愿望达成。收购完成之后，古永锵会继续担任优酷土豆董事会主席兼任CEO，而优酷土豆的（股票名称YOKU并未更改）将会停止在纽交所挂牌交易。

在2015年12月底举行的第二届世界互联网大会上，古永锵在接受采访时透露，阿里收购公司总共花了58亿美元。由此，这起收购成为中国第一、全世界第二的收购案（2014年，Facebook宣布以190亿美元收购WhatApp，是全球第一大收购案）。

如果用金钱量化优酷土豆十年的努力，58亿美元无疑是相当值当的。至少，他能够对王微说，没有亏待土豆。

而或许更重要的是，古永锵创业十年以来想要达到的“多屏合一”的愿望似乎也有希望达成，至少他离梦想又近了一步。

2013年，古永锵就曾公开表示，伴随着移动设备出货量的增加，中国用户的“多屏合一”时代已经来临。以往用户只能依靠电脑或者电视来进行视频的观赏，但现在用户可以依靠手机或者平板电脑在上班路上或者家里面进行视频体验，加上云记录或者云同步这样技术的引入，用户可以更多地享受到同步视频感受。

阿里收购合一集团之后，很快就朝“多屏合一”方向进行了尝试。2015年12月，优酷发起了大派福利的“优酷会员周”，与阿里数娱产品深度融合。

活动期间，所有使用天猫魔盒和搭载阿里数娱业务的机顶盒、智能电视的终端用户都获得了优酷提供的黄金会员权益。而在天猫购买两张优酷会员卡就能获赠一个天猫魔盒。

这只是一次浅浅的尝试，未来仍是未知。有说法称，阿里收购或战略投资的诸多项目其实并没有达到理想的高度，有些反倒步入了死亡。

例如，阿里收购的万网和CNZZ，两个公司之前都称得上是中国著名的互联网品牌。被收购之后，虽然现在还作为独立品牌被保留，但未来被完全整合的可能性较大，两个品牌有可能彻底消失。

被人更多提起的是2005年阿里全资收购雅虎中国的失败案例。阿里收购雅虎中国，为的是发展电子商务搜索引擎，但结果却不尽如人意。

被阿里收购后，雅虎在中国搜索市场和作为门户网站的地位一步步下滑至谷底，雅虎的搜索团队被抽空转至淘宝做搜索。再到2013年，中国雅虎邮箱停止服务，随后门户网站也正式关闭。

从鼎盛走到死亡，雅虎中国经历了不过8年时间。

有着前面一众不尽如人意的案例，优酷土豆未来命运不禁让人有些担忧。

下一个十年待续

不得不提的是，随着阿里“帮扶政策”的展开，古永锵即将淡出合一集团的流言也不时传出，有人说一年后退出，有人说两年。

此时，大家想起了三年前离开的王微，这个文艺的诗人创业者在做什么？优酷土豆合并一年后，离开的王微就低调宣布创立追光动画电影公司，之后就没有更多的新闻传出。

一直到2016年元旦，影院大屏幕上出现了一部名叫《小门神》的动画片，点赞者不少。而这部片子的编剧和导演都是同一个人——王微。

这就是离开土豆后的王微用三年时间打造出的第一部动画作品，他真的成了一个导演。就在宣布创建追光动画时，王微曾袒露心声说，在感情上，将土豆网卖掉会有一种巨大的失落感，但是同时，也是一种解脱。

不知道支撑了优酷十年的古永锵会不会也有解脱的感觉，下一个十年，他会和大自己两岁的马云共进退，还是像王微一样追求新的理想？

有意思的是，《小门神》电影是追光动画和阿里影业联合出品和发行的。也就是说，马云仍然是古永锵和王微“背后的男人”。

这三个人之间究竟会有怎样的变化？也许等不到十年，答案就会揭晓。

第三章

58赶集：十年相杀，一朝相爱

做了十年的敌人，有一天却成为共存亡的一家人，这样的故事通常不会发生在人与人之间，但却非常可能是两个企业的命运。

58同城与赶集网就在十年时间里，演绎了一场从“相杀”到“相爱”的经典剧。这场剧的精彩之处就在于，在双方握手之前，找不到一丝一毫“暧昧”的迹象。

但是，我们仍要从十年前谈起，毕竟，没有开始就没有结果。

1999年毕业于中国海洋大学、获得计算机应用及化学双学位的姚劲波在2005年来到北京。他刚刚辞去中国最大域名交易商——中国万网公司副总经理的职务，准备开始又一次创业。

可是出师不利，在租房时，他就被中介狠狠坑了一把。中介当着姚劲波的面撕掉合同，既不给他找房子也不退押金。

在回忆起这段经历时，姚劲波说中介无非就是掌握了不对称的信息。如果能成立一个将此类服务信息聚合起来的网站，受众就不用再去一个个电线杆子上寻觅租房信息，只要打开一个网页，选定地区，就能够显示所有的租房信息，信息对称，一目了然。

此时，在2004年年底从美国回到北京的杨浩涌也在琢磨着这件事，他手里抱着的是从亲戚朋友处东拼西凑的“融资”，一共十万美元。

那时，国内已经有一家叫作站台网的分类信息网站做得不错，而且新浪和eBay都正在进入这个领域。姚劲波与杨浩涌的创业，都带着一股“无知者无畏”的蛮劲儿。

姚劲波和杨浩涌，一个是“土狼”，一个是“海龟”，两人经历毫无共同点。但在创业时，都不约而同地选择了分类信息网站，可谓英雄所见略同。

若干年后，姚劲波创办的58同城和杨浩涌创办的赶集网，加起来占据了八成市场份额。而站台网，早已被这个快速迭代的网络时代淘汰。杨幂将“58同城”喊得妇孺皆知，而姚晨则骑着驴把“赶集网，啥都有”的广告词赶进每一个人的耳朵——它们成为国内分类信息网站的成功者。

这正是互联网创业的奇妙之处，找准了风口，你就能飞起来，超越那些无法抓住风口的先驱者，踩着他们的“尸体”跑步前进，与竞争对手战斗，看着幸存者们越来越少。

或许是冥冥之中自有定数，58同城、赶集网以及后来排名中国分类信息网站第三的百姓网都成立于2005年，姚劲波、杨浩涌和创办百姓网的河南高考状元王建硕形成了“三国杀”的格局，成为“宿敌”。姚劲波曾说：“我想杨浩涌的时间比想我老婆的时间都多。”

十年之后的2015年，58同城的股价市值已经达到约53亿美元，赶集网市值约36.13亿美元。命运兜兜转转回到原点，姚劲波、杨浩涌，两个十年前互不认识却在一个城市做同一件事的人，两个拼杀了十年的人，最终手握到了一起。

而在此之前不久，面对“58同城要收购赶集网”的传言，姚劲波还在接受采访时“傲娇”地表示，赶集网的用户是58同城用户的子集，商户也是58同城的子集，产品也是复制58同城的，收购这样一家公司没有任何意义。

赶集网则针锋相对地发布《致竞争对手的一封信》，将58同城黑竞争对手、“节衣缩食”上市、说话出尔反尔等老账新账一起揪出来批斗。

一时间58同城与赶集网势如水火，二者之间的合并传言显得无比离谱。可是两家企业翻手为云覆手为雨，化干戈为玉帛，谁也没想到，姚劲波与“仇敌”杨浩涌最后成为58赶集的联席CEO，携手过起了“日子”。

58同城和赶集网合并后的58赶集有限公司从此进入百亿美元俱乐部，在上市互联网企业中市值仅次于BAT和京东，排名第五。

分类信息：O2O的前奏

“站在风口，猪都能飞。”在互联网时代，这句话成为了创业者们的信条。似乎只要抓住时机，就能轻而易举地成功。

如果让网络史学家们书写2005年，他们一定会如数家珍：

在网络视频领域，56网、土豆网、PPTV、PPS成立；在社交网络领域，人人网、豆瓣成立；在网络安全领域，奇虎360、网秦成立；在OTT（Over The Top，是指通过互联网向用户提供各种应用服务）领域，由盛大打造的初版电视盒子问世；而在O2O领域，除了58同城、赶集网、百姓网等大小数千家分类信息网站，还有汽车之家、去哪儿、百合网等不同领域的O2O垂直网站相继诞生，通过并不为人所知的惨烈厮杀，日后都在各自领域占据了举足轻重的地位。

分类信息成为姚劲波、杨浩涌、王建硕等人拼杀的广阔而野蛮的战场。谁看起来都是雄心勃勃，谁眼里都没有对手，在“大逃杀”的血战到底模式下，谁也不知道最后的赢家会是谁。

互联网极大地降低了上传信息、获取信息的成本，然而随之而来的信息爆炸，更让人眼花缭乱。信息并未变得唾手可得，反倒是在信息海洋中筛选对自己有用的信息需要不少精力。

因此，分类信息网站的诞生，可谓是击中了“有用信息”这一个痛点。和其他广告网站不同，分类信息网站由于其细致的分类和整合的信息，更具备主动吸引用户检索的特质。

分类信息网站的出现，源于细分领域里，传统线下分类信息广告和线上搜索引擎，已无法满足人们对更高效、更精准获取信息的需要。

从产品层面上来看，分类信息网站以一种新的信息发布和信息收集的形式诞生，它相当于一个线上公告栏，在包括房产、招聘、二手车、二手物品置换、黄页等生活服务领域，为个人信息交换和商业信息发布提供了一个本地化的平台。

从产品形态上来看，无论是行业鼻祖Craigslist，还是国内众多参与者，它们没有太大差异。

中国快速发展的经济带来了旺盛的线下服务需求，如姚劲波初到北京时的租房需求，如公司招聘和劳动力求职的需求。但每一个需求，要找到与之匹配的服务，则显得缺乏路径，只有靠口口相传的打听，靠报纸、地方电视台的分类广告，而需求方与服务方的对接成本过高，平面媒体作为平台的时效性、信任度都较低，信息收发成本高。需求方和供应方就这样在黑暗和猜疑中摸索着彼此，一桩成功的交易，除了期待缘分，别无他法。

除了租房，求职招聘、二手物品买卖、票务、培训、家政、装修等，也是一片亟待开发的O2O“蓝海”，分类信息网站则为这些业务提供了信息展示平台和入口。

不管是什么业务，最终都要在线下完成闭环。线下永远是O2O的主体，只有认识到这一点，才能为O2O做好平台服务。

万事开头难。这句话对于重视流量的互联网企业尤其适用，对于将线上流量在线下变现的O2O公司更加适用。一个初创的粗糙网站，如何形成最初的流量？在高高的雪山上丢出那枚关键的“小雪团”至关重要。

不约而同地，58同城与赶集网都以美国Craigslist作为标杆。它们一开始做的事情，就是将Craigslist“复制粘贴”到中国来。

Craigslist是由Craig Newmark于1995年在美国加利福尼亚州的旧金山湾区地带创立的一个大型免费分类广告网站。该网站上没有图片，只有密密麻麻的文字，标着各种生活信息，是个巨大无比的网上分类广告加BBS的组合。

Craigslist 虽然看上去颇为乏味，可是却是美国人最喜欢的网站之一。有人在这里卖掉自己的旧车，有人在这里租到中意的房子，有人在这里找到工作，还有人在这里找到女朋友。

至今，Craigslist上没有任何形式的收费信息，网站所有的收入来源，都来自于旧金山、纽约和洛杉矶三个城市的招聘信息。

2005年3月，基本上完全复制Craigslist的赶集网雄心勃勃地上线了。杨浩涌自以为是行业领先者，但是他发现，此时全国已有3000家左右类似网站。

这正是赶集网与作为分类信息网站鼻祖的Craigslist所处环境最大的不同。1995年成立后，Craigslist在头5年内一直没有跟进的模仿者与其争抢用户。但杨浩涌却无法以不疾不徐的态度来经营赶集网，他必须考虑如何超过一大批同类型的对手，抢先把人气的雪球滚起来。

作为Craigslist资深用户的杨浩涌琢磨，人们之所以爱上Craigslist，是因为他们想干某件事时，这个网站的这类信息足够多和有效。杨浩涌此后开始只把人力投在人气最旺的三个类别：租房、闲置物品交易和交友。

这个“爱玩儿”的耶鲁大学毕业生对O2O有着感性但却是来自一线的宝贵

经验。

创始人的性格就是企业的性格。赶集网一开始从用户角度着手突破，考虑到潜在用户多在小区和高校里，杨浩涌带着员工，从海淀到朝阳，给小区居民发放背后带有在周围修电器、搬家等服务电话的宣传卡，给高校每间宿舍派送背后印有空白课表的宣传单，用这种老式办法一个区域一个区域地扫荡过去。地推成为赶集网滚起第一个雪球的最大法宝。

这类做法见效明显，杨浩涌发现，每发完一千张宣传单，赶集网的新访问者就会增加数百个。由于这类走街串巷的事情只能在北京做，杨浩涌干脆把精力集中在北京，而在上海和广州网站发帖推广的事情停了下来。

赶集网和Craigslist用户们的共通之处在于，他们最在乎的事情就是信息是否足够多，以及真实有效。以租房为例，除了上赶集网、58同城这种网站外，期盼找到个人房源的人们还愿意在水木清华BBS的租房版、豆瓣的租房小组这种连朝阳区、海淀区都不分的地方，一页一页地翻找帖子，就是因为中介更少、信息更真实。

半年以后，这些做法带来的效果已经很明显。虽然赶集网的总访问量在分类信息网站中并非最大，但其北京地区的用户访问量则是稳居第一。杨浩涌的逻辑“再花同样多的钱，赶集网就能把这个成绩复制到下一城市”也打动了不少VC。这对赶集网至关重要，因为当它打算扩展到全国时，有多少钱、能投入多少广告，几乎等同于能引来多少新用户。

58同城则起步稍晚。2005年12月12日，立志于打造“本地生活信息第一入口”的58同城上线。姚劲波说取名为58，就是我发，我发布、我发现的意思，让你发布信息变得更加容易。

姚劲波一度认为中国本土复制Craigslist的模式是理所应当的：将楼梯口的小广告、报纸的豆腐块广告、小区的广告栏搬上互联网。它成了搬家公司、房产经纪人等本地生活服务业者的信息发布平台。

和赶集网抢抓用户的突破方向不同，58同城是从满足商户的需求角度突破。姚劲波发现，相较于Craigslist所处的重视“DIY”文化的美国，中国存在着远大于美国的准中介服务群体，有100多万个房产经纪人，仅北京就有超过1000个搬家公司。

在中国，有5300万家从事各类服务的小微企业，不计其数的技术“个体户”。这些小微企业和“个体户”需要用小卡片来推广告，我们都对这种推广方式无比熟悉：门上的花花绿绿的开锁王、洁厕、水电维护服务的卡片；被放到汽车雨刮器上的修车、保养广告卡片；人才市场门口的各种招聘DM，等等。

至少在一开始，58同城无力在各个分类领域超越O2O垂直网站，抢它们的份额；相反，它所替代的是传统（线下）分类广告市场的份额，比如本地报纸、本地电视台、面包车小广告、电线杆小广告等。分类信息网站相比传统分类信息媒介，极大了提高了广告的精准性，提升了本土小企业的营销效率，并且成本低廉。

这些城市游商的文化程度不高，员工屈指可数，年营业额低微，企业生存堪忧，对于通过打通线上渠道、拓展业务量、对接有效需求最为迫切。

姚劲波盯上了他们的钱包，要把规模更小但总量巨大的本地生活服务业者带入互联网。来自广大生活服务业者的推广费用，将汇聚成58同城赖以生存和发展的资金流，成为推动58强大的一条“长尾”，成功地从搬家公司、家政服务等“城市的毛细血管”中赚到钱。

在回顾58的初创期时，姚劲波说：“要想说服让家政服务、房屋中介、有招聘需求的中小公司用我们的平台，没什么诀窍，靠的就是3000多人的地推团队，挨家挨户地去敲门。”

姚劲波说，58在做了两年后就基本上不再看Craigslist。从2005年创业开始，58就一个个地联系在58发布信息的商户，我做什么你才会满意？信息的排序，在我们看来是件小事，但在商户看来就是件大事：搬家公司是12月回家过年，还是1月回家过年，跟58同城提供的服务是有关系的。

在渠道拓展和维护方面，网络巨头们总是有些“店大欺客”，不想放下身段去和那些浑身油污、不懂市场、不懂网络的小商户沟通。姚劲波认为，58同城干的就是他们不愿意干的苦活、脏活，做强线下商户维护和服务，是58同城的核心竞争力之一。

一个搬家公司可能只有几个人，小学文化程度，也不上网，58就会用人力帮它完成在线化。为了加快商户接受自己的速度，姚劲波甚至在2007年做了一年多的DM杂志以建立品牌和从线下导流。

地推高手庄建东2007年进入58同城，后来担任58同城副总裁。2008年，他带着团队开卖会员产品。2009年，58同城开始大力布局直销。完整、连续性强的销售体系，使得58同城在广告大战中新开的十几家分公司和近2000位销售可以发挥作用。

58同城的销售团队会依据当前的广告向客户推销产品，若学历程度较低的城市游商还是不懂互联网的话，58同城还有成建制的客服中心接续服务。这意味着58同城的5亿元广告费在转化成流量后能再转化成收入。

强大的线下为58同城带来了三点好处，第一，使58同城成为业内第一个现金流转正的公司。第二，完成了商户端的原始积淀，很多商户接受互联网的第一站就是58同城，58对于他们形成了强大的黏性。第三，由于拥有丰富、活跃的商户，58同城拥有最丰富的内容，不管是对新的商户还是需求端的客户，都具备越来越强的吸引力。

通过扎扎实实地抓线下，58同城成功地成为联系商户和用户的平台。300

多个城市的人可以在58同城分门别类地查找他们需要的本地信息，经营本地服务的商户可以利用58同城更好地营销自己。

2009年左右，58同城又参考了百度、淘宝模式，终于把用户需求整理成了会员产品。58同城给商户一个认证，再给商户一个模板生成专属网站。到2014年，每个季度有400万活跃的商户，其中近30万要向58同城付年费。和淘宝一样，58同城挣的是推广费。

随着不断增长的推广需求与首页的有限呈现之间矛盾的加剧，58在同城会员费的基础上发展了竞价业务，这成为58同城的另一个重要收入源头。

钱！钱！钱！

网站初创，为了提升流量，处于野蛮生长期的企业有如嗷嗷待哺的婴儿，哭喊着寻找充沛的乳汁——钱。

以赶集网为代表的互联网企业的发展史，正是一部一轮又一轮的融资史。没有大把大把的融资，以团购、返现补贴等业务为代表的烧钱模式当然难以为继。要争取融资，就要讲出好的故事，展现出很有前途的模样。

58同城还未上线，公司也只有五六个人时，软银赛富就主动揣着500万美元找上门。那时可不是现在满大街的“资金找项目”，在供求杠杆上，资金方握着绝对的主动权。在58同城尚未主动寻找软银赛富之时，软银赛富却主动找上门来，说起来还得谢谢其竞争对手——赶集网。

软银赛富原本不知道58同城的存在。一开始，是赶集网负责人首先找到软银赛富一合伙人处谈投资，要求软银赛富给他们投资后再并购58同城。

软银赛富读出了赶集网对58同城的忌惮，反倒开始关注这家名叫58同城的公司，其投资委员会最终因此决定主动投资58同城。因为他们认为，连竞争对手都害怕的公司一定是一个值得投资的公司。

在软银赛富的羊东找到58同城时，58同城还没有注册公司。在开始时，却闹了个笑话。羊东的拜访电话打到58同城，接电话的女生告诉姚劲波“有个叫软银的先生找你”。

这样的乌龙，并没有影响他们后续的合作。羊东和58同城的团队见面了，并在当时就确定了投资意向。姚劲波为了尽快签订这个投资协议，就赶紧推动58同城上线，并开始“招兵买马”。

在软银赛富的被投公司名单里，58同城是比较特殊的一个。一般来说，软银赛富倾向于投中后期的公司，而58同城显然是一个“弱爆了”的“鸡雏”，似乎轻轻一捏就会死掉。

软银赛富一改风格，投资尚在早期阶段的58同城，主要有两方面的原因：第一，投资方很看好这个细分行业，和创业者有着一致的愿景，那就是做一件伟大的事情，能够潜在改变所有的老百姓的生活，让人们生活得更方便。第二，就是投资方很认可姚劲波这个年轻有活力的创业团队。

第一次的融资主要用于扩建团队和市场宣传方面。由于姚劲波团队的不懈努力和大力度的宣传，58同城在同类网站中脱颖而出，于是，软银赛富又在2010年年初追加了一笔投资。

创业过的人都知道，有个第一笔融资后，后续的融资就比较顺利了。所以2006年，来自赛富基金的第一批500万美元资金为58同城早期的发展提供了资金基础。第二轮融资主要是用于中小城市的业务拓展方面，赶集网、百姓网不太重视的中小城市，58同城则毫不嫌弃。

几次融资之间，并非有惊无险。由于中国分类信息市场的需求当时仍未被真正唤醒，加之诸多创业者同期复制了相同模式，姚劲波屡次将企业的现金链做到了悬崖边缘。2010年，58才把账面做平。“最难的时候就是做58同城到第三、第四年时，公司发不起员工工资，我是从老婆那拿钱来给大家发工资的。”姚劲波说。

一开始他设想得很美好，只要有用户量和收入支撑，再过两三年就去上市。“非常激进地做，甚至去买户外广告。美国市场肯定认可我们的公司，我只需要说自己的目标是中国行业最大、是中国的Craigslist就行了。”58同城起步的确很顺，第一轮融资拿得令同行匪夷所思。

不过在这次创业中，原以为Craigslist免费模式的全盘复制是2005年中国本土的“空白点”，未料得他发觉58同城的最初模式不过是Craigslist反射到中国的一座“海市蜃楼”。

待他醒悟到这一点已是2008年，第一笔融资已经烧得差不多了。公司进入困境，一路自信走来的他对互联网产生了些许失望，再次求助软银赛富，很快4000万美元又追投进来。

姚劲波做了58同城的第一次转型，探究Craigslist的“中国式生存”，撤下《生活圈》DM杂志。但是这次探索的结果也不过是又烧掉了 4000万美元。这时候，部分员工已经开始迷茫了，个别高层也熬不住走人了。“彻底回归互联网”是姚劲波的第二次转型，用户增值服务收费模式，涉足团购。 2010年4月，软银赛富和DCM第二轮融资1500万美元又到账。

2010年12月，第三轮融资从初步洽谈到实质性融资，整个过程只用了两周时间，完成6000万美元融资，华平领投，其中姚劲波个人投资500万美元。依照当前的销售增长速度，姚劲波叩门纳斯达克似乎只是一两年的事情。但姚劲波公开表示，58还有很多方面没有准备好——似乎这轮融资完成后，58距离上市更远了。

有人质疑，此轮融资必定令他在股权方面付出不菲代价，同时暴露出58面临的资金压力；也有人提醒他“过这村就没这店了”，只要与“中国”“互联网”概念沾边，这两年赴美IPO都会捞得好收成，等他意识到时，这波红利浪潮就不知道刮到哪去了。

尽管如此，姚劲波仍然评价自己“走得很顺”，而且“从头就顺”。他实则在这个领域烧了5年的钱，顺者的活法就是找对方向，自信、坚守。

在历年的站长大会上，他还会给台下诸多迷茫无助的草根站长们传授融资之道：“创业者一定要清楚自己要做什么，摊出来四五个项目让VC选择，VC敢投你吗？”

资本确实厚爱58同城，一再“允许试错”。不过姚劲波对资金一直保持清醒，始终不相信“资金应该成为58胜利的理由”。他在就第三轮融资致员工的信中强调：要避免“用钱解决问题的低级倾向”。

两次转型中令他痛苦的，并非“钱烧光了”，而是“钱烧光了，模式还没有找到”。他迄今还会为那些执着到免费的最后一刻、“不得不亲自结束自己的公司”的群体扼腕叹息，比如说，站台网——这家网站没有广告，没有置顶信息收费，也没有会员收费，结果，站打不开了。

纵观分类信息网站的现状，一部分甘为搜索引擎的赚钱工具陷入亚健康状态，一部分卖给了互联网巨头，更多的则是在烧钱殆尽后退出了跑道。

在准备上市之前，面对如果上市不成是否会卖掉58同城的疑问，姚劲波曾公开表示已经完全考虑清楚，会将58同城作为平台打造，使其具备非常大的未来潜力，绝对不会卖。

2007年加入58同城的SEO（搜索引擎优化）专家陈小华认为，创始人的融资能力，对企业做大做强显得尤为重要。创始人在撰写和说明融资商业计划书时，要注重逻辑，但很多人忽略了这一点，不知这会降低风投机构对创始人及企业的评价。

创始人需要用具体翔实的经营数据和思路，有逻辑、有条理地证明你过去的业绩可圈可点，让投资人认可你的商业模式，相信你能顺利完成既定的发展客户任务和利润指标，而且具有可持续赢利能力。不要高估或低估企业未来的业绩，因为你对企业每月的经营数据预测得越准，投资人对你就越有信心。

在赶集网那头，杨浩涌面对着手头仅有的10万美元发愁。

杨浩涌算了一笔账。从2005年3月20日上线开始计算，一个月开销基本上是5万元人民币，工资2万元，市场费3万元。保持规模不变的话，赶集网能撑16个月。16个月内融不到资，赶集网就要玩儿完。

缺少资金、群敌纷立，让杨浩涌很有压力。那时几乎所有的网站都在做全国业务，赶集网最开始也做全国业务。

后来，刚刚回国几个月的杨浩涌决定只做北京市场，而且只做三个类别——交友、租房和闲置物品交易，聚焦于重点城市和重点业务。这样一来，市场宣传就非常有针对性了。

半年以后，这些做法带来的效果已经很明显：虽然赶集网的总访问量在分类信息网站中并非最大，但其北京地区的用户访问量则稳居第一。

2006年，恰巧谷歌正打算进入中国市场，但中国政府彼时还不允许外资公司拥有ICP（互联网内容提供商）牌照，谷歌因此需要一个中国合作伙伴。

杨浩涌在谷歌工作的两个朋友，也是赶集网最初的两个筹资人，很快就为双方搭上了线。谷歌和这名在硅谷工作过的耶鲁毕业生聊得很投机，2006年年初，双方成立了一家叫做谷翔的合资公司，运营Google.cn域名，赶集网因此成为谷歌在亚太地区的首家战略合作伙伴。

赶集网则可每年从这家合资公司的收益中分得一部分，所得资金不仅足够维持网站运营，而且能做更多推广，赶集网终于不用担心生存问题了。更意外的收获是，它搭上了谷歌的快车，因而获得了一定的知名度。

2006年，赶集网进入了上海、广州和深圳三个一线城市。每进入一个新城市，赶集网都先在这个城市的地方网站上遍撒广告，再跟踪访问量源自什么网站，逐步在半年后收缩为仅在少数效果好的媒体上投广告，以此来做到“精准投放”。这时很多VC主动找上门来，杨浩涌对投资人说，如果他们再给赶集网投80万，他就有信心把上海的竞争对手打败。

2008年6月，一直仰赖谷歌的赶集网才拿到一笔风险融资。然而，很不幸地，受全球金融危机的影响，VC们开始谨慎了，或者开始对项目重新评估，很多连股权协议都签了的项目却不投了。那个时候找VC谈项目，他们问的第一句话就是：“你们赢利吗？不赢利就不要谈了。”

那几个月，赶集网过得蛮艰苦。每天睡觉前杨浩涌都会想，这笔钱越用越少了。和姚劲波从家里拿钱给58员工发工资一样，几位赶集网的管理层也都不拿薪水，还自己替公司垫钱。

就这样硬撑了8个月，到2009年4月，赶集网终于真正开始赢利了，收入前三名的业务依次是招聘、房产和生活服务。

你不要错过一个时代

58同城与赶集网真正走向全国、为全国网民所熟知，是在2011年。这一年，也是全国移动互联网行业快速发展的一年，竞争开始白热化。

2009~2010年，58同城和赶集网先在SEO、SEM（搜索引擎营销）、导航等领域打得热火朝天。战果是58同城的流量排名第一，赶集网次之，百姓网第三。

2011年，经过扎实的前期积累，58同城和赶集网开始加速布局全国市场，抢占市场空白。随着双方市场的扩张、体量的增加，双方都无法再忽视对方的存在，一场华山论剑式的正面对决不可避免地发生了。

对于赶集网，一方面，由于极易被模仿和抄袭，在北京、上海等传统优势市场，赶集网遭遇58同城、百姓网等竞争对手的分流，成长进入“瓶颈”状态。

另一方面，分站的扩张也没有为赶集网带来实质性的流量增长，反而遭遇到更多的区域性品牌的阻击。运营成本在不断增加，但成长却趋于缓慢，赶集网急需通过一场战役打开局面、掌握主动。

2010年12月，经过与杨浩涌的协商，今日资本与红杉资本联合投资赶集网6000万美元。“子弹”充足的赶集网，随即签约了“微博女王”姚晨作为赶集网的形象代言人，开始筹拍广告片。

广告策划方认为，“赶集网”这个名字取得好，但是这个有着好名字的“孩子”却一直没有一个让人印象深刻的形象符号或声音符号。如何在消费者脑海现有的资源里找到最能够吻合赶集网的声音符号或形象符号？策划方想到了这首儿歌：

“我有一个小毛驴，
我从来也不骑！
有一天我心血来潮骑它去赶集……”

一首耳熟能详的儿歌，一个可爱有趣的毛驴，既有不可复制的声音识别性，又具备了极强的视觉冲击效果，这首被传唱了几十年的童谣，“70后”“80后”“90后”都相当有共鸣，最关键的是还与赶集网有着天衣无缝的关联。

为了强化传播效果，策划方还为小毛驴设计了不堪重负而发出一声悠长的驴叫声，为创意增加了极强的独特记忆点。

拍摄当天，第一个大分贝的“赶集啦……”镜头，广告特地用广角镜头放大姚晨的大嘴，而姚晨的表现也是可圈可点，拍打着驴屁股向前，对着驴耳朵念出一长串快板似的广告片旁白——赶集啦！赶集网，找房子找工作找装修；找宠物找保姆找搬家；买卖二手货；赶集网，啥都有！换一般演员可能还真会舌头“打结”。

有了好广告，还得有好平台。在电视平台，赶集网花了2亿元左右广告费“砸”向央视；其他的费用，则投向了公交车。城市公交人流灵活，乘客覆盖面极广，能够起到较好的宣传效果。

2011年春节期间，赶集网广告在央视1套、3套、6套全天滚动播出；同时，还配合在湖南卫视《天天向上》《快乐大本营》、江苏卫视《非诚勿扰》三个全国收视率较高的节目中进行了投放。

这场不惜重金的“春节攻势”，起到了预期的良好效果。短短半个月的媒体集中投放，赶集网的注册用户量不仅在上海、北京这样的传统市场完成了爆炸式的增长，更在全国范围内得到了质的飞跃，在生活信息分类网站中遥遥领先，完成了对58同城的奇袭。

2011年7月20日，赶集手机客户端“赶集生活2.0”发布，新增婚恋、30秒解救二手物等明星功能受到了用户的追捧，其服务内容包括房产、二手物品、全职兼职招聘、车辆买卖与服务、生活服务、商务服务、教育培训、票务、宠物、同城活动和交友等12个大类、200多个小类。

2011年10月，赶集网高调宣布，其移动客户端“赶集生活”激活用户已突破3000万，居移动生活服务领域第一。2011年年底，“赶集生活”还入选AppStoreRewind 2011免费应用软件金榜，获得过IMEA 2011最佳移动应用大奖，曾经还连续两周蝉联过Android Market生活方式第一宝座位置。

在多头发力下，2011年赶集网整体销售额更是高达4000万美元，相比2010

年增长近4倍。

除了市场层面的“明面”竞争，市场之下的竞争也是暗潮涌动。2011全年，媒体常有对赶集网不利的新闻发布，如质疑赶集网资金链、爆出赶集网裁员等方面的消息。无论是否有幕后黑手、幕后黑手究竟是谁，都可以看出，在分类信息行业的爆发期，健康、良性的行业发展环境还远未形成。

“骑驴赶集”的广告火爆后，百姓网也插了一脚，抢注了“赶驴网”的域名。日后三家网站的发展证明，靠这样投机取巧的小动作，是难以撼动行业格局的。这场战争，仍然只属于赶集网与58同城。

面对对手的强力广告攻势和流量的快速增长，58同城多少有些估计不足。春节期间，赶集网的广告铺天盖地上线。姚劲波和陈小华迅速会商，研究策略。

陈小华认为，赶集网打广告是个战略行为。他们可能在赌58同城要开始赢利了，所以会出于节约资本的目的，不敢花大费用打电视广告。线上的推广手段，58同城2010年都打过了，比如导航、SEO、SEM，赶集网没有得到机会。

所以只有在电视媒体上“打核战争”。2011年之前，大家都没有打过电视广告，赶集网就赌那个时间点58同城敢不敢跟。如果58同城当时没有魄力，有可能从此就被赶集网超越。

投资方也认为，这是赶集网的投资商在赌58同城的投资商，是一场平台之战，今天不打，未来打会更贵。

姚劲波拟定了以牙还牙的反击策略：第一，寻找代言人在线下正面迎击赶集网；第二，线下广告制作期间，花几千万元在百度买流量。

58同城同样弹药充足。2010年年底的时候，58同城的流量一个月能覆盖六七千万人，一度是第二名赶集网的两倍，全年营业额达到了1100万美元，优于赶集网的1000万美元，比较理想。此时，专注于高科技公司早期投资的

DCM公司开始调研58同城。

DCM工作团队用一周时间同时研究了58同城、赶集网和百姓网三家公司，最终选择了本土特征更为明显的58同城。DCM认为，与分类信息网站鼻祖Craigslist不同，58同城有大规模的线下团队。在其5800人的团队中，遍布27个城市的销售团队占到了4000人。

2010年3月，DCM向58同城注资1000万美元；2010年12月，DCM又联合华平投资向58同城注资4500万美元。时值金融危机低迷期，DCM的投资给成长期的58同城加了一把火。

58同城的发展过程中，一直在持续不断地向市场投入。赞助了包括《超级女声》《快乐大本营》《天天向上》《非诚勿扰》《非你莫属》《中国好声音》等电视节目，同时，在地铁等户外进行持续的广告宣传，注重细水长流的广告效果，在2011年之前，一直没有发起像赶集网那样的猛攻。

只是在2011年，面对赶集网来势汹汹的强大攻势，58同城不得不做出应对。华平投资鼓励58同城说："赶集投1个亿，我们投两个亿，他们投两个亿，我们投四个亿。58市场份额是第一，你不要错过一个时代，不要犯错让对手绕过你。"

"你不要错过一个时代！"华平投资人的话让姚劲波更加坚定不移地决定与赶集死磕到底，把烧钱游戏继续玩下去。

2011年3月，58同城又获得日本最大分类信息集团Recruit集团注资。怀揣6900万美元的广告费用，被动迎战的58同城是否能够实现"后发赶超"？

首先是代言人的选择。58同城的代言人，必须有能和姚晨叫板的知名度及对粉丝群体的影响力。58同城查了一下影视剧未来的排期，导演们说刚刚因为《宫》而大红大紫的杨幂的戏最多。

女明星的百度指数，杨幂也排在第一。微博的粉丝数姚晨排第一，但谁发一个帖的转发数比姚晨还多？杨幂。姚晨还时不时要写一些“鸡汤”，而杨幂发一张照片就有5万人转发。

当时杨幂的微博粉丝数在第8名左右，但上涨速度非常快。58同城关注到，杨幂随便说什么，她的粉丝都觉得是对的，这对微博营销很有用。如果有人说58同城不好，杨幂的粉丝就能把他“灭了”。借助于粗糙的“大数据”方法，58同城选择了杨幂。

在广告的具体制作上，考虑到车载屏幕所处环境嘈杂，让杨幂大声喊出“58同城”从而吸引乘客注意的创意水到渠成地成为最终方案。广告方挑选了4个价值点提炼广告词：不找中介租房子，闲置物品换成钱，不花钱招人才，一折吃喝玩乐，之后总结——一个神奇的网站。

战斗首先在车载媒体上打响。自2011年4月24日起，赶集网的广告周期刚刚结束，北京的公交车和地铁上就出现了大量58同城的广告。每五分钟就轮回一遍，每遍喊三次。

这个广告上线后，还引发了一场小风波：北京6大房产中介公司说“不找中介租房子”是侮辱中介业，要求58同城道歉，而58同城拒绝道歉，最后也不了了之。

在电视媒体战场，不愁后勤的58同城以百度风云榜为投放参考。哪个电视节目在百度风云榜的搜索指数比较高，就投哪个。

战斗持续了一年，赶集网有点支撑不住了。代言赶集网不到一年，姚晨的代言合约便结束了。要切换代言人，意味着品牌形象的重塑，但是囊中羞涩的赶集网此时捉襟见肘，陷入困局。

这一点也在58同城的预料之中。赶集网的收入，并不足以支撑长期的广告战。而58同城的强力反击，也让赶集网的投资方有些犹豫。一旦陷入深不见底的资金泥淖，这可不好玩。

其实，58同城也难以将这场广告战持续下去，但是，58同城吃准了赶集网会首先放弃。最后的确不出58同城所料，赶集网的投资方——红杉资本和今日资本没有再跟投赶集网，这意味着最激进的鼓吹者也不愿再打广告战了。

至此，虽然赶集网率先发起了广告战奇袭，而最终却弹尽粮绝，超越58同城的战略目标失败。尽管流量、业绩、员工数、士气、业务线取得暴增，但是一方面由于赶集网本身起点就略低于58同城，另一方面由于58同城借助资金优势进行强力反扑，最后的胜者却是58同城。

神仙打架小鬼遭殃，趁乱抢注“赶驴网”的百姓网等一众边缘化的信息分类网站，生存空间被两大巨头进一步压缩，已经退出第一阵营，无力掀起竞争风浪。

今天回头看这场广告战，赶集网“no zuo no die”（不作死就不会死）挑起战争的举动，无疑加速了最终58同城收购赶集网的大结局。如果赶集网更加耐心，如果赶集网手头有更加充足的资金，如果赶集网对58同城的反扑有更充足的预案……这个结局会不会被改写也未可知。

可是，历史不容假设。2012年，精疲力竭的赶集网陷入窘境。

赶集网2011年的收入虽然增长了400%，已达2.3亿元左右，但利润率也就在10%，而一个月的市场费则有两三千万元。大笔支出少量进账导致难看的财务数字，待遇下降导致了人员的高流失率。

杨浩涌决定先止血。他把2012年的广告投入全部转线上，放弃线下。也是这一年，赶集网在亏损了500万~600万元后放弃了团购业务。年中，杨浩涌开始筹划剥离蚂蚁短租。再辅之以对总部人数的控制，赶集网的员工数量从2600跌回了1000。

在基层员工被调整之外，多位高管也选择了离职。前赶集网副总裁、电商平台总经理、蚂蚁短租业务负责人王连涛更是创立了一度与老东家有竞争之嫌的小猪短租。

2012~2013赶集网年会在北京航空航天大学体育馆举行。2012年，赶集网流量一度落后于58同城50%甚至更多。互联网从业者都知道这有多致命。

彼时赶集网业务线处于收缩状态，公司营收增速大跌，员工数骤然下降，管理层持续震荡。至少在外界舆论看来，赶集网正面临倒闭危机。

体育馆有3400个固定座位，而赶集网员工约为1000人，寥落稀疏，士气低落。一两分钟内，站在台上的杨浩涌一句话也没说出来。杨浩涌回忆，“我突然不知道该说什么好。我让自己讲一个很美好的未来，但我知道，过去这一年做得不好。一个万人级的场子里仅坐了差不多一千人，很多人离职了。团队跟着我受苦了。”

杨浩涌按部就班地按照讲稿完成了演讲，年会节目照演、表彰照做，只是奖品巨少，年终奖微薄，还不管饭。此时的杨浩涌，给不了员工们所要的，无论是激情，还是年终奖。他自己也知道这一点。2011~2012年，赶集网副总裁级高管的离职者超过6人。

而58同城则是意气风发。58同城在广告大战中新开的十几家分公司和近2000名销售开始发力。曾经放言“如果我知道做生活服务类网站会这么艰难，我不会做”的姚劲波，即将迎来58上线后的首次赢利。

而无论是直销，还是渠道，赶集网都没有这样的造血能力。流量和销售额的转化要滞后很多。

在杨浩涌迷茫、试探、犹豫、反思时，姚劲波却愈加强壮。2011年前后，姚劲波从“红孩子”挖来了人力资源高手段冬，从百度挖来了产品高手张川、李健，从中信医药挖来了财务高手周浩等，这些人的加盟，使得58同城相对而言略显不足的短板也被补齐。

2012年年底，面对同一个网址导航推广位，赶集网的报价是100万，而

58同城出得起150万。2012年，赶集网的年营收约为3亿元，同比增速仅为30%~40%。而58同城的年营收约为5.5亿元，同比增速接近110%。与58同城的巨大差距，让赶集网2012年第四季度的赢利显得几无意义，也就产生了那场北航体育馆里索然无味的年会。

“大胃王”姚劲波

2013年9月28日凌晨，58同城向美国证券交易委员会（SEC）提交了IPO招股书，计划在纽交所上市，拟最高融资1.5亿美元。

从招股书中我们可以看出，会员收入是58同城此前增长最快的收入。2010年340万美元，2011年1970万美元，2012年4790万美元。2013年上半年3550万美元，同比增长84%；58同城的毛利率一直呈上涨趋势，从2010年的78%，每年涨5%左右，2013年上半年已经涨到93%。

2013年10月31日，58同城正式于美国纽交所挂牌上市。经过八年的竞争、洗牌和商业模式探索后，国内分类信息行业终于出现了第一个上市公司。

成功IPO的58同城，这时就已经开始打起了并购赶集的主意。据说，姚劲波想要和杨浩涌会面，商谈合并之事。姚劲波打听到了杨浩涌的电话，发了一条短信，求聊天，但是杨浩涌高冷地拒绝了。

58成功上市后一段时间，猎奇的舆论却更加关注杨浩涌的反应：老大上市了，老二压力大不大？这多少有些让杨浩涌哭笑不得。杨浩涌的回应是，除了表示看好行业未来发展之外，明确表示没有IPO计划。

杨浩涌认为，赶集目前没资金压力，也没有因此上市的必要，从公司长期发展角度看，非上市状态下可以采取更加灵活的扩张策略，并对不断变化中的市场有更加迅捷的应对。一向低调的杨浩涌在媒体面前表现得很积极，并且也放出了一些豪言壮语。

到底是什么原因让本不喜欢抛头露面的杨浩涌站出来为企业做宣讲呢？

首先，是为了给风投信心。

2011年广告战以后，赶集网融资的跟投情况并不理想。现在的分类信息行业发展格局对赶集网并不利，杨浩涌也是非常有压力的，在风投的踌躇和保留态度面前，必定是要站出来宣讲一次赶集网的战略发展方向，以刺激资本的动作。

其次，要鼓舞士气。

领导层定下了战略目标，但具体执行还是要靠前线士兵，并且在赶集网现有人员及高管人心动荡的情况下，这种鼓舞更是迫切。无论是谁，打工者首先图的还是一个"利"字，既然"带头大哥"都说了要2015年IPO，那兄弟们就再加把油，混到2015年公司上市，大家也就都熬出头了。

最后，既然要融钱，那还得说出融钱用来干什么。

杨浩涌对外宣称明年上市前要拿下"三个第一"（中国招聘行业第一、分类信息行业营收第一和本地生活服务无线化第一），首先这三个第一的目标可以很好地为明年IPO的打算做一个强有力的背书，然后拿着这个目标去融资，在拿到钱之后再对外界表明，资本方还是看好自己的，最后再拿着这些钱去朝着"三个第一"去努力。虽然投资者也能明白这个圈钱的道理，但是面对明年上市计划的诱惑，也值得赌一把。

在战略上，杨浩涌认为58同城率先上市并不意味着赶集网的必然衰落，赶集网还有利用新的发展机遇扳回一城的机会。这个发展机遇，就是细分领域的O2O。

彼时，分类信息网站由于海量信息良莠不齐，网站方审核困难，大量虚假、诈骗信息引发人们对分类信息网站可信度的质疑，传统的信息服务，已经不能满足人们获取线下服务的需要。

而一大拨在各自细分行业精耕细作的O2O企业正强劲崛起，虎视眈眈。如以滴滴为代表的打车软件、以美团等为代表的LBS软件等。借助于资本方的大额补贴，它们以低价、返现等手段撕扯着移动互联网所统治的数亿人群。

这批企业大都能够提供近乎标准化的线下服务，并借助移动支付轻松完成交易闭环。这对在生活分类信息领域辛苦耕耘近10年的58同城和赶集网无疑都形成了潜在冲击。

O2O让服务业的品类分得更细、总体发展空间变得更大。与发达国家相比，中国的劳动力相对廉价，服务业的总体收费标准比较低，中国人使用服务的频次比美国大得多。

由于中国的城市人口密集，技术、大数据、移动发挥的作用就更大。在姚劲波看来，生活服务类行业会在未来10年重构，传统服务业的每个细分领域都会被颠覆。

而要成功创立一个生活服务类O2O，归根结底最大的竞争力还是线下服务能力。面对分类信息向线下服务的转型趋势，姚劲波、杨浩涌两人也做出了类似反应。

2014年年初，杨浩涌喊出两年赶超前程无忧的目标，将企业战略目标从大而全的分类信息市场聚焦在招聘分类市场，体现的是做精少数几个垂直领域的思路。

而姚劲波则更为简单粗暴，借助上市后吸引来的大把资金，开启了并购各类生活服务商的“买买买”模式，进军垂直服务，力争拥有多个服务品类的O2O平台。

他说：“我们希望打破自己的边界，自己革了自己的命。因为如果我们自己不革命，也会有别人来革我们的命。”

2014年10月17日，58同城宣布斥资2000万美元投资移动互联网代驾服务平台e代驾；2014年11月，宣布收购垂直行业招聘网站魅力91；2015年2月，宣布全资收购驾考平台驾校一点通；2015年3月，宣布斥资2.67亿美元收购二手房电商安居客；随后，又宣布将以3400万美元入股家装O2O公司土巴兔……细数下来，姚劲波这一年多来的时间里并购了十几家公司，"胃口"大得出奇。

2014年，58同城多次获腾讯战略投资，并在58代驾通、58到家应用等自营生活服务方向布局O2O领域。同时58同城杀入金融领域，推出58金融服务平台，且加强了公司的投资并购。

至此，58同城网流量已经跃升生活服务类网站第一名，访问人数和页面访问量在生活服务类行业内遥遥领先。在全球分类信息领域，58同城仅次于Craigslist，位列第二位。

2014年，58同城全年总营收为2.65亿美元，同比增长81.8%；净利润为2260万美元，同比增长15.8%。净利润同比下降的主因是公司加大了市场投放力度及进行新业务58到家的孵化。

58 到家是 58 同城在2014年年初低调上线的一个新业务，也是 58 同城内部孵化出来的一个项目。它允许用户在手机端就近寻找阿姨、搬家师傅、维修师傅、美甲师等各个服务门类的服务人员来提供到家服务，是典型的上门类O2O 服务。

2015年7月，58 到家正式从 58同城中独立出来，注册为公司，并成为一个与58同城并列的品牌。

具体来看，58到家是一个以居家场景为核心的上门服务体系，由 58到家的平台直接连接劳动者和用户，并定义服务流程和价格。它越过了中介这一环，以提供兼职的方式聚集了大批劳动者。

虽然58同城也可以算是一个O2O服务提供商，但58同城一直提供的都是半闭环的信息服务，广度有余，深度不足。在寻求纵深化、垂直化发展的过程中，58同城也尝试过将线下的传统服务中介改造成信息化公司，但效果不理想。

而58到家则是跳出了“信息化”的框架，向前迈了一大步，不再致力于连接人与信息，而是连接人与服务、人与人，实现闭环。姚劲波认为，因为连接的方式更深入，58到家未来的成长空间会比58同城更大。

以58到家为代表的上门服务O2O领域是重业务模式，市场开拓前期需要大量资金、人力等资源的支撑，快速占领市场仍然是现阶段最重要的工作。

“我们持续加大对创新O2O业务58到家的扶植，目前58到家已经覆盖了30个城市，同时也正在逐步扩展业务类别。58同城与腾讯的合作已经进一步拓展到了移动QQ平台，我们通过持续扩大合作伙伴范围，逐步完善全产业链条，打造平台生态圈。”

大环境变化逼迫双方合并

到2015年，分类信息业务早已大不如前，分类信息网站仅仅是属于O2O之前的“过渡阶段”的事实越来越清晰。作为分类信息网站，58同城和赶集网都在向生活服务类O2O扩张，获取新的生命力。姚劲波坚定地认为：“未来10年，最大的机会依旧在生活服务类。”

首先，移动互联网在中国全面渗透。其次，中国的服务业短板严重，所以一旦一个创业者推出了一个细分服务的O2O产品，用户就会尖叫。

姚劲波说：“中国的服务业只能打40分，找修油烟机的常常会把小问题放大，多收我们钱；家政阿姨偷懒十分钟也是很正常的。所以当一个O2O产品规定好阿姨怎么敲门、戴不戴手套、严控服务标准时，用户都是五星点赞。”

2014年，赶集网分别开辟蓝领招聘、赶集好车等新领域；58同城则入股安居客，推出58到家，进入全新领域。经过一系列并购，2015年3月，58同城成立了几个创新事业群：分类信息事业群（LBG）、房产事业群（HBG）、二手车事业部（ABU）、金融事业部（FBU）、渠道及兼职事业部（CBU）以及58到家（DAO JIA），形成了分类信息与O2O并举的业务矩阵。2014年平台类移动生活App累计用户市场份额中，58同城占40.6%，赶集网占33.4%。

7个百分点，是个颇有些尴尬的差距。58同城谈不上什么压倒性的优势，但赶集网想要击败58同城则显得更难。两家巨头都有些气喘吁吁，有必要进行一次“和谈”。否则，不管是“买买买”模式还是“广告大战”模式，都没有一个看得见的尽头，也难以产生真正的赢家。

姚劲波一直没有放弃对赶集网的“追求”，虽然上市后对杨浩涌的首次“勾兑”就被无情拒绝。姚劲波早已买下了58ganji.com和ganjiwang.com的域名，所有权均归58同城所有，注册时间则分别是2008年11月4日和2008年12月10日，可见姚劲波合并赶集的愿望由来已久。

让杨浩涌选择放弃对抗，放下架子、面子和心结，与姚劲波坐下来谈谈的理由，当然首先不可能是因为姚劲波的“痴情”，而是杨浩涌对市场的重新判断，以及“媒人”——共同投资方“老虎基金”，还有赶集网投资方——在58同城收购“安居客”时与58同城建立起良好关系的华兴资本的撮合。

算起来，两家斗了整整十年，十年的激烈竞争在很大程度上使得行业的运营成本大幅提高，双方必须不断通过市场营销推广打压对方，拉低了彼此的利润率水平，互黑大戏频频上演。

到2014年7月，或许是由于“苦追”不成后的恼羞成怒，姚劲波还在说“赶集网的用户、商户都是58的子集，不会收购赶集网”。而赶集网则在之后的公开信中反唇相讥，建议58同城“为贵企业CEO姚明星（意在讽刺姚劲波多次参加天津卫视《非你莫属》节目录制——作者注）先生做一次系统的新闻发言人培训。一般这种培训在10万元左右，想必贵公司可以承担得起。不过作为58同城这样节衣缩食挤利润的上市公司，每一笔花费都会影响贵公司的财报，如果因为这10万元，影响你们的股价，那就不好了……赶集网是永远都不会收购58同城的，我们不是一种人，做不到那样的无节操。”

如此火花四溅的互讽经历，可见最后要坐下来心平气和地谈谈，需要多大的决心。

杨浩涌坦言，过去的一年，市场变化太快。双方之前在原有分类信息业务上耗费太多精力，现在需要更多的资金、人力、精力去做新的业务。而在这些新业务上，双方又将形成尖锐的竞争关系，陷入无休止的战斗。谁也不能战胜谁，而新的闯入者对二者都构成了威胁。与其互掐，不如同生，才是上策。继续打下去是赢了当下，输了未来。

2014年年底，姚劲波再次示好赶集。在接受腾讯科技专访时，他这样感慨：“赶集挺顽强，有一阵子认为它不在了，后来又活过来，挺不容易，希望将来大家都能获得成功。”

最终促使杨浩涌做出决定的，是看到了在O2O领域更大的机会，两家在合并后可以把精力更多地投入到对新业务的投资上，“过去投入新业务的时候，总是要考虑究竟要把哪些人放到新业务上，毕竟那边（分类信息）还在打仗，现在不用这样考虑了”。杨浩涌感叹：“如果只是分类信息我可能会再打十年，打就打呗，这没什么。但考虑到过去一年市场变化非常大，我们在蓝领上只是挣广告费，很多新的业务我们可能都不敢想。市场的变化导致我们发现外面有很多更有意思的事情值得去做，双方共同的对手更多，一致对外是一个更好的选择。企业创始人需要用理性战胜情感。”

用姚劲波的话说，不管是58同城还是赶集网，都有很多想做的事情。过去因为竞争，第一，管理层的精力不敢放到新的业务；第二，资金也受限，因为两家打，市场是烧钱的，利润出不来，也没有太多的资金投到新的业务去；第三，他更多倾向于在激烈竞争时，把好的人才留到老业务里，不敢把人才放到新业务里。

2015年春节后，双方开始进行多个层面的接触，商讨合并的可能性。4月，姚劲波、杨浩涌终于在"媒人"的运作下坐到了一起，准备拍板。

对于此次合并，投资人一直比创始人更积极。老虎基金等作为双方共同的投资人，一直在积极推进两家公司的合并。2014年8月赶集E轮2亿美元融资中，投资方便有老虎基金和凯雷投资集团。而58同城方面，老虎基金增持至252万股，占股达到6.5%，老虎基金因此也就对合并一事分外热情。

赶集网为谈判订好了一个总统套间。姚劲波和杨浩涌在里面谈了29个小时，谈累了就歇会儿，谈伤了继续谈，饿了有饭吃。姚劲波说，中间谈崩了好几次，恨不得砸了酒瓶。

在正式宣布合并前的几个小时里，双方还在为交易细节的措辞、内部信等事宜进行最后的协商，甚至博弈。直到一切谈妥，两人的面色才稍稍恢复，带着充满倦意的微笑，准备面对媒体的闪光灯。

4月17日下午六点，记者们为一场两小时前才确定"可以开"的新闻发布会，赶到东三环的一家五星级酒店。由于紧急，会场内没有鲜花、背景板，主席台上只有两张相隔不到一米远的白色单人空沙发。刚被老板们确认的新闻稿来不及打印，通过邮箱或微信转发电子版。

很快，杨浩涌和姚劲波一同出现在会场，在沙发上落座。

41岁的杨浩涌，如常穿着运动卫衣、卡其裤和登山鞋，随意的状态就像刚从一个产品讨论会"赶场"而来；比杨小两岁的姚劲波，商务休闲"范儿"，浅咖色西装配窄腿裤，脚蹬尖头皮鞋。

姚劲波说："直到今天中午之前我都不敢说这次合并究竟能不能成。"在见面会现场，一个小插曲也值得玩味。在谈到过去十年双方的激烈竞争时，姚劲波开玩笑称，"赶集就像小强一样，怎么打都打不死"，杨浩涌也马上不甘示弱地回应，"都一样，怎么都打不死"。

合并的细节很快传遍互联网世界：58同城将获得赶集网43.2%的股份，58同城和赶集网两家公司将保持双方品牌独立性，网站及团队均继续保持独立发展与运营。

赶集网与58同城合并后，在资本层面两家将组成新的公司——58赶集有限公司，杨浩涌与姚劲波将出任新公司的联合CEO，并同时担任联席董事长。杨浩涌是个产品控，把握产品细节，维持高水平产品推出；姚劲波长于资本运作和战略投资。两人要合力把公司搞好，毕竟两人的股票价值都跟新公司捆绑在一起。

随后，两人分别向各自的员工发布内部信，告知合并消息，并说明合并原因。

姚劲波在信中说，合并将产生很多协同效应和好处：

1. 将立即停止一些短期的市场行为，协调一致以提升整体的收入和利润水平；

2. 将提高信息发布门槛和审核标准，促进整体网站的信息质量水平，更好保护用户利益；

3. 将加大在创新产品和模式上的投入，更好把握市场机会。

在此次交易宣布后第三天的4月21日，58到家就迫不及待地举行了"2.0发布会"，对外宣布全新的开放平台战略，誓言要做O2O界的天猫。

姚劲波很乐观地认为，站在58赶集未来这个大平台之上，几乎可以做所有想做的事情，藐视一切对手。他说，未来的58赶集拥有一支经过硬仗考验的团队，在挺进O2O市场的征途中，将会以中心化平台的身份，一切唯效果论，不会有任何偏好，不管是轻、是重都要做。

“终于少了一个竞争对手，签订合同后，终于睡了一个好觉。”姚劲波说。

杨浩涌在公开信中首先颇“文艺范儿”地感慨了一下世事无常：

> “北京从黄沙漫天到今天的万里晴空，中间只隔了一场狂风。赶集就站在这场风口上。就在今天，为了这个风口，我们选择了和老对手58同城合并，顺便也结束了十年激战。”

杨浩涌认为，合并对于赶集、58和整个行业，都是当下更好的决定：

> 1. 减少营销成本——分类信息行业正在从纯信息模式向服务和交易模式升级，持续的过度竞争显然不利于双方在招聘、汽车、房产和生活服务领域的深度布局，合并后，可以最大限度避免不必要的资源损耗。
>
> 2. 扩大平台优势——在分类信息领域，新公司将成为行业内占据了绝对竞争优势的大平台。新公司将拥有国内绝大部分的蓝领招聘和二手车流量，房产和生活服务频道的流量也将成为行业绝对的老大。
>
> 3. 资源优势互补——赶集在招聘和汽车方面的优势，与58在房产和生活服务领域的优势相结合后，将会迅速产生协同效应。更重要

的一点，在我们投资和孵化的创新领域，比如赶集好车，比如蓝领招聘的下沉服务，大家会发现，我们将获得两倍的流量支持，成功的速度和概率将大大提高。

专业人士认为，这个合并架构最重要的就是解决了反垄断的问题。从表面结构看，58同城只持有赶集网43.2%的股份，没有形成控股，也就绕开了反垄断调查。

虽然表面上看58同城只持有赶集网43.2%的股份，但是要注意的是，58同城其实也是赶集网的第一大股东了，未来58还可能会增持赶集网。另外，58同城持有赶集43%的股份，已经可以合并财务报表了。

同时，要注意的是，赶集网和58同城实际上同时也被纳入了一个新公司中，换股之后，简单估算，赶集网估值36亿美元，58同城市值59.59亿美元，所以，简单计算，在新的公司中，58同城的持股比例为62.3%，占大部分股权，是控股的。

还没说完的故事

在中国互联网圈有一个著名的段子："老大和老二打架，老三死了。"58同城和赶集网牵手后，反而是垂直O2O公司突然感到了一丝寒意。

杨浩涌把58和赶集的战略合并总结为两句话："一、现在，我们少了一个对手，多了一个帮手。二、原来是两家打，现在市场和对手都变了，竞争对手变成了京东、美团、大众点评等数十个，BAT也都卷入其中。"

从长远来看，58同城的野心与美团大众点评、百度、阿里巴巴等一样，都想做的是生活服务的O2O入口，虽然现阶段同质化竞争不大，但是未来来看，巨头们的混战是迟早的事。由于多年的竞争，姚劲波曾经戏称想到杨浩涌比想自己老婆还要多，而在合并后，姚劲波脑海里竞争对手名单上的人名没有减少反而变得更多。

近两年有无数的创业者进入O2O领域，根据风险投资调研，仅国内的初创O2O项目就获得了接近6亿美元投资，其中仅经纬创投就投资了超过20家O2O项目，这其中还不包括美团、京东甚至阿里巴巴、百度等其他对O2O行业虎视眈眈的互联网巨头。

58赶集的应对方法是两记重拳：投资和限制。近两年58同城和赶集网投资的O2O企业已经超过20家，这批企业将成为未来58赶集流量的重要导出对象。两家合并后将打击更多的垂直领域的对手。如在招聘这个O2O重点战场，2015年5月8日，58赶集加紧并购了中华英才网。完成并购后，中华英才网将继续独立运营，保持品牌及团队独立性。

一部分非58赶集体系的垂直O2O则受到了限流。除了有58赶集背景的相关企业，基本都已经被终止在其网站投放。

对于行业而言，巨头的合并带来了令人窒息的挤出效应。而反观合并后的58赶集，似乎还在磨合期。联席董事长带来的双头指挥，毕竟不是一家大公司的长久之计。

投资人是喜欢并购的，企业并购之后，可以获得更高的市场份额，不用再担心竞争，投资人也可以不用日夜忧虑企业会失败。但从公司角度看未必如此，合并以后很现实的问题就是对原先公司的创始人意味着什么？

企业的控制权、决策机制、文化整合、经营压力、创新能力都是很棘手的问题，要在无数个细节中解决。

另外，O2O业务虽然关注度高，但是对于平台来说，并不能产生很好的营收，补贴、价格战都将使业务本身长期处于亏损状况，这个业务在未来一段时间内仍将处于亏损的状态。

随着合并达成，过去剑拔弩张的局面得到了缓解，但任何模式业务完全相同的合并都不意味着能直接带来1＋1>2的局面，甚至等于2都很困难，这对于58赶集来说是必须面对的难题。

例如，在整合之后，赶集的洗车业务不得不面临裁员的难题，而在58这边，传统信息业务合并之后，必然将流量和业务投入两者中更具有优势的一端。

在合并后的几个月时间里，双方的业务进行了大量的整合，从此前内部透露的新公司的架构体系上，集团由姚劲波、杨浩涌管理，下面分设多个事业部，其中58将原有几大业务线注入新公司，新增了58白领招聘及中华英才网的业务，而赶集新增几个板块——快招事业部、新业务事业部、好车事业部，仍由赶集高层负责。

赶集好车则更名为瓜子二手车，成为独立业务；杨浩涌称，瓜子二手车业务未来很有可能拆分向公开市场进行募资。同时，双方的招聘业务也开始进行整合，赶集旗下的洗车业务也与58投资的呱呱洗车进行了整合。此外，合并之后的58到家业务，也独立获得了阿里等投资人的融资。

“一山难容二虎”，4月刚宣布合并后，公司例会都要在58、赶集轮着开，生怕怠慢了对方、显得不重视对方。联席CEO并不意味着故事就是圆满大结局，这种管理模式显然是出于权力妥协而催生出的“双头”管理格局，而两方管理层在日后的管理中也难免出现意见分歧，管理权等许多方面都会备受考验。

双方合并是基于利益层面，“1＋1>2”效应短期内难以实现。因为双方同质化严重，难以达成优势互补。整体而言，58同城占有优势，但也会存在一定的内部竞争，能否“一条心”还是个疑问。联席CEO在此前的并购案中也鲜有成功案例，大部分实行联席CEO制度的企业，在一定时期内终将被单一CEO取代。此前滴滴和快的就是这样，二者合并、交易达成后，快的的管理层就开始套现退出。

有分析预测，赶集网的管理团队可能会慢慢退出。

合并7个月之后的11月25日，58同城、赶集网正式对外宣布完成合并。完成合并后，58赶集集团调整为三大事业群三大事业部，过去两家公司的人事体系、KPI（关键绩效指标）考核进行了统一，虽然保持58、赶集两个品牌产品，但分割到事业群的业务已不做区分。

在当家人的问题上，业界预计的“你退我进”局面如期到来：杨浩涌宣布卸任58赶集集团联席CEO的职位，退出集团公司的具体管理岗位，仍保留联席董事长的头衔。58赶集集团这个重担将独立交给姚劲波。

姚劲波说，58赶集已经拿下90%的在线信息服务市场份额，公司处于平稳发展，不再需要两个CEO，需要的是高效运营与业务创新。

卸任CEO之后杨浩涌也没闲着，第一时间投身自己在合并之前力推的项目瓜子二手车直卖网（前赶集好车），这表明杨浩涌内心一直盼望能带着旗下的业务去敲钟，他甚至为瓜子掏钱融资，个人出资6000万美元。

从双方的公告上看，即使是独立的瓜子也与58赶集集团有着不可分割的关系：58赶集将持有46%的股份，并将集团的资源注入其中。此外，双方合并之后一系列新业务的独立越来越清晰，针对大学生兼职的孵化项目斗米兼职、针对企业租房的好租业务，还有双方合并产生垄断的业务等。

杨浩涌表示，对他个人来说前十年是在赶集，姚劲波是他的老对手，合并后并肩作战了，自己要有新的十年开辟新的战场，而二手车是他看到的一个大机会。

2014年12月，赶集好车上线，到2015年9月更名为“瓜子二手车”，目前已进入包括北上广深在内的全国50座重点城市。

根据杨浩涌晒出的成绩单显示，截至2015年10月份，瓜子二手车的月度活跃用户超过4000万，在售车源超过5万辆。200万UV（unique visitor，访问网站的不同IP地址的人数）相当于第9年的赶集二手车频道，百度指数相当于第6年的赶集，员工数相当于第7年的赶集……

与人人车、好车无忧等C2C（个人对个人）二手车电商模式一样，瓜子二手车也靠3%的服务费赢利。杨浩涌强调，在大多数二手车电商亏损的状况下，他们平均单笔赢利超过1000块钱。杨浩涌认为瓜子二手车能赢利，这样的自信源自于58赶集流量转化，缩小了市场投放成本。

“我现在手里面2.5万人，中国现在市场环境里人越多未必是个好事，管理的复杂度、成本、包袱都是很重的，责任很大，心情很复杂。”姚劲波叹息道。

杨浩涌有了自己瓜子二手车“新的十年”，那么姚劲波58赶集“下一个十年”又会是如何？

姚劲波希望58赶集成为人人信赖的生活服务平台，当前无论是用户量、收入规模，还是用户的体验，都与愿景还有很大差距。2016年，58赶集所有项目都将围绕移动来做。

从58赶集近一年的投资项目看，都集中在服务O2O领域。姚劲波表示，未来一两年重点会看看本地社区与互联网金融的机会，“58赶集金融场景丰富，如果条件允许拿到所有的金融牌照，从银行到保险到消费金融再到融资租赁，都会去争取”。

投资并购的步伐也不会停下，在与纠缠多年的赶集网有了个美满结果之后，58同城终于可以从主营业务的竞争压力中松了口气。

新的58赶集下一阶段的主要目标就是两大方向：第一，抢占更多的线上信息服务市场；第二，拓展更丰富的线下生活消费服务职能，最终将线上与线下两条业务深度打通融合，构建同城的服务生态圈，这才是未来最大的市场看点。

第四章

美团大众点评：快一步，慢一步，总能相遇

2003年，有两个中国人从美国回来了。

一个是在美国工作了十年之久的31岁的张涛；一个是中途辍学的25岁留学生王兴。

虽然年龄有差异，阅历各不相同，但他们做出了同一个选择：回国创业。也许他们曾乘坐同一班回程飞机，有过一面之缘，但那时候谁也不认识谁，更想不到他们在12年之后会成为“一家人”。

那一年，阿里巴巴、腾讯、百度已经创立四五年了，基本度过了初创阶段。在互联网的作用下，人们之间的信息屏障逐渐被攻破，实时交流沟通成为可能。

在行业内，信息传播功能是互联网企业的重要开拓方向，比如腾讯的聊天工具、阿里巴巴B2C（企业对个人）企业信息公开传播，以及百度的信息搜索功能，都是围绕信息传播而来。

当然，靠BAT公司和一些门户网站，无法包揽所有的信息传播通道。于是细分的信息渠道冒了出来。

张涛和王兴，都瞄准了互联网的信息集合传播功能，决定在细分领域倒腾一番。张涛选择了餐饮，于2003年4月创立了大众点评网；而王兴选择了校园社交，经过一年多的准备和尝试之后，创立了校内网。

虽然对创业的选择相同，但张涛和王兴的创业方式却完全不同。尽管有太多的不同，他们还是各自带领着企业走到了一起。合并就是这样，不到最后一刻，谁也不知道会发生什么。

一个人创立的大众点评

张涛刚回到家乡上海，就遇到了一个难题——不知道该去哪家餐厅吃饭。身边朋友知道的美食餐厅毕竟有限，电脑上能搜到的信息也很少。

他敏锐地发现，餐饮信息不对称是一个可以挖掘的领域。何不打造一个网站，通过用户的点评把餐馆的信息搬到互联网上？

创业总是需要资金的，但海归张涛却并不富裕。他和太太在美国都是贷款读书，工作后存款也不算多。回国后两人没地方住，又贷款90万元买了一套房子。

在张涛琢磨创业的日子里，家里的开支都是由在通用电气工作的太太来打理。而张涛建立大众点评网的起步资金也有太太的支持。

还好，建立一个网站的成本并不算高，对宽带、网页设计、人员配备的要求都比较低，张涛一个人也能把这些活儿干齐。也就是说，大众点评网的主体框架是由张涛一人搭建起来的。

很快，大众点评的网页做出来了，张涛又搜集了一些餐厅信息录入到网页上。按张涛的设想，这个网站除了公开餐馆地址、特色菜等基本信息外，最重要的一个功能是要有消费者的真实评价。

一个默默无闻的新网站，又没有推广经费，去哪儿吆喝人评价呢？张涛没有其他办法，只好从身边的亲朋好友“下手”。

他发动全家人、发动各自身边的朋友们去网页上的餐馆吃饭，然后注册登录大众点评网，写上对菜品味道、服务态度、店面环境等方面的评价。

就这样，张涛用最原始的方式“逼迫”了一两百人“尝鲜”。有时候，他也花钱请人去餐馆吃饭，然后写评价。无论如何，张涛始终坚持一个理念，网页上的餐馆点评一定是消费者真实的感受。

就这样，用小额的资金和最土的推广办法，大众点评逐渐吸引了越来越多的注册用户，浏览量也在上升。张涛发现，用户对餐饮信息存在需求，而且并不吝啬谈论感受，自己的初步设想是对的。

如果继续走下去，他需要团队支持。2004年和2005年，张涛把李璟、张波、叶树蕻和龙伟召集到了一起。这四个人有的是他的老同学，有的是他的朋友。四个人各有分工，正式运营大众点评网。

王兴离美团还很远

当张涛的创始团队成立的时候，王兴已经结束了2个创业项目。第一个项目叫“多多友”，顾名思义就是在这个网站上，可以交到很多的朋友。

第二个项目是专门针对海外留学生的服务，叫作“游子图”。通过游子图网站，留学生能够把个人数码照片发回国内，信用卡付费后，网站会把照片冲印出来，送给他们的父母。

显然，这两个项目颇有想法却难以持久。第一个项目模式并不清晰，而第二个项目过于窄众，而且随着社会的发展，这样的服务终究会被淘汰。

两年时间里，王兴不断尝试、不断失败，也在不断总结。在2005年秋，他联手王慧文和赖斌，终于拿出了一个比前两个项目更好、更具潜力的产品——校内网（人人网的前身）。

当然，王兴建立校内网的灵感来自于Facebook。2004年，还是哈佛大学学生的扎克伯格设计推出了Facebook并一炮而红。受此启发，王兴结合国内校园情况，进行了创新设计，率先推出了校内网。

发布仅三个月，校内网就吸引了3万用户，增长迅速。然而，随着用户群越来越庞大，校内网的运营就需要越来越多的资金。

一时半会儿无法赢利的校内网开始陷入没钱的窘境。王兴的团队为此焦虑不已，到哪里去筹到100万美元度过生死关？他们和红杉资本谈过，也和美国的投资机构谈过，但都失败了。

有人说是因为他们太年轻，不足以令投资人信服；也有人说是因为草根出身的他们缺乏与投资人谈判的经验，错失了融资机会。

总之，王兴不想看着校内网关停，不得不在2006年忍痛将其以200万美元的价格，卖给了陈一舟，并入千橡互动集团。自此之后，校内网与王兴再无关联。

在外界看来，王兴不免有些悲壮。但王兴却充满信心，并没有因为丢失校内网而抑郁寡欢。在校内网被收购的第二天，王兴用了一段丘吉尔演讲的话来表达自己的体会。

他写道：Now this is not the end. It is not even the beginning of the end. But it is, perhaps, the end of the beginning。（这不是结束，更不是说结束的序幕已然到来。但这也许，意味着序幕的结束！）

话里包含的雄心壮志，令人为之一震。

属于大众点评的领跑时代

在王兴放弃第三个创业项目的同时，张涛的大众点评网发展势头正好，已经悄然完成了第一轮融资，并将迎来第二轮融资。

2006年，凭借着会员卡业务，大众点评获得了红杉资本领投的A轮100万美元融资；2007年，大众点评网又进行了第二轮来自谷歌的400万美元融资。

看似轻松，其实融资之路阻碍重重。与王兴爱借鉴国外模式不同的是，张涛创立大众点评走的是全球独创的道路。被称为美国版大众点评的Yelp比大众点评晚一年创立。

作为第一个吃螃蟹的人，张涛要承受更多的压力和质疑。投资者们很犹豫，你到底行不行？不过，大众点评良好的用户基础给了张涛足够的信心。

数据显示，截至2005年年底，大众点评网注册用户约为60万，全国23个城市已建立分站，有超过30个城市、73314家餐饮企业被收录点评。更令人充满希望的是，这些数据还在疯狂增加。

此时，还没有获得融资的张涛就公开表示："如果大众点评网在未来三五年能做到四五千万美元的年收入，就会选择上市。"此话可见他对大众点评赢利能力和资金储备的信心。

不过，后来有人分析，其实这句话还有后半一句，"如果只能达到一两千万美元的年收入，我会考虑与其他大网站合并。"

当然，如果没有团购网站的出现，张涛的上市梦想或许早已实现。

那时候，拿着投资人的钱，大众点评的2006年和2007年过得还不错。

在几乎没有任何竞争对手的情况下，张涛在餐饮市场精耕细作，似乎就算走得再慢也不会被人追上。2006年下半年，大众点评开始实施赢利计划，2007年的收入就达到千万级别。

这样来看，大众点评走的是良性发展道路，而且不慌不忙，在自己设定的理想计划里悠然自得。

时任谷歌公司大中华区投资并购总监的宓群曾评价："大众点评网摸索出了一种依靠用户贡献内容的成功运营模式，有优质的内容和高黏性的服务，以及强大的POI（Point of Interest）数据运营，还有优秀执着的团队。"

2008年年初，张涛再次谈到公司上市的问题。他公开表示大众点评将在2008年实现赢利，并在三年后上市。当时，公司内外都默认2011年大众点评将完成上市计划。

在大家眼里，大众点评的步子迈得很稳，是一家有实力、有未来、有口碑的互联网公司。在日渐浮躁的互联网领域，以慢著称、稳步发展的大众点评常常受人称赞，这家公司似乎越来越知道自己想要的是什么，应该怎么走。

有人曾经问过，为什么大众点评总能够有计划地慢慢前进？或许，这和张涛的性格有些关联。

1990年，张涛高中毕业，有主见的他决定不参加国内高考，而是出国读书。他在上海找了一家贸易公司打工，同时还在业余时间查询国外大学信息，申请美国大学的奖学金。

日子一天天过去，张涛就这样过了4年。为了获得全额奖学金，张涛多次放弃了国外大学的通知书，也多次遭遇拒签。但他从未放弃，纠结之后仍然坚持。终于，他于1994年去往美国。

多年以后，张涛对上市，有着如同全额奖学金通知书一样的坚持和执念。不管付出多少时间，他目标坚定，毫不动摇。

为了心中美好的结果，他不在乎长路漫漫。

王兴杀入团购

当然，如果没有团购网站，张涛将在大众点评这条路上一直前行，慢慢达成上市的目标。

可世间没有如果。2010年3月4日，王兴的第六个创业项目美团网正式推出，一场血雨腥风即将来临。

与张涛恰恰相反，王兴的性格很快。不管是校内网，还是后来的海内网、饭否网，甚至是美团网，王兴都是以最快的速度把国外新兴的流行软件加以创新，搬到国内市场运行。

2006年，杰克·多西（Jack Dorsey）在美国推出Twitter；2007年，王兴在国内率先推出“中国版Twitter”饭否。2008年11月，以网络团购为经营卖点的Groupon成立；一年多之后，不得不关停饭否的王兴才拾起了团购这个他原本不太看好的“宝藏”。

按照王兴之前创业的兴趣点分析，他对社交网络的兴趣似乎远远大于折扣网站。也许这也可以解释，为什么他在知道Groupon的存在后，没有在第一时间引入团购模式。

美团网、窝窝团、 F团、拉手网、团宝网等几乎是在同一时间推出的，更早的还有满座网、糯米网、24券网等团购网站，稍晚一些的嘀嗒团、高朋团也相继成立。

消费者对打折优惠的信息是最灵敏的，也是最急切的。团购网站扎堆出现后，很快就火了，而且需求越来越旺盛。

团购行业轮番大战

迫切的需求又刺激了源源不断的市场供给，2010年中到2012年之间，团购网站经历了可怕的百团大战，甚至是千团大战。

据业内报告显示，2010年年底，全国团购网站达到2600多家。发展至2011年8月时，团购网站已超出5000家。91省团、秀团网、丽淘团、粉团网、拉美网、一起团等千奇百怪的全国性团购网站和地方团购网站突然集中爆发。

随着大潮流，手握大量餐饮用户资源的大众点评也在2010年中切入团购市场。这就代表着独领风骚的大众点评走入“人间”，开始体会竞争的疾苦。

显然，又快又狠的团购大战，让王兴很兴奋，也很投入。不过鉴于前几次创业失败，他学会了观察，懂得了快慢结合的打法。

为了生存，为了争抢有限的资源，数千家团购网站使出浑身解数拼命竞争。2011年、2012年，团购网站“贴钱充数据”“城市经理串通商家拿钱跑路”“夸大宣传”“虚标价格”“假冒伪劣”等乱象丛生。

在此期间，王兴还曾“爆料”行业内幕，透露有的小团购网站把一个商品原价标高，貌似打一个大的折扣，其实优惠不了多少。或者网站把团购量标高，以此来吸引消费者凑热闹购买。

看着行业疯狂得有些失控，王兴放慢了脚步。2010年，美团在10多个城市开通业务；2011年，行业爆发的时候，美团开通了100多个城市的业务。

2012年，行业遇到融资问题，美团虽然有资金，但却暂停了城市业务扩张。整个2012年，美团专注于已有城市业务，加强运营和服务质量。

的确，一番狂风暴雨之后，市场终究会回归公平和良性。2011年中期疯狂爆发之后，存活下来的网站少之又少，半年时间，全国就有1800多家团购网宣布倒闭。

一夜之间，团购网寒冬来临。如果没有充足的资金，网站给商家补贴做团购的亏本生意，没有几家抗得住。扛不住的那些网站，就只能退出市场，成为输家。

第一批倒下的团购网，正是没有获得融资的那些项目。而获得投资的，则能暂时幸存下来，开始新一轮的竞争。

大众点评和美团，显然属于有钱的行列。这一次，王兴终于摆脱了没有投资的霉运。2010年8月，美团刚成立5个月，就获得了红杉资本1200万美元A轮投资。

有了这第一笔钱，王兴的团购大战打得更有自信和底气。资本也总是朝热的地方走，2011年7月，美团又顺利拿到阿里巴巴和红杉资本5000万美元的B轮融资。

新生的美团能拿到投资，用户资源充实的大众点评当然也不愁钱。2011年4月，大众点评收获挚信资本、红杉资本、启明创投和光速创投联合1亿美元的投资。

不过，与拉手网、百度糯米相比，美团和大众点评并不是拿钱最多的团购网，而却成为业内排名一、二的两家企业。

以2013年为例，当年1月，美团占全国的市场份额为33.4%，大众点评占比15.6%，糯米网占比7.6%，窝窝团占比10.2%，拉手网占比14.8%，其他网站占比18.4%；到2013年12月，美团的市场份额已达52.4%，而大众点评也增长到20.79%。其他团购网，除了糯米网保持没变之外，都丧失了一定的份额。而这些市场，全部由美团和大众点评享有。

在2012年短暂的休养生息之后，美团在2013年重新开始新城市业务扩张，而且速度更快，步子迈得更稳。2014年年底，美团已开通了1000个城市的业务，而且在这些城市中，美团占据市场份额第一的城市达到将近800个。

王兴在2014年的总结里谈到，团购网站自2011年爆发式增长之后，后面两三年逐步整合。2014年，美团占有的市场份额为60%，第二名大众点评大概占22%～23%，第三名糯米8%～9%，前三名已经占到市场的90%以上。

按王兴当时的预判，团购市场将会发展为721的格局，第一名会有70%或者更高的市场份额，会活得非常好；第二名会有20%左右，还不错；其他剩下的所有各家争抢剩余的10%，但却是难以为继的。

当然，在王兴心里，美团将会成为那个占领70%市场份额的老大。

在开启团购创业项目之后，王兴似乎越做越顺手。而张涛却有不同的想法，从内心深处来说，张涛并不看好团购模式，他不止一次在采访中表露对团购模式的否定。

张涛认为，团购对商家品牌伤害很大，而且随着时间的推移，商家对于团购的憎恨度会越来越强。他坦言，买团购券的都是为了便宜而走复杂流程的消费者，这对商家而言没有黏性，也没有长期发展力。

面对团购，张涛其实是矛盾而痛苦的。一方面，他不认同这种模式；另一方面，如果放弃团购，那么就拿不到融资，没有融资，大众点评就会死。

所以，他唯一的选择就是想出办法既能突破团购的格局，又能获得持续投资。

站在团购网身后的BAT

可是，市场的快速更替等不及张涛走出自我纠结。似乎从2011年7月阿里巴巴投资美团5000万美元开始，团购网的江湖就不再是团购网自己的江湖了。

据传闻称，2013年，百度找到大众点评，提出以20亿美元收购。传闻称双方曾一度坐上谈判桌，却没能达成协议。最终，百度在2014年年初收购糯米网，组建了百度糯米团购。

BAT的另一巨头腾讯也没闲着。2013年1月15日，腾讯宣布：高朋网、F团、QQ团三家团购网站正式宣布完成合并。三网合一后，三家团购网站将全部跳转到新高朋网，由新高朋网的团队统一管理。

显然，腾讯的胃口不止于此。就在百度收购糯米之时，就有传闻称腾讯和大众点评正在商谈投资入股事宜。事实证明，世上没有空穴来风的消息。

2014年2月，腾讯与大众点评宣布达成战略合作，腾讯投资4亿美元入股大众点评，占股20%。

入股协议中提及，腾讯在一年内有权按照大众点评网在海外上市后的首次公开募股（IPO）价格增持5%的股份。

也就是说，张涛在那时仍然没有放弃上市的最终梦想，而且已在筹备海外上市事宜。他仍然认为，十年积累的商户资料和用户点评，是对抗巨头的终极武器，大众点评能够凭借这个核心实力独立上市。

实际上，早在2012年3月，与大众点评业务一致的Yelp就在纽交所上市了，IPO融资1亿美元，市值达到了11.27亿美元。

在张涛眼里，大众点评当然值得拥有更多。在投资人眼里，大众点评是个绩优股。此时，已是光速创投董事总经理的宓群评价称："我相信大众点评网已经到了真正发力的时刻，团购会让大众点评网走得更快、更好。"

同时，对大众点评不离不弃的红杉资本也表达了超高的期望，红杉投资中国基金董事计越则认为："点评业务已经赢利了，但是我们认为点评的模式还需要进一步扩大。"

所以，怀揣着投资人的钱和期望，张涛乐观地认为，大众点评有必要在团购领域扩张，而且会走得更好、更远。

外界认为，腾讯入股大众点评后，张涛的创始管理团队虽然继续拥有对公司的控制权，保持独立运营，但实际上资本已经开始吞噬这家经历了10年风雨的互联网公司。

BAT公司在团购领域的布局清晰起来。美团背后是阿里巴巴，大众点评携手腾讯，而糯米则完全属于百度。团购网在前面表演，在背后运作的却是BAT公司。

移动时代，团购竞争再升温

2014年新年，张涛以“变革和提速”作为给员工新年贺词的关键词，意味着这个慢性子的领导者渴望改变的决心。

事与愿违的是，慢习惯了的大众点评无法迅速翻身，反而在团购亏损的泥沼里越陷越深，甚至尴尬到难以后退。

为了打进美团已经占据先机的市场，争夺更多的商户资源，大众点评运用大额包销和零利润的战略，投入了巨额资金。据说，很多大额包销达到500万元以上。

可悲的是，巨额的投入并没有达到理想的收获。大众点评在三四线城市的市场份额虽有所上升，但付出的代价与效果却是不对等的。

或许就在这个时候，张涛又静下心来想了想团购模式，得出了团购不可行的终极结论。之后，他把精力转移到布局垂直领域上，而且放缓了上市的步伐，对外称不着急上市。

美团这边，虽然保持着市场第一的位置，对手的反攻也不是很成功，但仍不敢掉以轻心。2014年5月，美团高调宣布获得3亿美元C轮融资，领投机构为泛大西洋资本，红杉资本和阿里巴巴跟投。

为何资本在2014年又开始青睐团购业务？一方面，团购经过大洗牌后，行业格局变得更稳定。而另外一大原因在于，移动互联网时代的到来。从2014年起，人们日常生活中对手机的依赖越来越强。

据相关报告显示，截至2014年4月，我国移动互联网用户总数达8.48亿户，在移动电话用户中的渗透率达67.8%；手机网民规模达5亿，占总网民数的八成多。

也就是说，手机是人们最为常用的上网终端。数据也同时表明，2014年，我国移动互联网发展进入全民时代。

移动互联网的发展自然对团购产生了影响。最明显的变化就是，团购领域的竞争从电脑端迁移到移动手机端。移动端口发展滞后的团购网不得不落寞离场。

团购领域的竞争迅速升级。

之前在电脑上，客户还能有多个选择，一旦落到移动端，客户几乎是只选一个。按常理，普通大众绝不可能同时在手机上下载三个以上的团购App。

这就意味着，在手机上，团购App不是你死就是我活。2014年6月，第三方数据显示，截至当年上半年，团购网站数量仅剩176家，相比于2011年8月最高峰的5058家，存活率仅3.5%。

大量网站倒闭的同时，市场越来越集中。行业数据表明，2015年上半年，美团的市场占有率为51.9%，排名第二的大众点评占比29.5%，第三名百度糯米占比13.6%，窝窝团和拉手网等其他团购网仅有5%的份额。

搭乘O2O东风

在5年内，团购业度过了生长期、爆发期、扩张期，最终形成较为平稳的“三国格局”。不过相较前两名，百度糯米的表现并不算好。

似乎是时候形成王兴此前所说的“721”格局了。但是，谁会成为那个“7”呢？美团和大众点评都有此野心。如果说之前是团购领域的集体竞争，那么在2015年前后，就变成了美团和大众点评两家的白热化竞争。

而竞争的催化剂，是疯狂而至的O2O概念。

2014年，O2O互联网概念兴起，将线上线下联通起来。一时间，O2O软件好似当年的团购网站一样，如雨后春笋般拔地而起。例如，滴滴打车、人人快递、泡泡洗衣等，无不打着O2O的旗号问世。

而后人们发现，其实团购网就是最早的O2O形态，它们具有本地服务属性，在线上吸引消费者，然后引流到线下消费。

这种模式与O2O的概念是完全吻合的，只是之前没有如此明确的提法。随着O2O概念越来越火，团购网站在这方面的优势再次吸引了资本的关注。

2015年1月，美团网完成7亿美元的融资。而奇怪的是，王兴始终没有透露关于此轮投资者的任何信息。2015年4月，大众点评完成新一轮8.5亿美元的融资，投资方包括腾讯、淡马锡控股、万达集团和复星集团。

大量资本的进驻势必引发新一轮的厮杀。

早在2014年获得腾讯4亿美元融资后，大众点评就马不停蹄地布局餐饮O2O，并成立了结婚、酒店、旅游等事业部，深入发力垂直领域。

以大众点评最具优势的餐饮为例，仅一年时间，大众点评投资8000万美元入股外卖平台“饿了么”，推动双方外卖领域的商户数据、外卖服务及平台流量的整合，同时保留其独立运营和上市权。

另外，又以5000万元入股订餐应用“大嘴巴”，与其在用户、商家以及产品方面达成战略合作。

更有诚意的是，大众点评还入股了广州黑马软件、上海智龙、石川科技、天财商龙4家ERP（企业资源计划）后台软件供应商，投资占比均在10%

以上，为公司管理系统提供了巨大支持。

业界人士认为，通过这一系列投资，大众点评在餐饮O2O领域实现了闭环。也就是说，大众点评此前仅充当着信息平台的作用，并没有自身的订餐呼叫、支付等服务。

通过和外卖平台的合作，加上腾讯微信支付等支持，大众点评终于做出了“合作闭环”的选择。

美团也推出了美团酒店、美团外卖、猫眼电影，发力垂直领域。与大众点评不同的是，美团选择了自营方式。而这一种方式给美团带来了更多的竞争，比如酒店类的去哪儿和携程，外卖领域的饿了么等。

王兴也在2014年的公司年会上表示，2015年将是O2O真真正正大决战的一年。

业内排名第三的百度糯米也不甘示弱，承诺在三年内向糯米业务输送200亿元支持。

有意思的是，身处竞争中心的张涛和王兴，理念完全不同。王兴对团购越来越坚定，而张涛“去团购”的决心也越来越坚定。

另外值得一提的是，两人对上市的态度也是相反的。众所周知，上市一直是张涛不变的目标，而王兴似乎对上市没有时间表。

2015年年初，面对美团上市的传闻，王兴辟谣称，上市是公司发展过程中水到渠成的事情，目前并没有确定上市的时间，2015年乃至2016年，上市都不会是美团的主要目标。

与之相反的是，大众点评在沉寂数年之后，把上市重新提上了议程。这一次，张涛选择放弃海外上市计划，重新制定了详细的回归 A股计划。据透露，大众点评将在2015年12月完成上市前重组，在2016年开始冲刺战略新兴板。

那时候谁会想到，观念迥异、目标不一致、操作手法不一样的两家公司，在几个月后，走到了一起。

大众点评去团购化

在具体项目上，为了“纠正”团购犯下的错误，张涛在2015年上半年推出了“闪惠”项目，喊出“颠覆团购”的口号，甚至明确提出团购即将终结的观点。这些举动，都透露着张涛想要力挽狂澜的愿望。

张涛说：“2015年年底，大众点评‘闪惠’交易额必将超过团购，并实现大众点评的餐饮品类整体市场份额全国第一。未来，所有团购都会被取代。”

但实际上，闪惠功能也是基于优惠券而来的一种变形，本质上与团购没有太大不同。该项目推出之后，虽然很快有了漂亮的交易成绩单，但却是虚假的繁荣。其背后是疯狂补贴在起作用，刷单掺假成分也比较多，一旦补贴取消，顾客很快就会流失。

业内人士直言，在稳步行走了12年之后，大众点评的步子变得沉重，甚至迷失了方向，有些乱了。在王兴自然接受O2O的时候，张涛还在纠结突破团购这件旧事。

大众点评内部生变

另一个张涛似乎没来得及关心的问题正在放大，那就是大众点评内部正经历着人员地震。

腾讯入股后，虽然口头说保持大众点评独立运营，但还是派了一个人进去。腾讯原社交产品的负责人，QQ空间和广点通等腾讯优势社交项目的老板——腾讯副总裁郑志昊，被正式任命为大众点评总裁。按照腾讯的说法，派驻郑志昊加入，是为了促进大众点评与腾讯各条产品线之间的融合。

郑志昊的到来，让大众点评感到有些不适。郑志昊没有选择沿用大众点评的相关团队，而是从腾讯其他业务线挖人来组队接管团购。这样的做法，让大众点评的老员工认为，新总裁的权力过大了。

而最触动员工利益的是，郑志昊重新订立了团队绩效考核标准。改变来自于新总裁对原有标准的不满，而经过郑志昊大刀阔斧的改革之后，员工的部分福利直接取消，大部分砍半，薪酬也有所压缩减少。

在竞争巨大的环境下，员工的工作压力本来就很大，加上突然减薪，使得很多人感到无法忍受。尤其作为一个创立了12年之久的互联网“老公司”，有着许多老员工，他们为公司付出过，也享受过公司最好时候的辉煌。

对于这些员工来说，在团购“入侵”之前，他们正和公司一起，做着上市的美梦。团购来得突然，他们或许还没有准备好一下子从安逸的生活，转变进入残酷的市场竞争。

直到郑志昊的到来，搅动了员工们努力想要维持的平静。没有任何解释，郑志昊以近乎强制的态度，要求员工们“拥抱变化”。对于有抱怨的员工，高层的态度是“要么接受，要么走人”。

大众点评的员工们心里落差很大。以前，公司是温暖的大家庭，如今，公司变成了一台冷漠的赚钱机器。面对变化，自然人心会动摇，有人选择坚守，有人选择离开。

有消息称，2014年里，大众点评大批入职三年以上的老员工离职。其中多数是因为无法接受降薪的现实，员工“吐槽”称，降薪不是腰斩式的，而是跳崖式的。

当然，员工也有诸多不舍。一位在大众点评工作多年的职员写了一封信，道出心声，在业内流传很广。他在信中写道：

> “我只看到为了上市梦，一个又一个概念接踵而至；我只看到业务越来越多，各种资源渐成‘瓶颈’，于是尔虞我诈，你争我夺；我只看到一线的销售陶醉于和大客户之间的坐而论道，仿佛上海城就在我脚下的自高自大；我只看到了输了就是输了，还拿一、二线城市战胜美团在年会上要大家鼓掌的自欺欺人。”
>
> “十年了，他（张涛）变了，变得复杂，变得着急，变得焦躁，变得习惯于用自信的笑容掩盖内心的彷徨，变得在困难面前畏畏缩缩，变得在诱惑面前不再坚定。”

在文章结尾，这位男员工悲痛地说：“张涛，你负我心。”

员工的出走有着无限伤感，但摆在面前的问题是，大众点评的人才出现了缺口，需要快速招人充实团队。

而此时的大众点评没有更多的精力去培养新人，他们需要的是了解市场的熟手，而最快的办法就是从别的公司挖人。于是，大众点评公司内出现了一些美团人的身影。

成功挖人的办法就是给目标对象更好的平台，升职加薪。因此，美团的一个普通的业务拓展经理被挖到大众点评后，就能够升级为区域经理，成为一个中层干部，实现跨公司升职。

似乎郑志昊团队认为，启用美团的人来对抗美团，会是一条捷径。可是，人事动荡本身就是一种伤害，新人上阵还是需要时间磨合的。

竞争越大，亏损越多，合并越快

大众点评挖人事件，并没有威胁到美团的人才体系。不过，王兴有王兴的困难。一方面，大众点评正在强力瓜分作为美团大后方的三四线城市；另一方面，激烈的竞争引发了许多负面事件的发生。

据公开报道，美团的地推人员与其他平台人员发生过多次冲突，其中就包括大众点评和饿了么。这些暴力事件，都是为了加快扩张，争夺理想中70%的市场份额，以稳居行业老大的地位。

2015年，美团和大众点评之间更加针锋相对。在团购业内，竞争变得清晰而又残忍，行业排名一、二的两个老大，谁也不想成为只有20%市场份额的那一个“败者”，而想要达到70%的市场份额，实在太艰苦。

不管多么无力，多么难，王兴和张涛也没有想过合并这件事。然而，这两个性格不同，主导的公司模式也不尽相同的人，又遇到了同样的问题，或者说是为了赢得市场必须去做的事情——那就是融资。

双方的团购业务尚未赢利，有消息称，美团业务单月亏损高达6亿元人民币，而传统团购业务由于竞争火热，盈利一直处于2%～5%的低水平。

另外，外卖、电影、酒店等新业务扩展又需要大量资金。没有钱就会停滞甚至垮掉，这是一个不争的事实。据了解，美团和大众点评在2015年上半年获得的数亿美元融资，只够维持它们半年的正常运营。

那么，它们到底需要多少钱呢？美团的联合创始人王慧文透露，公司接洽的新一轮融资规模超过10亿美元。而大众点评内部人士透露，公司会在2015年完成G轮融资，总规模接近100亿元人民币。

从几千万美元到10亿美元，两家公司需要的资金越来越多。然而，投资者的钱不是永无止境的。两家公司纷纷陷入困境，紧张的不仅是公司，还有它们身后的投资者们。

除了腾讯和阿里两位金主之外，两个公司背后还有一个共同的出资人——红杉资本。作为双方共同的首轮投资方，红杉资本等大众点评开花结果已有10

年，等待美团也有5年之久。

可以揣测的是，如果大众点评在团购领域足够强大，红杉资本也许不会选择参与美团A轮至D轮的融资。外界还有传闻称，红杉资本领投了美团8.5亿美元的D轮融资。

而如果美团足够强大，红杉资本也很有可能放弃投资老朋友大众点评。资本是逐利的，资本更是谨慎的。红杉资本当然不会把鸡蛋放进一个篮子里，既然有钱，那么两方都投资是一个比较稳妥的选择。

可是，经过了5年的竞争，美团和大众点评始终没有分出胜负，需要的钱却越来越多。的确，成功的希望还是有的，但如果长期拉扯下去，何时才是尽头呢？

反观整个2014年、2015年，最赚人眼球的竞争其实不是美团和大众点评，而是滴滴和快的大战。因此，美团和大众点评暗地里的较量并不是关注度最高的一对。

2015年2月14日，滴滴和快的两个冤家宣布合并。那时候，美团和大众点评也没有表现出要走在一起的想法。

直到2015年10月8日，国庆长假后的第一天，美团和大众点评“咔嚓”一声宣布：“我们合并了。”王兴在给美团员工的内部邮件（下文为截选）中说：

> “这次合作得到了阿里巴巴、腾讯、红杉、博裕、Hillhouse、GA、Fidelity、北极光和华登等双方股东的大力支持，感谢他们的信任。”
>
> “从相杀到相爱转变只需一个长假，从爱情到婚姻事业必须长期经营。这个转变很剧烈，大家或多或少会有些不适应。既然我们已经

决定合作，就要抱定白头偕老的信念。”

而张涛也在给员工的内部邮件中表达了对腾讯、阿里巴巴、红杉、挚信资本、今日资本等股东的感谢，回顾了大众点评12年的发展历程，呼吁大家“不忘初心，全速前行”。

这时候，好多人才反应过来，回过头去搜索曾经他们可能在一起的蛛丝马迹。然而，并没有什么明显的痕迹，就连张涛和王兴见过几次、谈过几次，都无从得知。

不过，在合并前最后一次接受媒体采访时，张涛曾透露过关于联盟的想法，他说：“整个O2O的生态（取决于）合作联盟的格局，我觉得谁的联盟力量更大，谁会赢，单打独斗必输无疑。”

此外，从两位CEO的内部邮件中可以感受到，那是两封模版式的邮件，两人讲的话差不多，美团说美团的，大众点评说大众点评的，各家情况不一样而已。

与滴滴和快的相比，美团和大众点评之间似乎缺了一点感情。于是，人们能够想到的合并唯一理由就是为了融资。

亿欧网创始人及主编，O2O分析师黄渊普分析表示：

“2015年下半年的形势突变，资本市场日趋严峻，无论是美团还是大众点评，都面临融资困境。资本方不敢再投的一个重要原因是：格局不明朗、烧钱太快、赢利未期。”

“美团和大众点评双方在融资上受挫，其中的苦闷不言自明。而且，百度糯米在巨额资金支持下，市场份额确实在提升，大众点评保二有巨大压力，美团独立成七（721格局中的7）变泡影。”

缺钱和来自行业第三名的竞争压力，迫使美团和大众点评抛开成见，走到了一起。

对于王兴来说，也许只有放弃独自挣扎，与大众点评合在一起，才能成为市场里的“7”。而对于张涛来说，也许只有放弃单打独斗上市的梦想，与美团合在一起，才能收获初心。

大众点评和美团宣布合并后，张涛以美剧《权力的游戏》作比当下的O2O格局，再次强调联盟的重要性。他认为，O2O领域正在进行残酷的帝王之争。但同时，互联网世界应该更多是联合国、盟军，没有必要打得你死我活。

只要双方创始人想得明白，他们身后的投资人对合并这件事，是举双手赞成的。合为一体，减少了投资风险，还能省钱。

在双方合计超过了10个的股东里，阿里巴巴和腾讯有了滴滴快的的首次牵手之后，再走到一起已不稀奇。而股东里面最特别的当数红杉资本。原因很简单，红杉资本中国基金创始及执行合伙人沈南鹏，既投了大众点评，又投了美团。

LinkedIn的全球副总裁兼中国区总裁沈博阳在微博送祝福称：“大众点评与美团宣布合并。恭喜张涛，恭喜王兴，更恭喜背后的推手红杉资本沈南鹏。红杉同时是大众点评和美团的A轮投资人。这个合并对整个中国互联网，尤其是O2O领域未来的走势影响巨大。一个新的入口和平台就此诞生，拭目以待。”

那么，美团和大众点评的合并是否是红杉资本的一手安排？红杉资本创始人沈南鹏曾巧妙回答，红杉资本没有在竞争公司之间“做局”。

最初，这只是两家业务不同的公司，一家是点评信息平台，一家是重交易的团购网站。然而，在无边界竞争的互联网时代，两家公司碰到了一起。这样的局面，不是一方资本能够设计安排的。

据双方公布的消息可知，合作后美团和大众点评两个品牌将继续保持运营，王兴和张涛将出任新公司联席董事长和联席 CEO。

擦干眼泪，继续前行

宣布合并一个月之后，新公司就立即进行了重大人事调整，按照新的组织架构，大众点评网CEO张涛将担任新公司董事长，不再担任联席CEO，未来会将主要精力转向新公司的长期战略。美团网CEO王兴将担任新公司CEO，不再担任联席董事长，负责新公司的管理和运营。

在新公司七大业务板块中，核心业务到店餐饮、外卖配送、酒店旅游、猫眼均由美团原任高管负责。从新架构中高管数量占比来看，以美团高管占主导。

新架构出台后，王兴在公司内部邮件中写道："非常感谢张涛在过去的十二年里为公司创造的非凡成就，也非常期待张涛作为董事长持续在战略、组织文化、人才发展等方面提供帮助。"

张涛则表示，将"从管理一线，转向长期战略规划"，更倾向于在公司战略上发挥作用。业内评论人士认为，在新的架构中，张涛的工作被边缘化了。

看起来风平浪静，但十天之后，张涛哭了。在大众点评的一场内部告别活动上，张涛穿着大众点评的工作T恤，双眼紧闭，眉头紧锁，与同事抱头大哭。

激动？不舍？痛苦？委屈？无奈？壮志未酬？泪水里或许掺杂了各种各样复杂的情绪，但随着眼泪而去的，是大众点评独立时代的结束。

擦干眼泪，美团和大众点评的融合之路才刚启程。宣布合并后没几天，业界就传出美团和大众点评将获得新一轮融资的消息。而其实双方决定走在一起，也是为了改变融资碰壁，想要尽快争取更大融资而去的。

终于在双方合并三个多月后，美团和大众点评完成合并后的首轮融资，由腾讯、DST、挚信资本领投，资金超过33亿美元，融资后新公司估值超过180亿美元。

这一大笔钱刷新了中国互联网行业私募融资单笔金额的最高纪录，也成为全球范围内最大的O2O领域融资。而腾讯作为领投方之一，加之阿里巴巴又投了60亿元重塑口碑网，令人不得不猜想阿里巴巴或将淡出美团和大众点评，开辟新的本地生活战场。

然而，新的竞争对手能成功分食美团和大众点评一半的市场份额吗？未来，团购领域或者说本地生活服务领域还会出现美团和大众点评这样的巨头吗？很多专业人士给出了否定答案。

第五章

携程去哪儿：蜕变之后的艰难抉择

携程和去哪儿的合并，是意料之外，也是意料之中。

从1999年创立至今，携程一直稳守在线旅游行业第一位置。而比它晚6年创办的去哪儿，则一直是雷打不动的行业二哥。曾有一度，去哪儿疯狂追赶，对携程造成了巨大威胁。

残酷竞争和不甘心的纠结，是任何一场合并的必经阶段。谁也不放过谁，谁也拿不下谁，双方都是强者才叫作合并，而不是收购兼并。

去哪儿创始人庄辰超曾说，去哪儿将是中国在线旅游市场最后的赢家。当去哪儿在2015年10月26日被百度“包办”与携程合并之时，不知庄辰超是否感叹计划赶不上变化快的无奈。去哪儿的确会是赢家，甚至可以说它已经是赢家了，但却不再是一个人独享成功喜悦。

两位高智商的强者

一个公司的成长壮大，与它的创始人、掌舵者有着必然的联系。公司与其领导者，必定有相似的性格和气质。所以说，公司之间的较量，往往是两个大boss之间的竞技。不过，两个对手公司的握手言和，两个老板却不一定亲密无间、两厢情愿。

携程的创始人梁建章与去哪儿的创始人庄辰超，有着相似的求学生涯、工作经历，甚至有着不分高下的智商，他们年龄相差7岁，但都在30岁的时候创立了影响他们一生的公司。

梁建章，1969年出生于上海。他在15岁完成初中学业，并考入复旦少年班。那时候，全国恢复高考才第7年，只有中科大、北大、清华、复旦等少数几所高校设置了少年班。

天资聪颖的梁建章就是属于少年班的拔尖人才。曾有人问过他，你的智商到底有多高？梁建章回答，没测过，但应该是很高。在复旦大学，梁建章学的是自己喜欢的计算机专业。

大学没毕业，他就考入了美国佐治亚理工学院，这所一流学院与麻省理工学院及加州理工学院并称为“美国三大理工学院”，并且是美国公立常春藤盟校之一。在那里，少年梁建章顺利读完了本科和研究生。完成学业那一年，梁建章才20岁，他的起步，比同龄人早了四五年。

庄辰超，也是上海人，出生于1976年。中学时期，庄辰超就读于上海华师大二附中，拿过全美数学竞赛一等奖。初一的时候，他就考过了程序员的工程师级别。1994年，他顺利考入北京大学电子工程系。

大学毕业时，庄辰超已经成功打造了两个产品。1998年，庄辰超和同学一起做了一款搜索引擎“搜索客”，借此成为新闻网站比特网ChinaByte.com的搜索技术供应商。ChinaByte来头不小，它是由默多克的新闻集团和《人民日报》合资做的中国最早的IT新闻网站。

当时，新闻集团商业拓展部经理戴福瑞（Fritz Demopoulos）也参与到了项目中，成为与庄辰超进行商业合作谈判的负责人。这次会面，为他们之后的合作，以及共同创建去哪儿网埋下了伏笔。

仅一次合作，庄辰超的技术能力和做事风格，就给比他大8岁的戴福瑞留下了深刻印象。因此，戴福瑞1999年从新闻集团辞职，计划创建体育网站鲨威体坛时，自然想到了拉庄辰超入伙，希望他去做首席技术官。

当时，庄辰超还在ChinaByte工作，受到戴福瑞邀约后，他思考再三，然后告诉当时与他共事的产品经理人彭笑玫说，“我要辞职了”。没多久，庄辰超辞职了，彭笑玫也跟着离开ChinaByte，一起前往鲨威体坛。

幸运的是在2000年后的互联网泡沫爆发之前，鲨威体坛被李嘉诚旗下的TOM集团以1500万美元的价格收购。当时，这家网站一度与新浪体育齐名。

庄辰超、彭笑玫分了收益，就到美国工作去了，庄辰超一溜烟去了位于华盛顿的世界银行，成为世界银行系统架构的核心成员，设计并开发世界银行内部网系统。而彭笑玫则去了纽约的一家网站工作，办公室就在世贸大厦里。倒是戴福瑞这个美国人，继续留在了中国。

携程开垦处女地

而这时候，梁建章在北京创业了。

1989年，梁建章硕士毕业，没有急于回国。直到1997年，梁建章才回国，身份是甲骨文公司中国区技术总监。在全球最大的企业级软件公司的平台上，梁建章回国后负责了不少重大项目，比如整个民航的财务管理系统，中国电信的管理信息系统等。

1998年到2000年间，中国的互联网产业非常火热，阿里巴巴、腾讯、百度顺势而生。虽然处于艰难的初创阶段，但劲头十足，风投也对互联网很有兴趣。梁建章受到互联网创业环境的感染，终于下定决心辞职创业。

梁建章第一次做的不是携程网站，而是关于招聘服务的ChinaJOB，但是他很快调整了方向。新浪、百度、雅虎、网易都已经建立，梁建章认为没有必要再做综合性搜索网站，或者综合性电商，他把目光瞄向了细分市场。

在众多市场分支中，旅游市场足够大，不需要物流配送，国内也还没有人做。而且梁建章认为，随着人们生活水平的提高，旅游业会越来越发达。也就是说，这是一块十分具有潜力的处女地。可以预测的是，把旅游业务搬到线上，做旅游电子商务的想象空间很大。

梁建章很快找到了两个好朋友，沈南鹏和季琦，以及公司成立一个月加入的范敏，人称“携程四君子”，共同创业。四个人当中，范敏是旅游业出身，加入携程前是上海旅行社总经理；而梁建章有强大的技术背景；沈南鹏是毕业于耶鲁大学的MBA，在银行工作，具有多年投资经验，融资能力一流；而季琦则有着丰富的创业经验，擅长人才管理、市场销售。

这样的个人背景，使得“携程四君子”之间优势互补，能够各自发挥所长，配合融洽。1999年5月，携程公司正式成立，注册资本200万元。沈南鹏发挥融资专长，加上团队四人的实力，携程成立仅5个月后，就赢得了IDG第一笔50万美元的投资。

更令人惊喜的是，第一笔投资入手一个月后，携程启动了网上预订系统。此时，包括IDG、软银、晨兴集团、兰花集团等多家机构向携程进行了第二轮投资，总金额达450万美元。虽然两轮投资共500万美元，但所占股份却不超过30%，携程网作价高达1600万美元。

资本的支持加上没有竞争对手，携程的在线旅游业务成长迅速。通过收购酒店预订类公司现代运通，携程在酒店预订领域站稳脚跟；通过收购海岸航空服务公司，携程打通了机票预订入口；另外，开发携程会员卡，建立全国第一的呼叫中心，使得携程不仅是在线旅游行业第一，与传统旅行社相比也是遥遥领先。

在携程，早期占领市场的打法被梁建章概括为“鼠标+水泥”，意即线上线下相结合，既要线下发卡，又要加强线上技术创新。不得不说的是，携程是一个幸福的新生儿，它几乎一出生就含着资本的金钥匙，“父母”基因超强，而且拥有健康的成长轨迹。这样的资本，让其他公司羡慕不已。

2003年，携程网又成功融资1000万美元。当年12月9日，携程网正式在纳斯达克挂牌上市，成为中国在美上市的第七家互联网公司。上市当日，收盘时携程网股价比发行价上涨19.94美元，涨幅高达88.56%，成为当时三年来纳斯达克市场上开盘当日涨幅最高的一只股票。

携程网成了业内一家独大的公司。当时，行业排名第二的艺龙甚至处于濒临倒闭的境况。这样的环境让携程优越感十足，公司很快与国内百强旅行社之一的上海翠明国际旅行社进行“战略合作”，更深入渗透到传统的旅行业务中去。

梁建章暂别携程

虽然事业在推动，但缺少紧张感的携程还是放慢了脚步。自从上市之后，携程员工就没加过班，业务不用自己去拉，而是自己找上门来，日子过得悠然自得。

在梁建章眼里，当时整个市场格局稳定，几乎没有任何挑战，携程站在最高点，是无人撼动的霸主地位。

这样的局面，让人萌生退意。最先离开的是季琦。携程上市后，季琦离开，相继创办如家连锁酒店和汉庭酒店。2006年，如家连锁在美国上市；2010

年，汉庭连锁酒店也在美国上市。

第二个离开的是沈南鹏。2005年年初，沈南鹏辞职，以个人身份成为易居中国的初始天使投资人和董事。

在离职演讲中，携程总裁兼首席财务官沈南鹏说："自1999年以来，我作为携程创始人和管理团队中的一员，见证了携程在短短几年间的巨大进步，这对我是莫大的荣耀。离开携程这样一个优秀公司的管理岗位，于公于私，都是一个非常艰难的决定。"

第三个离开的就是梁建章了。虽然放心地将CEO之位交给范敏，但梁建章还是心系携程，保留了董事局主席之职，做好了随时为携程战斗的准备。不过，在那个时候，梁建章并不认为短期内携程需要他领军打仗。

2006年，携程净营收7.8亿元，同比增长49%，占据56%的市场份额，排名第二的艺龙仅占18%。这组数据说明了两个事实：第一，携程业绩增长迅猛；第二，携程已经把对手甩开很远了。

这时候CEO交接，是很稳妥的。37岁的梁建章有了新的人生计划，他再次奔赴美国，去往斯坦福大学攻读经济学博士。

"携程四君子"只剩下范敏一人守业。而他们还不知道的是，在不断萌发的小对手中，有一匹叫做去哪儿网的黑马正在快速冲向携程。

去哪儿出世

2004年，戴福瑞给庄辰超打电话说，你在美国待得也差不多了，婚也结了，回来做事吧。除了庄辰超之外，戴福瑞也叫上了之前和他一起创办鲨威体坛的合伙人道格拉斯，三人组建为去哪儿网的创始团队。

道格拉斯是个马来西亚人，他常驻中国香港，负责国际业务，实际上就是推进融资。TOM对鲨威体坛的收购就是由道格拉斯一手推动的，不得不说他卖了个好价钱。

据戴福瑞分析，旅游广告是谷歌最赚钱的四类广告门类之一，也就是说旅游业是有钱可赚的。如果要做信息搜索，旅游业是个好方向。而且庄辰超强大的技术能力，一定能够很好地把想法转化成现实。

2004年年底，三个人就敲定了做旅游搜索平台。庄辰超在飞回中国之前给彭笑玫打了个电话，表面上关心她回国的近况，实则是邀约她和他一起创业。庄辰超在电话里对这个比他大4岁的姐姐说："我也要回来了，要做的事情也定了，你准备招人吧。"

2005年2月，戴福瑞、庄辰超和道格拉斯成立了一家公司。也许是出于外国人对中国属相文化的痴迷，这个有着两个外国人的创业组合为公司取名为"蛇猴龙（亚洲）投资有限公司"，蛇、猴、龙分别是三人的属相，而庄辰超是那条龙。

按戴福瑞的设想，他们要做的旅游网站将是一个信息搜索平台，消费者在平台上搜索自己想要预定的项目，通过多方对比（主要是比价），最后进入不同的销售商平台，完成交易。搜索网站本身并不提供交易服务。

也就是说，这个网站就像淘宝一样，酒店、票务代理等可以在上面开网店做经营，但网站本身不参与具体交易。网站的盈利主要靠商家广告，比如网站对某广告商家进行重点推荐，或者将其放在搜索靠前的位置等。

这样的模式与携程网不一样。携程网本身就是一家线上旅游公司，在这个平台上搜索到的商家，都是和携程网有合作的，携程网通过收取交易佣金获利，作用类似于旅游中介。

很明显，戴福瑞想要打造的是轻型网站，而拥有庞大呼叫中心的携程网则重很多。因此，戴福瑞一开始并没有把携程网视为竞争对手，而高高在上的携程网更看不到这家叫做蛇猴龙的小公司。

2005年6月，庄辰超他们才正式把网站名定为去哪儿（qunar），成为中国第一家实时旅游搜索引擎。从此，这个骆驼形象的公司开始奋力前行。

去哪儿网的起步资金只有15万美元，还是戴福瑞和道格拉斯个人掏腰包凑的。2005年，戴福瑞和道格拉斯找了200家风投，但结果不如想象的好，没有一家风投愿意投资。

当时，去哪儿做的是机票比价搜索，但中国机票市场没有完全放开，甚至连电子机票也是在2006年之后才出现的。也就是说，去哪儿的业务是超前市场发展的。

直到2008年，国内机票才实现仅凭二代身份证登记，也就是说，消费者在网上输入身份证信息就能预订机票。此时，机票电子商务得以真正成形。

庄辰超他们在网上做机票比价搜索时，机票电子商务市场还没有露出苗头。这也就影响到风投对他们的考量，虽然他们团队好、想法也不错，但是没有适合他们生存的大环境土壤，若是把钱投进去，风险不小。

直到成立一年之后的2006年7月，金沙江创投（GRS Venturs）才答应投资200万美元，以及获得梅菲尔德风险投资公司（Mayfield）的投资。金沙江看中的也只是戴福瑞这个团队，以及为可能到来的未来赌一把。

可以看到的是，去哪儿的搜索浏览数据飞速提升。2007年5月，去哪儿网独立用户访问量突破500万。10月，独立用户访问量突破1200万。11月，去哪儿网的酒店搜索的数据量首次突破15000家。此时，在投资者面前更有底气的去哪儿网成功引入了由雷曼兄弟公司主导的1000万美元B轮融资。

2008年、2009年，有了投资的去哪儿网在旅游领域也算小有成绩，业务范围扩大，访问量也屡创新高。2009年11月，去哪儿网完成第三轮融资，由纪源资本领投，梅菲尔德风险投资公司、金沙江创投和特纳亚资本（Tenaya

Capital）跟投，总额1500万美元。

尽管如此，业内老大哥携程的地位还是无人能撼动。2008年和2009年，携程收购了酒店软件技术公司中软好泰和旅游电子商务平台易游网。由于携程的强势，在线旅游业还没有出现能与之抗衡的公司，如蚂蜂窝、途牛网等新兴公司，都不是携程的对手。

去哪儿发起进攻

接班梁建章的范敏稳守了携程三四年。直到2010年7月，去哪儿建立了TTS（Total Solution）模式，才真正对携程产生了威胁。

所谓TTS，是去哪儿为航空公司、酒店、代理商开发的在线旅游产品销售系统解决方案。用户预订产品行为在去哪儿平台上完成，去哪儿网再将生成的订单传给代理商。

在此之前，去哪儿只扮演信息传播平台，将消费者与代理商网站链接起来，由代理商生成订单。然而，去哪儿将消费者导入其他网站后，却常常发生价格不实、商家不诚信、订票迟缓、无法网上下单等一连串问题。这些重复频繁发生的问题，让庄辰超恼火不已。

访问量的上涨反过来迫使去哪儿不得不思考，到底要不要自己研发一套机票在线交易系统？这样一来，网站的控制力更强，能够有效避免不必要的问题。令去哪儿纠结的问题在于，一旦加入交易系统，去哪儿就不再是一个信息聚合平台了，那样会不会弱化公司的核心竞争力？商家会不会不配合使用？

在这个问题上，庄辰超的态度倒是非常明确。他认为，去哪儿的责任在于为消费者提供性价比最好的旅游产品，开发交易系统正是为这个目标服务的，所以也是有必要的。

公司敲定开发交易系统后，投入了大量人力物力，最终的成果比想象中的还好。他们开发出了一个类似淘宝后台的交易系统，消费者无论购买哪个代理商的票，交易都在去哪儿网完成，再也不用跳转网页。

如此一来，交易速度提升了、资金更加安全、责任更加明确、处理问题更快，一系列好处让消费者很满意，代理商也省去了网络维护的精力。同时，去哪儿加强了对机票代理商的控制权和话语权，数据统计更加有效便捷。

去哪儿与携程的距离正在缩短。除了机票业务外，去哪儿在2010年年中开始涉足酒店业务。他们巧妙避开携程、艺龙和同程网的锋芒，与丽江等景区大量的低价旅店签订协议，然后用“机票+酒店”的海量在线用户与主流酒店供应商谈合作。

这样前所未有的市场打法，让携程不太舒服，于是出面“收拾”这个“小弟”。双方几轮价格战打下来，倒也没什么太大损失，携程并没有想要把去哪儿一棒子打死。

值得注意的是，当去哪儿和途牛网等新互联网公司蜂拥而来时，携程没有改变方式，还是以之前“鼠标+水泥”的方式在发展。2007年，携程的“发卡业务”所占比例从最高时的80%，降到了40%。数据表明，“水泥”办法已显疲惫。

2010年5月，携程的信息技术大楼建成，拥有超过1.2万个呼叫席位。公司80%左右的预订来自呼叫中心，在线订单只有20%不到。也就是说，携程重视的核心竞争力还是过去的电话预订，并没有实质改变。

对比携程，去哪儿没有发卡业务，线下呼叫业务很少，所有业务重心都在线上完成。当对手们轻装上阵的时候，携程反而越来越笨重。原本所谓的“鼠标”办法，也变得过时。最先提出互联网线上运营的携程，一直在“半网络+半传统”的模式里，没有及时转变角色。梁建章曾坦言：那段时期，携程的创新停滞了。

对手不会等着你改变。2010年，去哪儿已经实现盈利，公司账上有着上千万美元的盈余。数据显示，2010年10月，去哪儿网的月独立访问用户达到4500万，实时搜索12000条国内、国际航线，8万家酒店，2万条度假线路。

去哪儿成为百度人

业绩好了，去哪儿觉得，是时候上市了。可偏偏此时，半路杀出一个百度。2010年夏天，去哪儿正启动上市计划，百度就找上门来了。受百度战略投资部董事总经理汤和松之约，庄辰超在清华科技园和他喝过一次星巴克咖啡。汤和松代表百度向去哪儿抛出了橄榄枝。

庄辰超并不排斥与百度合作，双方曾谈过一段时间。不过，去哪儿与百度在入股价格等方面没有达成一致，就停止了谈判。后来，百度战略投资部也接触过艺龙网、到到旅游等公司，也考虑过要不要自己出资成立一家此类型的新公司。

据消息称，和百度差不多的时间，携程也曾向去哪儿提出过并购想法，但是去哪儿认为两家公司理念不一致，无法合作。与携程相比，庄辰超更偏向做搜索引擎的百度。毕竟，去哪儿就是细分领域的搜索引擎。

百度对在线旅游公司调查了解之后发现，在线旅游值得做，而去哪儿是最佳并购对象，这家公司在汇聚线下机票供应商和用户体验等方面构建了“高到百度不能做的门槛”。

2011年年初，百度放弃了组建新公司的念头，又回过头继续向去哪儿示好。百度听说携程也接触过去哪儿，心里不免有些紧张着急。如果丢掉去哪儿，那么百度要再想在在线旅游市场做点事情，就会很难。

而对于去哪儿来说，当时赴美上市并不是最好的选择。同时，去哪儿的业务也在不断扩张丰富，需要投入大量资金，账上的钱有点不够用了。庄辰超认为，去哪儿需要一些资金注入。

可以说，2011年再次坐到谈判桌上的百度和去哪儿，都展现出了应有的诚意。这一次，纪源资本合伙人符绩勋作为中间人，撮合了百度与去哪儿的联姻。2000年，符绩勋供职德丰杰风险投资公司（Draper Fisher Jurvetson，简称DFJ）时参与了对百度的投资，2009年又代表纪源资本领投去哪儿的第三轮融资。

熟人做媒，百度和去哪儿谈得顺利很多。在符绩勋提出方案的基础上，双方再讨论出大致框架。一个月时间，去哪儿和百度战略投资部就拿出详细的并购协议书。

当外界都质疑庄辰超为什么不坚持做上市，而是甘心被百度“吃掉”时，庄辰超潇洒地提出自己的观点，他认为，对于一家公司或创业者来说，应当关注公司生命的质量，IPO 或者并购并不是值得纠结的问题，关键是能不能在有限的时间内达到最高的高度。

也就是说，如果并购能够将去哪儿带到更高的高度，那么就没有理由拒绝。庄辰超在一次论坛中强调称：“其实上市和创业并不一定是对立面，有可能你上市和创业都可以兼备，最关键的是如何选择一条有效的路径，让你的公司达到一定的高度。”

符绩勋在一次采访中也透露，去哪儿最在乎的是如何做到在线旅游市场的第一，其市场压力不小。在竞争对手的虎视眈眈中，背靠一家巨头来达到理想的高度不失为一个好办法。百度资金充足，在流量导入、技术后台支持等方面都会给去哪儿带来新的机会。

为了避开未来陷入一些低层次的防御战泥沼中，庄辰超决定背靠百度这棵大树，有底气地去打一些更高级、更有意思的战斗。

在经过半年的协商后，2011年6月24日，百度发布公告称，以3.06亿美元现金获得去哪儿62%的股份。这就意味着百度终于成功并购去哪儿，向在线旅游领域迈出了一大步。

虽然是并购，但去哪儿与百度在协议里商定，去哪儿管理团队独立运营，而且今后会独立上市。庄辰超本以为，选择百度就避免了被携程并购，但他没想到，百度有一天会“背叛”去哪儿，和携程联手，把公司“卖”了。

百度并购还带来了另一个不小的变动，创始人戴福瑞卸任CEO，由此前担任总裁的联合创始人庄辰超接任。

庄辰超曾表示，如果戴福瑞不是他的合作伙伴，换了其他人，去哪儿做不到今天的样子。而去哪儿的另一创始人道格拉斯在公司成立一两年后就淡出了。戴福瑞离开去哪儿后，转而做投资，开始了新的路程。

梁建章再度出山

庄辰超正式掌管去哪儿了，梁建章此时在做什么呢？去了美国之后，他在斯坦福大学读经济学博士。“复旦大学少年班”“数学与计算机成绩不错”，这两大特点打动了美国人力资源经济学权威爱德华·拉泽尔（Edward P.Lazear），教授决定收下梁建章这个中国学生，带着他研究创新、创业方向的课题。

梁建章一边做学术研究，一边照顾儿子上学，生活非常纯粹简单。2010年，梁建章博士毕业，紧接着去芝加哥大学做博士后研究，跟从诺贝尔经济学奖得主加里·贝克尔（Garys Becker，1930年2月25日～2014年5月4日），正式研究老龄化和创新、创业。

在新的研究领域，梁建章沉迷不已。然而，携程的情况不容乐观，正被对手追得似乎有些喘不过气来。头号对手去哪儿在机票出票量、用户访问量等方面都超越了携程。

例如，截至2010年10月，去哪儿覆盖人数达到2277万人，而携程仅为1202万人。其中两者的重合用户约为330万人。这意味着，去哪儿不仅拥有更大的访问量，而且拥有更多独立用户群。

而另一个老对手艺龙也表示，已经连续7个季度酒店业务增长速度超过携程。也就是说，艺龙的酒店业务与携程的距离正在快速缩短。

此外，新对手的势力不容小觑。2010年，阿里巴巴成立了淘宝旅行，发力机票、酒店、门票零售和预订服务等业务，给在线旅游带来了不小的冲击。2011年全年，淘宝旅游的交易额已达到109亿元。

大大小小的新老对手从各个方面对携程发起了进攻，价格战、口水战连续不断。但是携程似乎没有力气全力反抗，公司不仅有外患，而且内部与合作酒店之间的关系也十分紧张，甚至一度与格林豪泰酒店打官司。坐了十年之久的冠军宝座，眼看岌岌可危。

根据携程2010年年报，2010年携程净营业收入为29亿元，同比增长45%。然而，2011年，携程就经历了历史上最大幅度的业绩下滑，净利润直降到11亿元。这还不是最严峻的时刻，2012年，携程全年的净利润跌落到6.9亿元。

连年下滑的业绩，让携程有些恐慌。2011年年末，公司董事会就要求梁建章回公司。可是，梁建章正忙于《中国人太多了吗？》一书的写作出版，醉心学术的他实在抽不开身重回携程。

关于携程的状况，梁建章也一直在关注思考。他一方面加快了新书的进度，另一方面开始着手携程的事务。据梁建章回忆，由于图书谈论的话题还没有引起足够的重视，所以当时几乎找不到一家愿意接手的出版社，这让他奔波了许久。直到2012年4月，梁建章与北大社会学系教授李建新合著的《中国人太多了吗？》才终于出版。

图书写作出版工作结束后，他立即投入携程。没几个月时间，梁建章就引导携程发起了一轮5亿美元（约合人民币30.86亿元）的价格战，取得了不错的反击效果。2012年，艺龙受到价格战重创，净利润仅50万元，同比下滑98.7%。而携程虽然利润下滑，但市场份额从41%回升到47%，开始出现转好的迹象。

这只是梁建章回归携程的前奏。有消息称，从2012年年中开始，携程就已经秘密地进入范敏＋梁建章的“双CEO”模式。

直到2013年2月21日，携程发布公告称，董事会任命创始人梁建章担任携程董事会主席兼CEO，原CEO范敏担任董事会副主席兼总裁，并兼任携程旅游控股有限公司董事会主席，该任命自2013年3月1日起生效。

自此，梁建章在离开7年后正式回归，再度执掌携程帅印。不管是携程董事会还是竞争对手，都想看看这个曾经的天才少年会不会让携程重登顶峰。梁建章顶着不小的压力，他必须进行大刀阔斧的改革。

梁建章的大改革

2013年和2014年，梁建章憋着一口气在携程做了两件大事，对内进行员工改革，对外争抢互联网移动市场。这两件事的执行让携程暂时脱离了危机，告别了过去的繁重，并且快步迈进了互联网新时代。

梁建章清楚地知道，人才是发展的第一步，所以他想尽办法增强携程的人才队伍。他从美国硅谷请来了曾在微软、易趣等互联网公司任职的技术高手叶亚明，出任携程技术副总裁；又将原技术副总裁江浩，调至无线事业部，负责关键的移动互联网项目。

据称，携程内部80%的中层都更换了，还将一些懂线下不懂线上的人员调离了核心岗位。在公司架构上，梁建章也进行了大改革。他把携程划分为无线、酒店、旅游和机票等独立事业部门，给各部门设定硬性目标，实行严格的考核制度。

不仅如此，各个独立事业部门下面，还设置了不少小的项目团队，也是公司配置资源，项目组独立运作，有充足的决断力。这也刺激了员工们发挥充足的能动性，想办法把任务完成。

此外，梁建章还推行了一些激励机制。员工虽然经常加班，但工资也有相应增加。而且员工可以提出创意项目，如果通过了审批，就能带队独立运作。一旦做出业绩，员工可以获得丰厚的奖金收益回报。

值得一提的是，梁建章终于裁掉了庞大的发卡团队，使得公司顿时轻了很多，能够集中精力转战移动互联网市场。就这样，梁建章为携程注入了“互联网基因”，灵活、创新，而且战斗力强。

梁建章也坦言，携程前几年走得太慢，想要追上去，就必须花费很大的力气，才有可能换来新生。除了重塑内力之外，携程对外竞争力也有了大幅提升。梁建章嗅到了移动互联网的机遇，他知道携程在电脑互联网时代已经慢了，绝不能再错过“拇指时代”。

对于梁建章来说，二次回归的确有压力，但是面对新鲜的移动市场竞争，他又感到挑战很有意思，他甚至迫不及待地想和对手们正面交锋，一决高下。六七年前，找不到对手的梁建章很孤独，如今，那些遗憾都得以弥补。

2013年，携程在App开发上下足了功夫，前前后后更新了近10个版本，产品线也在不断扩充。经过一年的紧张研发，携程App抢占了移动互联网领域先机，为2014年的“拇指大战”做好了准备。

引人注意的是，从2013年5月到12月，梁建章频频出手，斥资数亿美元，收购了蝉游记和香港华闽旅游，投资了如家、汉庭、众安保险、一嗨租车、慧评网、易到用车等9个公司。短短8个月时间，梁建章收购投资的项目就与携程前5年收购投资的项目总数相当了。

由此，携程新布局的雏形显现。重回携程一年时间，梁建章交出了一份令人满意的答卷。2013年11月6日，携程发布第三季度财报显示，公司净营收15亿元，同比增长31%，净利润3.73亿元，同比增长92%。新数据代表的不仅是盈利，而更多的是新的希望。

去哪儿顺势扩张

庄辰超曾公开表示，梁建章回到携程之后做的几件事情基本上是对的，如果梁建章晚几年回归，携程就回不去了。2012年和2013年这两年，携程忍辱负重寻求转机，去哪儿则是一路高歌，挺进了纳斯达克。

百度在2011年入股之后，去哪儿迅速扩张。据消息称，去哪儿员工数从600人左右飙升至2012年年底的1300多人。2012年，去哪儿酒店预订营收占到去哪儿总营收的30%，增速超过100%。

2012年11月，去哪儿调整组织架构，将公司分为机票、酒店、无线和新业务等几个大事业部。和梁建章一样，庄辰超也是亲自负责公司的无线事业部门，对于未来的核心竞争区域，不敢有一丝松懈。

据去哪儿2013年年报披露，2013年，去哪儿总营收为人民币8.51亿元，同比增长69.6%。其中，移动营收为人民币 1.27亿元，同比增长558.4%，总营收中所占比例为14.9%。移动营收的快速增长，意味着市场的加速扩张。

虽然新旧业务不断扩张，但去哪儿一直处于亏损状态。2011年，公司净亏损4600万元；2012年，净亏损达到9110万元。不过，资本市场对去哪儿很有信心。2013年11月1日，去哪儿网登陆美国纳斯达克，股票交易代码为“QUNR”，当日收盘市值高达32亿美元。

业内人士分析认为，百度对去哪儿上市起到了加分作用。首先，百度在业务上为去哪儿带去了强大的流量支持；其次，作为去哪儿第一大股东，百度在美国资本市场良好的信誉让美国资本市场对去哪儿更有信心；最后，早在2005年就登陆纳斯达克的百度为去哪儿上市提供了不少经验支持。

去哪儿原本计划在纽交所上市，但后来改为纳斯达克。庄辰超对此的解释是，母公司百度2005年上市时也是选择在纳斯达克。这番解释透露出去哪儿与百度的亲密关系。

按去哪儿挂牌交易首日开盘价28.35美元计算，庄辰超持有去哪儿2193.65万股普通股，个人资产超过2.07亿美元；百度持有去哪儿54.82%的股份价值17.48亿美元，而2011年6月百度投资去哪儿时的花费为3.06亿美元，账面收益率高达471%；纪源资本的账面收益率超过了849%；最早投资去哪儿的金沙江创投的账面收益率更是达到了2883%。

庄辰超从美国回来之后，给员工们写了一封信，信里提到：“未来我们将迎来对于自我内心控制最艰巨的考验——股价。随着股价的起起伏伏，很多伟大的公司和个人都会因此而内心跌宕起伏，行为考量变形失控。希望我们大家能够在股价面前证明我们拥有强大的屏蔽噪音的能力。”

在资本市场，去哪儿上市赚了个盆满钵满，但是公司的财务报表仍然不见起色。2013年，去哪儿净亏损1.87亿元，比2012年又多亏了9000多万元。去哪儿称，亏损同比扩大主要由于公司继续在产品开发领域中进行投资，并采取了一些销售和营销相关措施来推动公司业务增长，以及由于股权奖励支出增长。

面对外界的质疑，庄辰超不断强调：盈利并不重要，重要的是把事情做好。他曾解释称，去哪儿会靠信息匹配来赢利，通过技术和服务，将旅游产品供应商的产品信息和消费者的需求信息匹配好，为社会节约大量资源，盈利自然就有了。

似乎是为了早日实现赢利，去哪儿在2014年明确转型在线旅游代理业务（Online Travel Agent，简称OTA），从收广告费赢利变成靠收取佣金获利。对于去哪儿来说，这可不是一个小改变。就在上市之前，庄辰超还坚定表示，去哪儿是一个信息平台，不会直接参与代理业务。

亏损的梦魇

实际上自从百度并购，以及在美国上市之后，去哪儿就不再是一个独立的个体，公司的发展关系到股东利益，而且在决策上会或多或少地受到母公司的影响。

连续的亏损，逼迫去哪儿必须做出点成绩。仅用了一年时间，去哪儿就由一家旅游搜索服务提供商转变为在线旅游服务提供商，拥有了最大的直销酒店网络。

虽然业务做得不错，但转型对于赢利似乎并没有什么用，反而刺激了各方面成本的增加。2014年，归属于去哪儿网股东的净亏损约为人民币18.5亿元，比2013年还多亏了16.6亿元。

从2014年财报数据来看，虽然营收有所增长，但不管是产品研发费用，还是产品渠道费用、销售及市场推广费用、管理费用等，都大幅度增加，给去哪儿造成了巨大的成本负担。在2014年年末的内部沟通会上，庄辰超自信放言要在2016年年底实现赢利。

这样连年的亏损，庄辰超也许并不在意，但第一大股东百度可不想养着一个“累赘”。大家似乎都相信，去哪儿会赢利的，而且潜力很大。对于百度来说，如果去哪儿持续大幅亏损，那再多的畅想都无用，它希望去哪儿能够以最快速度赢利。

面对亏损的残酷现实，去哪儿的独立话语权似乎在慢慢流失。而携程这边的情形也好不了多少。

2014年，携程开始亏损了。2015年3月20日，携程发布年报称，2014年全年营收同比增长36%，达78亿元。同时，营业亏损1.51亿元。这是携程上市10年以来的首次营业亏损。相应的，2014年归属于携程股东的净利润为2.43亿元人民币，同比下滑76%。具体到2014年第四季度财报，携程净亏损2.24亿元，这也是携程上市10年以来的首次季度亏损。

携程方面表示，新产品研发投入了大量资金，以致出现亏损。梁建章在接受媒体采访时说："这些投入可能暂时会超出你的盈利，但一旦投入了，对业绩的回报就会体现出来。目前平台的开发已经初具成效，包括我们做的创业型的项目，效果也会逐渐体现出来。"

紧接着，2015年5月14日，携程公布2015年第一季度财报。报告显示，归属于股东的净亏损为人民币1.26亿元。业内人士认为，携程连续亏损意味着在线旅游全行业亏损已是一种常态。

携程对去哪儿动了心

面对亏损，梁建章的心态可不像庄辰超那么淡定。梁建章认为，一味烧钱的企业持久不了多久。所以亏损一旦出现，就有必要尽快扭转局面。

这时候，如果想要止损，携程唯一的办法就是吞掉对手。携程也深知这一点，所以梁建章在2014年投资途风网、同程网、途牛网、晶赞科技等公司，快速扩张携程的版图。又在2015年上半年费尽心思，搞定了艺龙网。

2015年5月8日，携程宣布出资约4亿美元入主艺龙网，占股37.6%，成为艺龙网第一大股东。这也是携程有史以来投入最大的一次收购。

对于携程来说，艺龙网可以说是个特别的存在。这家公司与携程几乎同时创立，只比携程晚一年上市，其重呼叫、重酒店的业务模式与携程也是极其相似。2007年，全球最大的在线旅游公司Expedia通过投资艺龙网，正式进入中国市场。2011年，腾讯收购艺龙网16%的股权，成为第二大股东。

或许是艺龙网自觉实力不够，或许是因为当年见识过携程的厉害，十多年来，艺龙网未曾与携程叫板过，反倒是和去哪儿狠狠拼过几回。

可以说，携程和艺龙网之间是存有一些好感的。接受携程的投资，跟着老大哥干，对于亏损的艺龙网来说兴许是一件好事。携程收购艺龙网后，原第一大股东Expedia出让艺龙全部63.7%股权，腾讯仍然是第二大股东。

既然能够入主艺龙网，为何不能把去哪儿也一并收了呢？是的，携程的野心不仅限于艺龙网，梁建章已经动了入主去哪儿的念头。其实在拿下艺龙网之前，梁建章就有此打算，但是要“吃下”去哪儿，可不是那么容易的事。

有传闻称，收购艺龙网之前，携程和去哪儿在谈判桌上已经谈了很多。然而，庄辰超强烈反对合并，携程不得不放弃谈判。

去哪儿公开拒绝携程求好

没想到，原本是私底下的隐秘交流，却被去哪儿一纸捅破，激化了矛盾。2015年6月2日，携程拟收购去哪儿一事就被写进去哪儿2015年第一季度未经审计财报。去哪儿在财报中披露，5月8日，去哪儿收到了携程主动收购所有流通股的要约。6月1日，去哪儿书面拒绝了该提议。

引发争议的是庄辰超针对此事写给内部员工的一封邮件。庄辰超向员工说明了去哪儿拒绝携程收购要约的决定。他表示，去哪儿始终以开放的态度进行投资并购与整合。

“去哪儿在发展的历史上，收到过形形色色的投资收购要约，今天增添了一份新的。这些投资收购要约有一个共性，那就是每一份都比前一份价格高很多。”从庄辰超的言辞中可以猜测，携程给予的收购价并不低，但去哪儿拒绝了。而且庄辰超喊话强调称去哪儿将成为“在线旅游市场的最终领导者”。

对于去哪儿将双方沟通事宜公之于众，携程方面回应表示，2015年5月，在去哪儿主动接触携程对其进行投资的意愿下，携程向去哪儿的董事会发出了一份包含保密条款及没有法律约束力的初步收购提案，表达了收购去哪儿的可能兴趣。携程收到去哪儿拒绝了该提案的书面通知，并表示希望就此事宜进一步与携程进行谈判。“基于去哪儿最近的业绩表现和公司行为，携程不再保留与其继续探讨可能的投资机会的兴趣。”

双方火药味十足，似乎已经到了剑拔弩张的地步。2015年5月26日，携程难得高调宣布发行总价值8亿美元2018年到期的可转换高级债券。6月初，去哪儿宣布在最近的增发中，以47.5美元的发行价，完成合计8亿美元的融资计划，并受到了投资人超额认购。

按照看客们想象中的剧情，两家公司在资本市场新一轮融资完成后，应该会彻底撕破脸皮，更凶猛地展开一轮又一轮市场大战。

一场注定的意外合并

然而，双方非但没有宣战，还在短短4个月后，正式合并了。

突然翻脸，又突然和好，剧情翻转未免太快。2015年10月26日，携程发布公告，表示与去哪儿合并。而此次合并是以携程与百度达成股权置换交易的方式进行。交易完成后，百度拥有的携程普通股可代表约25%的携程总投票权，并成为携程的最大股东，而携程将拥有约45%的去哪儿总投票权，成为去哪儿的最大股东。

也就是说，去哪儿在百度和携程的联手操作下，被变相合并了。任由庄辰超多么反对，只有7%股权的他，还是没能阻止这场合并。

业内猜测认为，携程虽然声称放弃与去哪儿谈判，但暗地里却加快了与百度沟通协商的脚步。而面对携程的示好，百度可是求之不得的。就百度自身而言，用行业老二的股权去换老大的股权，是一笔划算的买卖，而且合并后百度成为携程的控股股东，相当于从行业老二的老板变成了行业老大的老板，何乐而不为呢?

对外来说，阿里巴巴、腾讯对在线旅游业虎视眈眈，百度不敢掉以轻心。此前，阿里巴巴和腾讯在滴滴快的、美团大众点评的合并项目上已经联手，百度被前两家“排挤”在外。如果在在线旅游领域失手，百度又会落下一大截。

2014年腾讯投资了同程、我趣旅行、面包旅行等旅行公司，此前也投资了艺龙、旅人网，并加持了艺龙股份；阿里投资了百程旅行、酷飞在线、石基信息，并大力推广自有旅行品牌“去啊”。内有亏损的忧患，外有强劲的敌人，百度需要突破，需要借助一个更强大的力量来奠定更稳固的市场地位。

不仅百度希望促成合并，其他股东也有此意。据统计，截至2014年年底，去哪儿和携程有八个共同股东，合计持有23%的携程股票以及48%的去哪儿股票。随着去哪儿和携程的业务越来越相近，股东也不愿意把鸡蛋分开放到两个一模一样的篮子里。

有传闻称，去哪儿和携程的合并是百度方面瞒着庄辰超暗自谈判的，而实际上，就算庄辰超反对百度股权置换，也起不了实质性的阻拦作用。

为了在BAT竞争中扳回一局，百度也无法顾及去哪儿的感受了。股权置换完成后，百度、携程和去哪儿形成的在线旅游体系，在市场规模、竞争力等方面都强于阿里巴巴的去啊，腾讯投资的同程网、我趣旅行网，京东投资的途牛网等公司。这样的市场格局，让百度说什么也不愿意放弃与携程的谈判。

对于庄辰超来说，与携程合并也并非是完全不能接受的事情。他一直认为，所有公司最终的出路都是死亡，关键是自己的公司像炮弹一样能打到多高。如果和携程变相合并之后，去哪儿的炮弹还能打得更高，避免在市场竞争中无辜牺牲，那么有什么不能接受的呢？

从双方2015年第三季度的财报来看，去哪儿与携程合并之后，炮弹打得高了一些。2015年第三季度，去哪儿净亏损为7.3亿元。这是2013年第三季度去哪儿公布第一份财报以来，其季度净亏损第一次环比收窄。财报表示，亏损收窄主要得益于“总营收和毛利润的强劲增长，以及运营成本的控制”。

从携程2015年第三季度财报来看，合并对于携程十分利好。携程网第三季度净营收为人民币32亿元，同比增长49%；归属于公司股东的净利润为人民币24亿元，与去年同期的人民币2.17亿元相比大幅增长10倍。

梁建章在财报分析师会上表示，携程和去哪儿的合作刚刚开始，有很多协同效应有待开发，比如在营销领域，与去哪儿的合作可以提高公司营销、广告和流量获取方面的效率；在产品促销方面，双方合作可以减少非理性的竞争；在产品研发方面也可以减少不必要的支出。不过，暂时无法提供成本节约的具体数字。

庄辰超退休，交付去哪儿

炮弹打高了，人不一定会留下来。

百度完成股权置换后，庄辰超以CEO的身份发布了一封内部邮件，他写道："去哪儿网独立发展计划不变，我们后续将与携程协商双方公司的协作/竞争机制，各自选定并加强主攻的市场。"

重要的是，他提到即将实行一系列激励去哪儿员工的措施，以保证员工利益。为员工争取利益，这就是庄辰超离开去哪儿的序幕。2016年元旦后，庄辰超发布内部信，宣布即日起卸任去哪儿CEO和董事一职。去哪儿副总裁谌振宇将接替庄辰超出任去哪儿CEO。

同时，携程去哪儿组成新的董事会，包括携程董事会主席兼首席执行官梁建章、去哪儿网新首席执行官谌振宇以及三名独立董事。至此，携程百度换股与去哪儿联姻所引起的去哪儿管理层调整最终确定。

对于辞职，庄辰超在朋友圈写道：

> "我是一个创业者，是一个CEO，是一个投资人，是一个商业游戏的参与者。
>
> 作为创业者我希望自己创立的企业发扬光大，开疆拓土（并购交易中卖家是输家）。
>
> 作为CEO，自己需要照顾好all stakeholders（利益相关者），去哪儿团队和员工，投资人的经济利益（不包括投资人的战略利益），紧密合作伙伴的经济利益。
>
> 作为投资人知道如何才能让自己手中的股票在增值幅度和时间效率上最高（并购交易中卖家是赢家）。
>
> 作为商业游戏的参与者，要尽全力保障商业游戏规则的实施。这些不同角色的诉求有时候不尽相同，有时候截然相反。在商业选择上可以取一路而弃其他路来做价值曲线异化，在实际的生活工作中只能尽力在每一个方向拉升，让尽可能多的人满意。

毕竟每一侧都是成千上万的人和家庭，财富和工作责任。最终企业的威名，巨额的财富都会随风飘去。我们每天的生活是面对和沉浸在周边人的信任关系之中的。去哪儿的故事结束了，托付与我的信任悉数交付了。”

庄辰超虽然离开了一手打造的去哪儿，但他并不是如外界所说的那样悲壮。适时放手，是一种智慧，也是庄辰超最好的选择。除了去哪儿之外，庄辰超还是融360、美丽说天使投资人，以及清流资本与源码资本的重要LP（有限合伙人）。也就是说，离开去哪儿的庄辰超，还有很多新的可能。

与此同时，没有了庄辰超的去哪儿也有新的动作。新任CEO谌振宇公布的一份内部调整显示，去哪儿将新设立金融事业部、创新事业部、专车事业部几大部门，布局更远的未来。

在旧有强势业务上，去哪儿和携程该如何取舍互补？在新的领域，双方又该如何分工合作？去哪儿会不会逐渐被边缘化？双方能不能真正地合二为一？这些问题都交由时间来解答。

如果没有接受百度并购，去哪儿会怎样？庄辰超有没有后悔选择百度？这些已是无解的问题，不用再去多想。

现今可以看到的是，为了企业能够活得更长、走得更远、变得更强大，梁建章、庄辰超，以及两家企业所有的员工们，都付出了最大的努力，做出了最艰难的选择，他们值得敬重。

第六章

百合网世纪佳缘：一段百年好合的良缘？

如今的年轻男女，生活越来越原子化。他们出没于工作地点和家庭两点一线，接触手机的时间比接触人更多，过着忙忙碌碌而又内心孤独的生活。

剩男剩女已经成为一大普遍问题。重男轻女的传统观念，使得中国自1982年开始出现性别比例失衡。来自国家统计局的数据显示，2014年中国出生人口男女性别比为115比88，实现了自2009年以来最大降幅，但依然高于国际公认合理区间103～107的水平。

性别比失衡引发的是“光棍危机”。有人口学专家指出，到2020年，“剩男”规模接近澳大利亚总人口（2013年估计2400万人），且“剩男”还在不断产生，他们中绝大部分将终身打“光棍”。由于男女人数差、城乡差等多种问题产生的“婚姻贫困”，由此引发的社会问题更严峻。

婚恋市场，由此成为一个巨大的蛋糕。

蛋糕虽大，要吃到嘴却是不易。原因无他，爱情是一种奇妙而神秘的存在，是感性和理性的杂糅，难以像其他服务一样，划分为几个标准，进行简单的量化、匹配，就能成功博得用户满意。理论上，只要单身、适龄，一男和一女就有配对的可能，而在实操层面，就算你将家庭背景、学历、收入、外表、兴趣爱好等参数机关算尽，也可能被男方或女方轻飘飘的一句“没感觉”一票否决。

在线婚恋领域，经过十年厮杀，格局依然未稳。

在世纪佳缘网（以下简称世纪佳缘）与百合网牵手成功前，中国有超过15家互联网婚恋网站，但是仅有四家行业占据互联网婚恋市场的翘楚地位，它们分别是世纪佳缘、百合网、珍爱网、有缘网。

而这些婚恋网站中世纪佳缘以相对的优势占据互联网婚恋市场的有利地位。百合网一直被誉为“千年老二”，市场份额稍逊世纪佳缘。

据艾瑞《2015年中国网络婚恋交友行业报告》显示，用户对百合网、世纪佳缘、珍爱网的认知率远高于其他婚恋网站，其中百合网居于首位。可见，老大、老二实际上是各有千秋。

2011年5月11日，世纪佳缘在美国上市，成为中国婚恋网站第一股。2015年第二季度，世纪佳缘净收入为人民币1.8亿元（约2900万美元），同比增长23.9%，环比增长6.3%；净利润为人民币1150万元（约190万美元），第三季度利润为2320万元（约360万美元），同比增长386.8%，环比增长13.1%，连续18个季度净收入保持同比两位数增长，可谓欣欣向荣。

与世纪佳缘形成鲜明对比的是，直到2015年11月，百合网才在新三板上市。百合网递交给新三板的《公开转让说明书》可谓惨不忍睹，说明书显示：百合网2015年1～4月的营收为7388万元，亏损为1353万元；2014年营收2.98亿元，同比增长33.71%，净亏损3668万元；2013年，百合网也是以3306万元亏损的结果收尾。

同是帮人做媒的，百合与世纪佳缘的“婚姻”也是耐人寻味。2015年12月7日双方发布公告，宣称百合网将以约2.4亿美元到2.5亿美元的代价收购世纪佳缘发行的全部股份时，多少有些出人意料，说这桩合并是小公主嫁给了穷小子也不为过。

合并后，世纪佳缘将从美国退市，“嫁”回国内。这是并购潮中少见的“老二”并购“老大”的案例。广大的剩男剩女们再也不用纠结是上世纪佳缘还是上百合网，因为它们从此以后就是一家人了。

文科女VS工科男

世纪佳缘的诞生，有些无心插柳柳成荫的际会。

世纪佳缘创始人“网络第一红娘”龚海燕在创业之初可能没有想到，她一手创立的世纪佳缘会成为用户破亿的一个大家伙—— 一开始，她只是为了解决个人问题。

龚海燕属龙，故网名小龙女，自幼家境清贫，好学上进，曾经因家贫和车祸而辍学打工三年，后重返高中校园，23岁时以县文科状元成绩被北京大学中国语言文学系录取。本科毕业后被保送至复旦大学新闻学院读研，方向为媒介经营管理。

世纪佳缘之前的婚恋网站生态极为原始粗糙。创业前，她曾为寻觅另一半而注册过两家婚恋交友网站。有一家是收费制，看见那些男性的资料很有吸引力，她就投出了12封邮件，每一封却都石沉大海。原来，这家网站的用户都是“马甲”，那些极具吸引力的资料只是为了拉高用户数量。而另一家网站注册的用户则是鱼龙混杂，甚至还有已婚用户，充斥着一夜情、婚外情等交友信息。她要求退费，但是网站的服务方却是蛮不讲理，让龚海燕不得不吃下了这个闷亏。

当时，复旦大学要求每个学生完成课业实践。龚海燕自忖，自己是学传媒的，要是办个婚恋网站，肯定能比别人强。2003年10月，龚海燕申请了love21cn.com这个富有诗意的域名，取名“世纪佳缘”，意为“可持续100年的爱情”，申请域名的开销是世纪佳缘的首笔投资——人民币1000元，由龚海燕自掏腰包。

吃过亏的龚海燕，将网站注册要求设定为“单身，年满18周岁，学历在大专以上，以寻找纯洁爱情为征友目的”。而两个多月后，龚海燕在自己创建的网站上认识了现在的丈夫，相识一个多月后，便步入婚姻殿堂。

龚海燕是文科女生，不太懂网页设计。不过倔强的她突击了20多天网页制作，硬是做出来了一个页面。

最开始的世纪佳缘，甚至不能站内搜索、收发邮件。后来把网站建设外包，才算渐渐步入正轨。来自丈夫的资金也给了世纪佳缘很大支撑，此时的世纪佳缘，也就是一家线上联系、线下活动的O2O“夫妻店”。以“严肃婚恋网站”为定位的世纪佳缘击中了城市一部分相对优质剩男剩女的“痛点”，他们最为关心的是用户的真实可信程度。这成为婚恋网站用户的一大核心需求，也成为日后所有婚恋网站经营的一条底线。此后几年，世纪佳缘人气急涨，网站的访问人数呈几何级数增长，龚海燕的脚步也无法停下来。2004年2月15日，在会员的要求下，龚海燕在北京、上海两地同时举办了交友见面会，竟然赚了一万多元。当年，她注册成立了上海花千树信息科技有限公司。

2005年，龚海燕即将硕士毕业。直到当年3月，她还在找工作。世纪佳缘之于她，只是一份课余兼职，而还没成为事业。身边有人劝道，好好做世纪佳缘，比做一个记者、编辑对社会的贡献大得多。

在犹豫之际，她收到了署名“老钱”的邮件。“老钱”觉得世纪佳缘很有前途，希望她能将世纪佳缘做下去。几天后，“老钱”从北京飞到上海，与龚海燕面谈。

“老钱”正是新东方“三老”之一、当时的副校长钱永强。曾在新东方学习过的龚海燕对新东方很是亲切，对“三老”更是尊敬有加。她听从了钱永强的建议，毕业后专营世纪佳缘。钱永强返回北京后，一笔200万元的投资很快到了龚海燕账上。

这笔钱主要用做网站功能、界面和服务器、带宽的优化拓展上，世纪佳缘从此告别一台服务器、几台电脑的小作坊时代，很快成为了一个设计时尚、功能丰富的网站。

到2005年年底，“世纪佳缘”的会员已经达到32万人，连续几个月都是百度交友网站的排行冠军。2006年年初又被艾瑞市场资讯评为婚恋交友类网站的第一名。

尽管没有打广告也没有投入任何宣传费用，“严肃婚恋”的定位和严格的身份鉴定制度还是很快为世纪佳缘赢得了市场。没有任何推广费用却能打下市场，这在“酒香也怕巷子深”的互联网时代是不可想象的。

2007年4月，新东方“三老”作为投资人与龚海燕会面。徐小平对这位北大校友、师妹赞叹有加，他很认同她的情感哲学。徐小平说：“她办世纪佳缘，有着比较高尚的人生追求，立志让它成为当代知识男女摆脱孤独、丰富情感、提升人生、征婚交友、寻找生命另外一半的世纪佳缘——‘佳缘’也有‘家园’的意思，就是要让天下有情人终成眷属。”

王强说，在研究该项目的过程中，亲眼看到世纪佳缘举办的相亲活动动辄人潮涌动、有数百上千人参加，确信这是一个具有巨大需求的阳光事业。

这次到账的资金达4000万元。世纪佳缘开始加速发展。按照一开始的构想，“线上交友＋线下约会”的模式开始渐渐成熟。

和龚海燕一样，百合网的创始人田范江也是学霸。他毕业于清华大学计算机系，获得工学学士和博士学位，也被评为优秀毕业生。

在创办百合网之前，他曾在世界五大咨询公司之一的埃森哲（Accenture）公司担任咨询经理。他曾为多家全球500强企业提供了市场战略和IT战略咨询，并单独负责了多个大型工程的实施与执行。

2004年，田范江与校友慕岩离职，寻找新的挑战。他也盯上了婚恋市场这块大蛋糕。在北京中山公园散步时，他看到很多老大爷、大妈，胸前挂着自己孩子的照片，有好几百人在那里给自己的孩子找对象。

田范江与慕岩感慨，如今年轻人找个对象怎么这么难啊。于是在2005年情人节后，他创办了一家SNS（Social Networking Service，社会化网络服务）网站，里面包括休闲交友、商务交友、婚恋交友等多种人际关系服务，这就是百合网的雏形。

龚海燕是文科女，田范江则是工科男。二者出牌方式完全不同，但却都能自成一派，在江湖占据一席之地。龚海燕追求用户的高端、真实，而田范江则执迷地追求"标准"，他坚信，两个人是否匹配，是可以量化的。

他做了一件让别人觉得不可思议的事：花了100多万元从美国购买了一套"心灵契合度"测试题目，然后找来国内最权威的心理专家进行本土化的产品优化。

接下来的故事已成为婚恋网站的经典案例，百合网就是凭借让每个注册会员回答上百个心理测试题，给会员"贴"上诸如"冒险家""教师型"这样的标签进行心灵匹配交友。

百合网就这样成为中国国内首次推出的"心灵匹配、推荐交友"式网站，给用户提供专业化、人性化、个性化的婚恋服务。

新的婚恋服务模式使百合网注册用户量迅速增加，百合网也很幸运地得到了风险投资的关注，先后投资百合网的有金沙江创业投资基金、美国的老牌风险投资商Mayfield等风险投资商。不到一年的时间，百合网便获得了1100万美元的风投资金。

不过，让百合网真正异军突起的，是它的线下模式。

相较于世纪佳缘，百合网更加重视基于数据的线下引导服务，这是田范江最得意的地方。田范江发现，百合网的用户粗略可分成两类：一类是可以自助地在互联网上找到男女朋友的用户，另一类人群则因为平时工作繁忙，或比较注重个人隐私的保护，而更相信人工服务。

于是，百合网推出了线下“相亲店”等特色服务，服务员被贴切地叫做“红娘”。“红娘”借助于百合网的用户匹配系统开展工作，将互联网大数据和个性化的服务结合在一起，实现了对婚恋网站1.0模式的超越。

至此，百合网线上线下相结合的婚恋网站商业模式正式确定，这也更接近O2O的本质。截至2014年4月，百合网的实体店已经在全国逾70个城市开店120家。

赢利模式之困

2010年1月，一档叫作《非诚勿扰》的节目在江苏卫视播出，电视相亲的模式让人耳目一新。颜值颇高的女嘉宾，风趣幽默的主持，看着男嘉宾或牵手成功、或黯然被灭灯，观众们也产生了极高的参与感，节目收视率长盛不衰。

《非诚勿扰》的男女嘉宾，正是来自包括世纪佳缘、百合网、珍爱网在内的各大婚恋网站。《非诚勿扰》的热播，反过来带动了网站用户的快速增加。一名未婚男性想通过世纪佳缘申请参加《非诚勿扰》的机会，结果发现在他所在的杭州市就有数万名世纪佳缘用户在和他一样想要“上电视”，可见当时电视婚恋节目与婚恋网站紧密的共生关系。婚恋网站由此开始了快速扩张，各大婚恋网站的品牌开始为大家所熟知。

此时，互联网正在中国快速发展，一部分用户开始认可付费服务。且经过了2008年金融危机，投资方开始紧缩银根，一部分生存能力差的婚恋网站只能关门。

2010年7月，世纪佳缘用户数已经高达3000万，以54.41%的市场份额牢牢占据着行业第一的位置，与排名第二、市占率8.15%的百合网相差约46个百分点。在经营上，世纪佳缘已经实现略有盈利。在支付宝等网络支付工具尚不如今天这样便利时能实现如此成绩，可见用户对世纪佳缘的认可。

相较于其他O2O行业，婚恋服务的特殊性是明显的。在中国，单身者数以千万计，这样一个庞大的市场，按理来说无疑拥有更肥沃的赢利潜力。然而，要找到一种可持续的赢利模式并不容易。可以说，婚恋网站探索赢利模式的过程，就是一场探索用户心理的"长征"。

婚恋网站是典型的垂直型网站，虽然也有社交元素，但婚恋网站用户来网站目的明确，不能像微博、人人网等典型的社交网络那样，依靠大流量的用户与广告商博弈，在广告领域获取收益。因此，婚恋网站如何赢利，是所有婚恋网站都共同担心焦虑的一个问题。

婚恋网站的普遍观点是，婚恋是"刚需"，适当收费是为了提高进入门槛，为用户打造更加安全良性的交友环境。这种观点也并非毫无道理，婚姻大事毕竟不能与一款杀毒软件同日而语，花钱买心安也的确体现了大部分用户的心声。

阻断交往、拦路收费，成为国内婚恋网站不约而同的收费项目。要给心仪目标发信息，就需要购买站内虚拟货币，如世纪佳缘的"邮票"、百合网的"红豆"。但不管是龚海燕还是田范江都意识到，这并不是长久之计。

本质上说，阻断沟通与互联网的开放精神完全是背道而驰的。如今亦不是婚姻包办的年代，男女双方只有在沟通了解的前提下，才有可能谈婚论嫁。而婚恋行业雷同化的赢利模式，使得用户不论选择哪家网站，都注定了在其网站上不可能充分地了解另一半——除非用户有大量的时间和大把的金钱。

既然婚恋网站是通过阻断用户信息实现赢利的，用户寄希望于花费少量时间和少量金钱在其网站上找到另一半，那么，用户与婚恋网站的利益出现了分歧，这对网站长期发展很不利。

另外，婚恋网站服务的只是用户某一个时期某一个方面的需求，用户的使用周期极短。婚恋服务的“吊诡”之处就在于需求满足得越好、越快，用户离开得也就越快，并且可能永不返回，这个领域没有“用户黏性”可言。

另外，由于“网络”本身的虚拟属性，成功在网上找到对象的用户并不太喜欢承认自己是通过网络找到另一半的，这又封死了“口碑营销”的路径。而且，中国互联网用户早已在“免费”模式中浸淫多年，要接受养成两块钱发一条消息的模式，谈何容易。

到2011年4月，世纪佳缘用户数量已达4020万，龚海燕为世纪佳缘规划了免费进入、付费交流的赢利模式。

一方面，不同于网游、SNS，分散在不同城市的用户体验并不能仅靠一根网线就能标准化，而是必须同城聚集大量会员，才能保证最终线下交友的成功。这意味着婚恋网站行业在每个城市中都会形成一家独大的格局，这为向个人用户收费提供了可能。

另一方面，龚海燕所采用的并非传统的一次性缴纳会员费的模式，而是免费注册，按效果付费，即只有在查看别人发给你的第一封“情书”邮件或参加世纪佳缘线下活动时才付费。“对于生活在这个网络时代中的年轻人来说，花一块钱看看别人发来的情书里到底写了些什么，并不是一笔不能承受或需要深思熟虑的开支。如果收到的情书太多，我们还有包月套餐。”龚海燕说。

对于那些实在不愿付费的用户，龚海燕也留了一条路，即他们可以通过主动发信，等待对方回信来免费查看。因为网站只对双方交往的第一封信收费，这种做法既保证了收入，又不会影响到会员用户的活跃度。

除了控制交往渠道、站内发信息需要购买世纪佳缘的虚拟货币——“邮票”以外，世纪佳缘还探索出了“搜索优先（相当于排名竞价）”“首页显示”“礼物赠送”等收费服务，付费用户已经高达88万人，产生的在线收入已占世纪佳缘总收入的80%以上。

可以说，经过引导培育，用户的付费习惯已经养成，世纪佳缘的“超市型”商业模式也就成型。付费习惯反过来成为网站的一种筛选机制，用户会在潜意识中认为，付费的用户是相对靠谱的，其真实可信度比那些不愿付费的用户要高。但是，尽管看起来是个“超市”，不过通过会员看信收入依然占到了世纪佳缘总收入的近九成，这是个问题。

面对“如何持续赢利”这道题，田范江拿出了工科生的缜密逻辑，制定出了“上下前后”的商业战略图。

上，指的是向高端移动。这个战略针对的是高学历、高社会地位剩男剩女渐多的社会现实。只要百合网能够保证高品质的服务，他们的付费习惯就能保持，付费产品也倾向于高端产品。

下，指的就是线下服务。这是百合网独到的杀手锏。2006年，在大多数用户还习惯于免费的互联网环境之时，百合网就试探性地推出了480元一年的“红娘”一对一服务，大获成功。用户在“线上注册、线下服务”的模式中找到了安全感，线下门店的价格也渐渐水涨船高。

由于涉及复杂本地化等线下问题，百合网选择了“加盟”的方式来解决问题：利用百合网线上的数据资源，向线下导客户，由线下“红娘”为客户提供咨询、推荐等服务，向客户收取年费等费用，百合网和加盟店对收入进行分成。

尽管培训一个“红娘”需要很多投入，但百合网的线下门店仍然很快实现了赢利。2012年，百合网实体店全年收入已经超过3亿元，占全年总收入的一半多。如今，在部分一线城市，“红娘”每年一对一服务的价格上升到1万元甚至更高，但百合网用户的付费比例却没有变化。田范江不无得意地认为，他找到了用户的刚需。

前，是指要抓住年轻的、婚姻需求尚且不是很迫切的那部分会员。区别于直接冲着结婚去的大龄会员，这部分会员的需求在于交友。因此，网站要多为他们组织线下活动，更多引导他们的需求，使他们在结婚前都能继续留在百合网。

后，是指用户成功恋爱、结婚后的后续服务。包括婚礼策划、婚姻生活指导等服务。而在田范江还在考虑这项战略之时，龚海燕已率先踏出了这一步，做起了婚庆的O2O。

龚海燕明白，尽管网络婚恋交友的模式逐渐被越来越多的年轻人接受，整体的用户规模持续扩大，但却始终有一个可预见的增长上限；同时，网站本身对于这些用户来说却并没有形成长期的黏性——会员在求友期间虽然会频繁登录、产生消费，但只要交友成功就会迅速离开，婚恋网站必须要从单个会员身上挖掘更多的商业价值。

2010年10月，龚海燕自掏腰包，拿出2000万元，成立了定位为“中国高端时尚婚嫁网站”的喜鹊网。这看起来是一步非常符合市场逻辑的好棋：有人计算过游婚庆市场的规模大概是6000亿元，而世纪佳缘有数千万注册用户，其中一大部分人就是下游婚庆市场的潜在用户。龚海燕将喜鹊网的商业模式确定为婚庆产业的网络导航——将钻戒购买、婚纱摄影、婚礼策划、婚恋酒店等线下店铺的消费信息搬到网上，通过世纪佳缘将流量引过来，如果形成交易，世纪佳缘将收取交易分账。在婚恋网站的基础上衍生婚嫁板块，既有效黏合会员，同时使网站获得多元收益，是当时业内人士的主流观点。

在最初动议时，曾有VC质疑“战线拉得太长，会加大失败的风险”。但龚海燕却认为，对世纪佳缘来说，与其向“外”走，去开拓海外市场，在产业链中进行垂直整合所要面对的难度与风险显然要小得多，而且也不是在追逐B2C电子商务或团购这些当时最时兴的“概念”，单纯从信息门户开始做起，为第三方婚庆提供中介平台，使线下传统产业，如婚纱摄影、婚宴预订、婚车预订、珠宝首饰、婚庆礼仪、蜜月旅行等与结婚服务相关的产业全部上线，牵线搭桥让更多婚庆产业公司在婚介平台投放广告，同时给会员提供更好的折扣服务，世纪佳缘则以分成的形式受益。

但是，婚恋服务与婚庆服务，尽管只有一字之差，却是两个内容截然不同的细分行业。二者更像是婚庆产业链的上下游关系，世纪佳缘作为“上游”，想要分食“下游”的蛋糕，如果没有行业资源的积累和专业人才的操盘，没有踏准准确的时空节点，这场“侵略”就必定失败。

看起来顺理成章的商业逻辑，背后却有着无比凶险的暗流与荆棘。世纪佳缘需要去和婚庆产业中不同的商家谈合作、谈分账，然后还要单独推广喜鹊网。这些事情都是世纪佳缘以前从未做过的。

所以，喜鹊网一直不温不火，并没有给世纪佳缘带来多少收入。2012年年底，随着龚海燕的离开，世纪佳缘新任CEO吴琳光果断抛弃了喜鹊网，这是后话。

公信力之困

2011年，在线婚恋行业嗅到了危险的气息。这股气息既来自婚恋网站内部，也来自系统环境。

2011年4月21日，证券代码起名为“DATE”的世纪佳缘向美国纳斯达克提交招股书，将通过首次公开招股最高募集8520万美元资金，国内第一支“婚恋股”呼之欲出。然而就在此时，一封《写给工信部、纳斯达克、世纪佳缘、龚海燕、甘剑平的公开信：世纪佳缘必须道歉并重新估价》在网络掀起一阵轩然大波，婚恋网站中泛滥已久的虚假信息、诈骗等问题浮出水面，给了在线婚恋行业公信力狠狠一击。

写信的人名叫刘擎，女性。2009年，身为北京某信托公司产品经理的刘擎注册了世纪佳缘账号，之后使用次数不多。在2010年2月，刘擎收到一封来信，资料显示，对方叫“刘家国”，33岁，某央企财务总监，北京大学金融学硕士。见面之后，刘家国声称自己是“国家电网能源公司财务总监”。

2010年2月底，刘擎在“刘家国”陪同下考察一个房地产项目，期间遭遇车祸，事后“刘家国”一方拒绝赔偿。

刘擎后来发现，刘某提供的注册信息都是虚假的，刘某同时与多位女子进行交往。2010年5月，在确认其为诈骗之后，刘擎向世纪佳缘举报，但世纪佳缘久无回复，直到2010年12月，世纪佳缘才将该人拉入黑名单。

2011年1月，刘擎曾致电世纪佳缘董事甘剑平，对2010年持续投诉却并未有答复表示愤怒，甘剑平则表示会核实情况，但后来不了了之。

长期投诉未果让刘擎失去了耐心。她以实名的方式在微博和论坛上召集更多的被骗者，决心与号称“严肃婚恋网站”的世纪佳缘对簿公堂。

刘擎认为，网站没有尽到保证提供的信息真实有效的义务，应承担违约责任，要求网站返还服务费500元，赔偿精神损害抚慰金2万元，以及在与刘某交往过程中被骗财物损失1万元并公开道歉。

此时正值世纪佳缘上市审批关键时期，如果调查、判决结果对世纪佳缘不利，世纪佳缘的上市进程就将中止。

不过，在案件开庭之前，世纪佳缘就抢先登陆了纳斯达克，跑赢了时间，成为全球首个在纳斯达克上市的婚恋网站。

2011年5月11日，经过两次修改招股书，钱永强、龚海燕等世纪佳缘大股东、高管在纳斯达克敲钟，世纪佳缘以11美元开盘，正式挂牌上市。

因为技术和流程的原因，开盘推迟了一会儿；并且收盘价10.52美元，首个交易日就收跌。不过在乐观的龚海燕看来，这没什么大不了，推迟开盘是“好事多磨”，首个交易日就下跌，那是“正常波动”。

亮相就下跌，背后反映的是美国投资者并不太熟悉、不太理解世纪佳缘的赢利模式。在美国，没有和世纪佳缘相似的公司。欧美的婚恋网站，都是通过收取会员费的形式获利，他们不太明白世纪佳缘的虚拟货币——“邮票”有什么意义。

在路演中面对有关赢利模式的疑问，龚海燕只是强调中国有着广大的单身群体、婚恋服务是刚性需求，以此争取美国投资者的信心。龚海燕充满信心地认为，世纪佳缘有了品牌，有了规模用户，有了团队，有了口碑，有了资金，很难复制。

美国上市的事儿终于尘埃落定，但是国内的诚信危机还没有解除。

刘擎的遭遇博得了很多曾上当受骗用户的共鸣。他们不仅有世纪佳缘的用户，也不乏百合网、珍爱网等其他婚恋网站的用户。酒托、饭托、花托、感情欺诈、经济欺诈……案例不胜枚举。

由于婚恋网站本身致力于阻断用户信息，那么用户能够透露出来的信息也就极为有限。用户一旦有机会，就会自我吹捧，导致个人信息真实性缺失。而婚恋网站也没有有效的审查识别机制，结果就是婚恋网站知名度越大，注册用户越多，审查越不给力。真正有婚恋需求的用户信息往往淹没在了一夜情、骗子信息的汪洋大海之中。

想找到真实有效的信息很困难，加剧了用户对婚恋网站的不信任，最终巨额广告费砸出来的知名度被用户的差评口碑抵消了。

火不起来，是因为赢利模式有缺陷，产品无法满足用户需求；而倒不了，是因为中国人口众多，很多大龄剩男剩女在亲朋好友的压力下为婚恋网站添砖加瓦。

不管是世纪佳缘还是百合网，对用户身份、动机等信息进行一一核实，对于婚恋网站是几乎不可能完成的任务，因此诚信问题就一直是挂在婚恋网站脖子上的一根绞索。

在推行后台实名制之前，百合网实行的是婚恋网站普遍的“诚信会员制”，注册会员将身份证、驾照、房产证、离婚证等身份类证件以及毕业证、学位证等上传，经过审核验证，被赋予诚信会员级别。上传的证件越多，诚信级别就越高。

但就是这样“看上去很美”的制度，也衍生出了“女硕士被骗十几万元并怀孕”这样的恶劣事件。同样是在几起诉讼的压力之下，2012年12月，百合网正式推行后台实名制，与国内首屈一指的电子诚信专家 “国政通”结成长期战略合作伙伴；利用其国家级身份认证平台“身份通实名认证平台”进行用户实名身份认证。

2011年8月，法庭驳回了刘擎对世纪佳缘的诉讼请求。但是，由于网站管理的无力所带来的诚信风险已经成为婚恋网站挥之不去的原罪。从这个意义上说，刘擎的败诉反倒增强了用户对婚恋网站诚信度的质疑，对婚恋网站主动保护用户权益的努力更是失望。

拥抱移动互联

而在网站公信力之外，移动互联网的迅猛发展让停留在Web2.0时代的婚恋网站猝不及防。

2011年1月，腾讯推出了微信；2011年8月，基于地理位置的移动社交产品陌陌问世。前者快速成为智能手机里必备的即时通信应用，后来通过“附近的人”“摇一摇”“漂流瓶”等功能，微信也成为一款陌生人社交软件；而陌陌本就是着眼于陌生人社交，通过搜索附近用户、标签等方式，海量的异性用户就会呈现在面前，任意搭讪。这显然比婚恋网站的沟通模式更为便利。要结识异性，何必非要上婚恋网站呢？用手机就可以搞定了。移动IM（Instant Messaging，即时通信，实时传信）在用户数量及免费模式等方面的入侵，成为仍然依赖VIP会员及不定道具收费的婚恋网站不得不面对的一大挑战。

婚恋网站的运营者已经意识到，婚恋行业的边界并不像想象中那样清晰。

婚恋是“大社交”的一个子集，移动互联网的社交应用让沟通变得前所未有的容易，从用户自生产的内容中就能充分了解用户的兴趣爱好，比起婚恋网站单一的用户信息页面来说，用户的形象更加真实立体，可以根据风格选择“搭讪”对象。

有人“吐槽”说，婚恋网站撮合的情侣，还不如豆瓣、人人网多，到2014年9月，陌陌的注册用户已经达到1.8亿，它们对在线婚恋行业形成了跨界打劫。

最重要的是，这一切完全免费。用户内心也明白，免费意味着更多未知的风险，在微信、陌陌上遭遇骗局的可能性，至少不会比婚恋网站更低，微信、陌陌、网易同城约会等LBS（基于位置服务）应用的用户中，也和婚恋网站一样充斥着不少酒托、饭托甚至招揽生意的“特殊职业者”，逼得丁磊关掉了网易同城约会。

但是既然免费，也就意味着用户将自行承受“看错眼”的后果，至多事后举报，应用管理员将涉嫌欺诈等行为的用户一删了之，这和婚恋网站处理欺诈行为的手段也毫无二致。反正风险无论怎样都无法完全规避，用户自然更趋向于免费的渠道。婚恋网站用户开始向移动IM（即时通信）分流，婚恋网站用户的活跃程度开始下降，转战手机。对用户信息审核的无力，活跃用户向移动端的流失，赢利模式的狭隘，服务方式的苍白，让国内婚恋网站无论是在自身发展上还是在向用户提供服务的能力上，都面临着“瓶颈”。不少人基于此判断婚恋网站“走不远”。

然而，庞大的单身基数依然是婚恋网站生存与发展最坚实的后盾，这也让资本方从未放弃过对婚恋网站的投入。

为了打赢与手机社交应用的用户争夺战，婚恋网站开始向移动端延伸，同时探索更加细分的服务手段，将婚恋服务与“大社交”清晰地切割开来，同时与其他相关业务结合。一句话，既要拥抱移动互联网的维度，搞“互联网＋”，还要明确核心业务，搞“婚恋＋”。

2012年3月，龚海燕和投资方将“互联网老兵”吴琳光招至世纪佳缘麾下，与龚海燕一起担任联席CEO。从1996年开始接触互联网，在搜狐、空中网都有亮眼经历的吴琳光，将为世纪佳缘带来大刀阔斧的变革。

2012年12月，龚海燕辞任世纪佳缘CEO。

一点一滴将世纪佳缘做起来的创始人龚海燕辞任CEO，在业内引发了不少猜测。有人说是投资方认为龚海燕不懂产品，逼迫退位，也有人说是由于龚海燕与吴琳光在网站的运营管理思路上难以达成一致，矛盾激化。

对于外界的众说纷纭龚海燕觉得啼笑皆非。她说：“9个多月一起合作的过程中，一直相处很愉快。于公是战友，于私是很好的朋友，我认识他已经七年多，我们除了交流世纪佳缘的业务之外，也会交流如何教育小孩，如何投资理财。他很聪明，也很敬业，并且精力特别充沛，我也是观察了这么久，觉得放心，才放手。”

按照龚海燕的说法，她是被土豆网创始人王微的一条微博触动了，而产生了从零开始、二次创业的想法。那条微博是“在下一个有趣的梦里再见”。龚海燕觉得，她在世纪佳缘工作了10年，每一天都是为股价、创收、效率、客户黏性一个个数据而奔忙着，似乎迷失了初心，她想要回归原点。

和初次创业的动机一样，她的二次创业依旧是个“拍脑袋”的决定。世纪佳缘上市前在美国路演，龚海燕饱受孱弱的英语听说能力的困扰，因此她的二次创业定位于网络在线教育。

不过，她再也没有复制世纪佳缘的神奇，网站烧了几笔投资后最终黯然落幕。到2015年3月，龚海燕清空了所有世纪佳缘的股票，她和世纪佳缘仅有的联系，是她将继续担任公司顾问一职。

独掌世纪佳缘后，技术出身的吴琳光对世纪佳缘进行了重新定位，迅速开发了用户行为分析系统，从数据上得出结论后，决定开发细分市场，并推出独立品牌“爱真心”，而为了提高客户黏性，还开发了网页游戏和读书频道。

吴琳光强调了互联网婚恋交友年轻化的趋势和移动互联网的兴起对传统婚介网站的冲击，而为了应对这种冲击，他提出必须向移动端转型。

于是，在2013年，他大力推进公司主营业务从PC端向移动端转移，并且在移动端进行多品牌化市场细分战略布局，相继推出求爱网、求约会等移动端产品，2014年更是加码布局移动端，2014年5月推出爱真心App后，世纪佳缘新版App也在2014年12月正式上线。

吴琳光对于世纪佳缘App的改版是颠覆性的。他将传统的“信件”模式改为“聊天”模式，以人为核心，实现兴趣小组、缘分圈等功能，改善了用户的体验，圈住了“90后”这批年轻用户。

数字也印证了这种逆向做加法的成功。2014年第二季度，用户通过移动端登录世纪佳缘网的次数首次超过PC端，占比达到64%。

以2014年6月份的数据来看，世纪佳缘移动端的月度使用时长为42.2万小时，而其他网站均在32万小时以下，世纪佳缘移动端的月度使用时长甚至超过了百合网和珍爱网的数据之和。

2015年第二季度，世纪佳缘网App的累计激活量超过4460万，月活跃用户接近550万，其中通过移动端的登录占比已达到68%。

同时，世纪佳缘还得补线下服务的课。必须打通线上线下的资源，利用线上1.5亿的注册用户资源，为更多沉淀下来的用户提供线下增值延伸服务，打造更加精准和个性化的定制服务，做成真正的O2O。

这方面，世纪佳缘开始向老对手百合网学习，布局线下红娘服务中心。到2015年年中，世纪佳缘线下红娘服务中心已经拓展到了88家，遍布全国66座大中城市。

由于婚恋服务的特殊性，线下匹配要比线上匹配相对容易，这让“PC＋移动＋线下”成为婚恋网站经营的大方向。而今，世纪佳缘线下“婚恋＋”的配对成功率达到60%以上，而线上只有10%左右。

漂洋过海嫁给你

到2015年，一场风暴席卷了整个在线婚恋行业。

此前，为了获取更多社会公信力，婚恋网站动足了脑筋。或是如百合网发布年度《中国婚恋状况报告》，或是如世纪佳缘发布年度《婚恋观调查报告》，都是为了努力向严肃、负责的社会形象靠拢。

但是到2014年春节，百合网一则外婆逼婚的广告在互联网掀起了轩然大波，“抵制百合网”的呼声大起，百合网只好匆匆撤掉广告，道歉了结。在更重视个人选择的年轻人眼中，在线婚恋一下子成了“逼婚”的帮凶，与用户之间的情感联结出现了难以弥合的罅隙。

2015年春节前几天，国家网信办宣布联合有关部门在全国范围内启动开展“婚恋网站严重违规失信”专项整治工作——违法违规和严重失信的婚恋网站将在此次行动中被清理、查处甚至关闭。包括情爱天空、情人网、同城情人、约炮一夜情、约爱交友、陪游玩网、万花楼、逍遥宫、快活林夜色论坛、22玫瑰网等共65家不规范的在线婚恋交友网站被果断关闭。

国家网信办要求，婚恋网站必须实行用户真实身份信息注册，对已注册、无真实身份信息的，必须限期补充真实身份信息，对限期仍无真实身份信息注册的用户，必须在网站平台上给予明显标注，并逐步清理销户。

到2015年5月，被关闭的网站已达128家。世纪佳缘、百合网、珍爱网也被约谈，要求加强用户信息审核。此时，世纪佳缘用户数为1.26亿人，百合网用户数为8500万人，珍爱网拥有8000万用户，彼此差距并不大。

这场大洗牌，无疑有助于净化在线婚恋市场，使用户向“三巨头”进一步集中。面对洗牌带来的增量用户红利，百合网率先出手。

5月20日，在百合网成立十周年实际，百合网获得了人民币15亿元的融资，筹备上市A股，同时宣布进入免费沟通时代，用户可享有线上免费沟通权利。

对于以收费沟通为主要赢利模式的国内几大主流婚恋网站来说，这无疑是一枚“重磅炸弹”。业内专家甚至认为，百合网此举将颠覆婚恋网站的既有商业模式，引发婚恋网站新一轮的大洗牌。

田范江说，过去在线婚恋只有婚姻介绍服务，而它还应当包括婚恋咨询服务、婚礼相关服务、家庭理财服务等，这些是要拓展服务的一部分。以婚恋咨询服务为例，婚恋网站可以打包为顾客提供一对一的服务——从资料海选，到如何与对方沟通，甚至言谈和着装，都有详细的指导。虽然会收取不菲费用，但针对性强，成功率高，所以很受欢迎。

再如爱情银行服务，婚恋网站注册会员可以通过在里面存款，实现财富积累，同时，还可以购买理财、投资产品，获得超过银行的投资回报。登录世纪佳缘、百合网，都能看到金融服务的页面。

或许是因为上市需要，百合网闹出的动静也就格外大。无论是推出免费沟通，还是喊出要建设婚恋全产业链生态圈，都有为上市提供故事素材的动机。只有如此，方能掩饰一些一直处于亏损状态的困窘财报。有传言称，正是由于疲弱的数据，百合网无法在美国上市，才退而求其次准备登陆新三板。

百合网解释说，亏损主要系公司广告营销费用巨大、公司持续进行业务布局形成的，加上未来公司将进一步开拓新的业务模式和扩展新的业务领域，以及最新开展的线上沟通业务免费策略，在可预见的未来一段时间内公司将面临持续亏损的业绩表现。

摈弃“讲故事”的阴谋论，从网站运营角度来看，这或许也是百合网试图放弃线上营收，向线下O2O模式突围的一个信号。毕竟，此时百合网的线下收入已达6成以上，线上沟通免费的影响并不算伤筋动骨。

尽管竞争对手目前并没有跟进百合网的沟通免费策略，但从整个行业的发展状况来看，免费迟早会到来。对于世纪佳缘和珍爱网来说，在陌陌、微信等移动社交App发力婚恋交友的情况下，一味固守会员收费这种商业模式，最终有可能成为陌陌、微信等社交软件的炮灰。

2015年11月20日，百合网（股票代码：834214）正式在新三板挂牌，成为国内资本市场名副其实的“婚恋网站第一股”。

这个由股转系统批准的“好日子”撞上了公司重大资产重组。于是，“中国第二红娘”任性地在挂牌当天就发布停牌，并约定复牌日期不晚于12月31日。百合网成为新三板第一家玩“挂牌即停牌”的公司。

“重大资产重组”是指百合网的三笔投资，分别是对北京拍拍淘信息技术有限公司3200万元的投资，以850万股份及4750万元的现金对北京小两口网络的收购，和以6.5亿元现金设立婚恋产业并购基金。

在美国，包括世纪佳缘在内的一众中国概念股在纳斯达克的上市生活也不是太好过。截至2015年11月底，总共有34家在美上市的中概股企业宣布了私有化进程，筹划回归。因此，世纪佳缘想要通过加速私有化从美国退市，重返估值较高的国内资本市场。哪怕是在股灾之时，吴琳光也曾表示，世纪佳缘“不会因股市动荡而放弃回归”。

不过很快这一切都不重要了。12月7日，百合网“迎娶”从美国回归的世纪佳缘。从7月起两大红娘就开始传出的“绯闻”终于被证实。

看起来是“闪婚”，但是从百合网的一系列举措来看，双方至少在2014年就开始“眉来眼去”了。当然，和所有互联网企业的合并案一样，双方也都经历了剑拔弩张、传出“绯闻”、坚决否认、半推半就、默认直到最终“生米煮成熟饭”的老套路。

根据合并协议，收购世纪佳缘的是百合网的间接子公司LoveWorld，收购完成后，世纪佳缘将从美股退市，世纪佳缘董事及CEO吴琳光与百合网CEO田范江将担任存续公司的联席董事长和联席CEO，双方品牌将继续保留，独自运营。在形式上，世纪佳缘已经成为百合网的全资子公司。

在资本层面上，这是抱团取暖、应对一、二级资本市场寒冬的举措。二级市场萧条，缺乏套现机会，且世纪佳缘和百合网本身的业务层面也缺乏新的亮点可以把故事讲大，资本方难以获取超额收益。而作为上市公司的世纪佳缘和百合网短期内很难再通过资本方面的运作来给自己拿到足够多的钱去继续跑马圈地，珍爱网、有缘网等第二梯队紧追不舍，也在加快IPO的步伐，试图挑战在线婚恋的既有格局。这些都在搅动着世纪佳缘与百合网相互吸引的那个漩涡，促动它们在一起。

如果不用“搭便车”的方法回归国内资本市场，世纪佳缘可能还需要走三年以上的流程才能回归。合并案的另一亮点在于，世纪佳缘私有化与百合网挂牌新三板几乎是同时推进，这种操作模式节省了双方的时间，既在筹备过程中实现“齐步走”，又在从美退市回国内上市实现了“三步并两步”。

百合网与世纪佳缘合并案相当于国内新三板直接对接了纳斯达克，一旦双方的合并案顺利完成，或将开启全新的中国概念股在美上市公司回归国内资本市场新路径，新三板有望成为对接在美市公司回归的“落脚点”。

仔细观察，世纪佳缘“下嫁”百合网，其实并不算吃亏。从市场份额来看，世纪佳缘占据优势，市场份额27.6%，远超过百合网的12.2%。而从资本层面，半年内完成人民币15亿元的融资并成功上市的百合网现阶段显然更“有钱”。公开资料显示，百合网账面拥有的现金超过7亿元，无疑可以给合并之后的运营提供良好的资金支持。并且，世纪佳缘不用再纠结上市的问题了。二者结合后，将协力在A股主板上市，这正是世纪佳缘的最终目的。

从吴琳光和田范江致员工的公开信中，我们也能读出一些促成合并的动机。

吴琳光在信中说：

> “中国婚恋婚姻服务市场格局将因此改变，一个未来的婚恋婚姻与生活服务的霸主已经诞生，并迈出了关键性的一步。合并后的新公司已经站在了行业更高的起跑线上，我们将拥有更多的资源和资金，投入到产品创新、体验改进、运营控制、客户服务、新业务拓展等领域，我们也会借助资本的力量，通过一系列资本操作，如投资并购或引入战略投资人，去增加我们的安全边际，扩充我们的业务种类。”

可见，他在意的是公司对市场、资源的垄断地位。毕竟在合并前，世纪机缘虽然在婚恋网站市场的份额第一，但也仅仅占27.6%，这样的份额很难形成规模性的优势。合并后，新公司所占份额将达38.9%，可稳坐互联网婚恋市场第一把交椅。

田范江则说，2015年是百合网“二次创业”的一年。百合网将业务范围从单一的婚恋交友扩展到婚恋全产业链，需要集中所有能量于新领域的扩张。为了更好地抓住机遇，双方决定变竞争为合作，整合资源，在巩固婚恋交友阵地的同时，释放出各项资源加速进入十倍乃至百倍规模的新业务领域。

可以看出，通过合并，田范江想要达到集中力量构建婚恋全产业链的目的。此外通过合并也可以进一步降低运营成本，提升现金流，进一步提升公司的规模和盈利性。

和一般的互联网合并案不同的是，这次合并，不是纯粹意义上的老大与老二的合并。在一份2015年9月的婚恋交友App排名中，排名前10 的App分别为世纪佳缘、有缘网、百合婚恋、珍爱网、花田、想恋爱、对面、小恩爱、QQ情侣、找对象。

在这个名单中，我们看到的并非传统的世纪佳缘、百合网、真爱网三大在线婚恋交友的传统格局，有缘网稳稳占据第二名。移动互联网肢解了很多PC互联网时代的行业，终止了之前的寡头效应，世纪佳缘及百合等一众老牌面临挑战。从这个角度，老大与老三合并制衡老二并整合其他婚恋项目，似乎更有道理。

这个名单中排名第五的花田，是网易旗下恋爱交友约会平台，排名第9的QQ情侣是腾讯的婚恋平台，还有更多的相关应用背后，都能见到BAT以及老牌互联网企业的身影。这意味着，这些互联网大佬可以通过各自的资源与资本力推这些婚恋交友产品，其发展速度上要远远超过世纪佳缘、百合网等这些老牌婚恋交友网站，未来谁能有更大的规模真的说不准。所以，不管是从未来竞争上还是战略布局上，甚至是资源的合理配置上，怎么看，两家合并都是利大于弊的，同时也是有迫切需求的。

在童话故事的结尾，王子和公主幸福地在一起了。不过，故事还没有结束，挑战者依然虎视眈眈。在线婚恋的未来，未完待续。

第七章

蘑菇街美丽说：走着同样的轨迹到一起

美丽说和蘑菇街太像了，就像原本就是一家人。正因如此，当它们在2016年1月11日宣布合并的时候，外界发出了同样的感叹：终于在一起了。

与滴滴快的、携程去哪儿等公司的合并不同的是，蘑菇街和美丽说之间没有打过激烈的价格战，烧钱的速度也跟不上前几家。

而且，美丽说和蘑菇街的成长经历出奇地一致，它们陷入过同样的困境，也进行了同样的转型。当它们终于分开轨道，准备差异化发展时，没想到却合并到一起了。

孪生姐妹相继出生

2009年11月，徐易容在北京创立美丽说网站，目的是为女性网购人群打造一个社区。在这个网络社区里，消费者可以相互讨论、分享、关注、收藏、转发、推荐或是点赞自己喜欢的产品。如果想要购买，点击产品就能链接到淘宝页面上，完成购买。

交易成功后，作为回报，淘宝商家会给提供“导购”服务的美丽说一定佣金。

其实，美丽说这样的做法，为淘宝导流不少，而且增加了淘宝卖家的销售量。因此，在2010年年底，淘宝就和美丽说合作，进行导购分成。当时，美丽说的站内流量，差不多有60%～70%都导给了淘宝。同时，也有更多的淘宝女客户到美丽说上逛街。

如果美丽说只管导流，淘宝不予以干涉，这本来可以是一件持续双赢的事情。可是，互联网变化太快，竞争更是无处不在。

2010年，美丽说获得了蓝驰创投200万美元的A轮融资。同一年，在淘宝工作了6年的高级资深经理陈琪辞职开始创业。

徐易容是北京大学计算机系的学生，后又在美国斯坦福大学获得计算机硕士学位。毕业后，加入世界著名的IBM阿莫顿研究中心，在硅谷从事数据挖掘研究。在互联网、数据挖掘、数据管理等领域，徐易容创造了多项新技术并拥有5项专利。

2003年，徐易容回国加入IBM中国软件开发中心。两年后，徐易容与朋友一起创立RSS（聚合内容）在线阅读订阅站点抓虾网，之后将其卖给了有订阅功能需求的豆瓣网。

从技术成果和工作阅历来说，年长几岁的徐易容比陈琪更成熟。不过，这些不会阻碍陈琪创业的想法。2010年10月，带着阿米巴资本数百万元人民币的天使期融资，陈琪创立蘑菇街，任CEO。此时，美丽说刚上线5个月。

与徐易容相比，陈琪的简历单调许多。陈琪在浙江大学念完计算机专业后，就近进入了淘宝，在杭州工作。创业之前，陈琪先后担任淘宝网用户界面设计师、用户体验部经理、产品经理等职务。

陈琪团队的研发速度很快，2011年2月14日，蘑菇街就正式上线。从运营模式到网站页面设置，甚至桃红色的LOGO，蘑菇街和美丽说几乎都没什么差别，感觉就像是一个模子刻出来的。

在互联网领域，一个新事物出现后，一定会引发跟风模仿的潮流。2011年之后，依附于以淘宝为主的电商大佬，以女性购物社交为主的导购网站时有出现。据不完全统计，2011年，国内大约出现了30多家类似的网站，大多数都有资本在背后站台。

但因为内容不佳、社群聚合力不强、交易量太低等原因，大量网站最后都沦落为一个冷清的网址。只有美丽说和蘑菇街获得了较为理想的口碑，激发了较大的用户购买力。

2011年，淘宝网的平均购买转化率不到1%，而当时以美丽说领衔的社会化导购平台转化率在7%～8%。

好成绩当然就吸引了资本的关注。2011年年底，蘑菇街获得了贝塔斯曼、肇信资本、启明创投的A轮逾千万美元投资。

同一年，美丽说也完成了B轮和C轮融资。2011年5月，红杉资本投资美丽说800万美元；2011年11月，纪源资本领投，红杉资本、蓝驰创投、清科创投跟投，投资总额2000万美元。

与美团、滴滴等项目相比，美丽说和蘑菇街的融资规模小了很多。而双方之间的竞争，并不依赖于产品价格，而是用内容说话。谁推荐的产品更好，谁就能拥有用户。谁的用户量大，交易转化率高，谁就能获得更多的佣金和商家广告。

而且，女性喜欢的服饰、化妆品等商品样式众多，颜色各异，推荐起来几乎不会重样。很多用户浏览了美丽说的推荐，还会去蘑菇街逛逛。

虽然分食着同一块蛋糕，但两家公司似乎都没有干掉对方的想法，不争不抢，各自相安无事地经营着网站，很快就成为两大最热门的电商导购网站。

到2012年年底，美丽说的注册用户已超过 1500 万人，日页面访问量超过 1.64 亿。可以说，美丽说达到了一个发展黄金期。

与淘宝的恩怨情仇

根据淘宝联盟发布的数据，在2012年30亿元的分成金额中，蘑菇街、美丽说等导购类网站占比21%，从淘宝分成超过6亿元。也就是说，如果没有这些导购网站，这6亿元很有可能归属淘宝。

另外，淘宝发现，淘宝站内的女性购物类流量，开始有越来越多的占比来源于美丽说和蘑菇街。这就意味着，如果继续这样下去，淘宝在女性购物细分领域可能会对蘑菇街和美丽说产生严重依赖，有一天会受制于人。

让淘宝感到更不舒服的是，如果导购网站的转化率高过了淘宝推广的效果，那么商家就很有可能直接放弃淘宝推广。这对于淘宝来说，可是一笔大损失。

如此分析，淘宝的利益的确受到了伤害，未来也岌岌可危。淘宝好不容易搭了个架子，却没想到被导购网站轻易抢夺了胜利果实。如果严重的话，导购网站或许会反过来控制淘宝的上游流量，形成更大的威胁。

而身为中国最大的电商，淘宝完全有实力自己开发导购功能，把这6亿元收入自己的腰包。于是，淘宝推出了导购类分享平台优站，并设立数亿美元基金投资扶持第三方导购网站等外部合作伙伴。

淘宝很紧张。但对于依附于淘宝的美丽说和蘑菇街来说，它们或许真没有想过要挑战淘宝，或者要瓜分淘宝多少好处。它们同样没想到的是，分走了6亿元就让淘宝感觉到痛了。

外界传得最多的一个说法是，2012年年中，马云在内部下达指示：一、阿里不能继续扶持蘑菇街、美丽说壮大；二、应该多做异业合作，少做同业合作。

马云这番话意味着阿里巴巴对电商导购类网站的态度产生变化。外界认为，由于电商导购类网站当时仍为淘宝带来巨大流量，因此阿里一开始并没有正面打压导购网站，只是偶尔暗中制造一些小麻烦。

其实，按照淘宝一贯的思维，既然这两家网站天生就依附于淘宝而生，那干脆友好地把它们买下来，据为己有，这样不仅消灭了隐患，也减轻了淘宝自行研发技术的成本。

于是有传闻称，2012年下半年，淘宝向美丽说和蘑菇街提出了入股的建议。可是，美丽说和蘑菇街都知道，一旦接受阿里入股，那就很有可能一步步被巨头吞掉，最终从一家独立的网站变为淘宝的一个导购部门。显然，这不是徐易容和陈琪想要的结果。

这时候，腾讯也在频繁接触美丽说。2012年11月，美丽说投资方之一纪源资本的副总裁胡磊证实，美丽说获得D轮融资，领投方为腾讯，纪源资本继续在D轮融资中跟投。

之后，美丽说接受腾讯投资就成了一个事实。很多人认为，美丽说接受腾讯的投资就是在向阿里巴巴宣战，甚至连阿里也是这样想的。

但实际上，徐易容想的是，通过QQ和Qzone为美丽说导入大量的用户，然后通过运营，将他们转换成淘宝买家。也就是说，美丽说可以同时借力两个巨头，做大做强。

事实证明，徐易容把阿里想得太温柔了。阿里巴巴根本就不想要美丽说导入的流量，不喜欢被人牵着走的感觉。可想而知，得知腾讯投资美丽说后阿里巴巴的态度。

因此，阿里加快了布局导购的脚步。2013年4月，阿里巴巴宣布以 5.86 亿美元收购新浪微博 18%股份。据称，此次入股经历了多达46次谈判，好不容易才谈妥。

阿里费心入股新浪微博的原因之一，就是想要脱离对美丽说、蘑菇街的流量依赖。入股新浪微博后，淘宝和新浪微博的 ID 将进行融合。也就是说，微博用户可以点击微博卖家的产品链接，进入淘宝页面进行购买。

与美丽说和蘑菇街相比，微博的社交功能强大太多。凭借新浪微博的巨大流量，阿里巴巴可以不再依靠电商导购类网站。而且毫不夸张地说，导购类网站成了阿里的敌人。

遭遇致命封杀

不再顾虑导购网站的流量导入之后，阿里彻底变了。淘宝只用一招就让美丽说和蘑菇街方寸大乱，险些丧命。

2012年年底开始，美丽说的商家通向淘宝的链接就经常打不开。更有意思的是，有一段时间用户在百度上搜索“美丽说”等关键词的时候，第一条搜索结果竟然是淘宝。

这时候，美丽说就有所警觉了。徐易容开始想办法抽离对淘宝的依赖。悄悄地，美丽说开发了一套商业广告系统，能够招揽与美丽说合作的商家在平台上直接投放广告。

直到2013年，阿里的封杀行动全面开启。只要是来自美丽说、蘑菇街的链接，用户点进去就会跳转到淘宝首页，或者直接失效，根本找不到用户想要的产品。

就这一招，足以让这两家网站一夜变成穷光蛋。

第一次链接失败，用户可能会尝试点第二次，但是多点两次就会意识到，蘑菇街、美丽说网站坏掉了。于是，很多用户就不来了。

那时候，蘑菇街专门设立了一个技术团队，天天和淘宝对战，淘宝搞乱产品链接，他们就想办法跳过。淘宝常常夜里偷袭，篡改链接，蘑菇街的网络监控一旦发出警报，守在电脑旁的技术员们就会从睡梦中醒来立即解决问题。

那段日子，不管是技术团队还是管理者，天天提心吊胆。要知道，蘑菇街80%以上的商品来自淘宝，美丽说也有60%以上的商品来自淘宝。当然，这就意味着，这两家的流量收入主要依靠淘宝。

淘宝依赖它们的流量，它们依靠淘宝给的现金。本来是互相依存的关系，却变成了敌对方。

相较于蘑菇街的匆忙应战，此前就被偷袭过的美丽说显得淡定一些。在其商业广告业务的支持下，美丽说在2013年还是实现了2.5亿元的营收，而且利润率达40%。

其中，来自淘宝的分成收入只占了整体收入很少的比重，绝大部分收入来自于商家在美丽说平台上投放的广告和推广支出。 2012年年底，美丽说从合作的商家中筛选出了几千个淘宝卖家，让它们在自己的平台上开了店铺。

也就是说，美丽说没有像蘑菇街一样和淘宝玩猫捉老鼠的游戏。由于提前有所准备，美丽说受到的影响要小一些。

但美丽说很清楚，淘宝使出了封杀绝招，如果自己不进行更大的改变，一定会成为炮灰。

双双被逼转型

几乎在遭到封杀的同一时间，徐易容就给团队下达了死命令，要求他们在半个月内必须开发出一套有模有样的女性快时尚垂直电商交易系统。

美丽说本来就有一大批合作商家了，只要平台搭建起来，招商工作会轻松很多。于是，在蘑菇街的技术团队和淘宝团队斗智斗勇对抗网页失效的问题时，美丽说的技术团队埋头苦干，研发着新的电商交易系统。

幸运的是，经过15天的攻坚战，美丽说的电商系统设计完成。同时，招商情况也比较顺利。为了吸引商家入驻，美丽说提供了远远优于淘宝的条件，比如第一年的佣金全免，入驻商家产生内链点击只交3分钱等。各种开店优惠加起来，商家在美丽说开店相当于免费。

美丽说的电商平台就这么横空出世了。而这边的蘑菇街也没有闲着，2012年10月，蘑菇街获得了由IDG领投，启明创投与贝塔斯曼投资等投资机构跟投的B轮融资。既然在不缺钱的时候融了资，那么在该用钱的时候，就不能犹豫。

陈琪决定赌一把，既然淘宝求不来，那就选择拼死一搏。但是，留给蘑菇街的时间并不多。在2013年“双11”之前，蘑菇街尚未开发到位的电商平台还是紧锣密鼓地推出了。

可想而知，设计粗糙的网站让用户体验特别差，商家体验也很不方便。2013年11月7日，阿里又使出大招，停掉了支付宝对蘑菇街的服务。另外，淘宝上线了自己的导购平台“爱淘宝”，有时候点击其他导购网站的产品，甚至会先跳转到爱淘宝上，再转到淘宝网页。

蘑菇街艰苦搞出来的电商系统，又栽在了阿里手上，这是一件让人非常沮丧的事情。难道蘑菇街就逃不过阿里的手掌心了？

这时候，陈琪能想到的只有腾讯了。用不了支付宝，那就用微信支付，虽然当时的微信支付还比不上支付宝，但基本需求还是能够满足的。

虽然有点赶鸭子上架的感觉，但美丽说和蘑菇街的电商平台还是搭起来了。就这样，它们不知不觉地经历了第一次转型。为了生存壮大，它们从一个导购网站变成了一个电商平台。

劫后重生

然而，这只是改变的开始。

2014年和2015年，美丽说和蘑菇街经历了多次改变。

在双方平台上，上线的产品类型越来越丰富，从服装、鞋、化妆品到家居、配饰，颇有麻雀虽小五脏俱全的风格。

与阿里分手，牵手腾讯的美丽说拥有了更优势的发展条件。2014年3月，美丽说完成与微信的技术对接。通过微信"我的银行卡"专门设置的美丽说入口，顾客可以链接进入美丽说，用微信支付完成购买过程。

2014年5月29日，微信的"微信小店"正式推出，美丽说是其首批参与内测的微信服务号。

借助"微信小店"提供的开店、商品上架、货架管理、客户关系维护、维权等功能，美丽说将其微信服务号打造成了 "掌上商城"，占领了移动端先机。

2014年6月底，看好移动端市场的美丽说并购类似唯品会的天品网和类似大众点评的食神摇摇，把两者的核心团队全部收入旗下，集中力量主攻移动端开发。

在投资机构看来，美丽说的转变显然是靠谱的。因此，2014年8月，美丽说又成功拿下E轮融资，由高瓴资本（Hillhouse Capital Group）领投，腾讯、红杉资本等跟投。

和美丽说一起转型的蘑菇街也受到了资本的再次关注。2014年6月，蘑菇街完成超过两亿美元的C轮融资，由厚朴投资、挚信资本等数家基金共同领投，启明创投、IDG资本、高榕资本等基金也参与其中。

可以说，2014年一整年，蘑菇街和美丽说都处于从导购网过渡为电商平台的调试阶段，只是美丽说的变化相较更大一些。

在免佣金等优惠政策的刺激下，美丽说和蘑菇街聚集了一定规模的商家。公开资料显示，截至2014年11月份，美丽说平台的商户数量已经达到1.6万家，平台全年交易额达到56亿元。

截至2014年年底，蘑菇街的入驻商家数量超过6000家，全年交易额近36亿元。

从成绩单来看，美丽说和蘑菇街都称不上干得漂亮。从网站定位到具体运作，几乎每一个至关重要的决定，它们都来不及思考，只能够不断改变，不断尝试，感觉不对又重新来。

为了吸引年轻的女性消费者，美丽说在2014年签下了人气组合EXO-M的首个国内代言，以打响美丽说阳光美丽的品牌形象。

徐易容甚至还高调宣布，美丽说推出全新自有品牌——MUA，目标是打造中国版的ZARA，希望依托美丽说平台的流量优势，平地拔起一个真正具备快时尚属性和消费影响力的自有品牌。

同时，蘑菇街也在不断改变，力求找到一条合理的电商发展道路。2014年下半年，蘑菇街关掉了平台原有的社交功能，以完全电商的形态出现。

然而，这样大刀阔斧的改变并没有效果，反而让用户们有些摸不着头脑。网站不停改变，一方面吸引了一些来尝鲜的新客户，另一方面却丢失了一些不习惯改变的老客户。

发力移动市场

也许从徐易容和陈琪内心来说，他们都不愿意做纯粹的电商。放眼一看，平台电商已成定局，阿里巴巴和京东的地位日渐牢固，难以撼动；垂直电商领域，又碰上了聚美优品、唯品会这两大劲敌，这些对手也不是好惹的。

如何才能找到一个巧妙的路径，错开其他竞争，摆脱困境获得新生呢？这个问题，徐易容和陈琪思考了一年，有了各自的决定。

首先，他们都选择朝移动端进军。从2013年起，手机移动端就显示出了客观的消费市场，势头直逼传统网站。而且蘑菇街和美丽说的目标客户都是年轻女性，而且“90后”占大半，她们喜欢用手机购物，是手机购物的尝鲜者和主力军。

因此，基于用户消费爱好，开发移动端成为两家公司必须完成的任务。为此，两家公司对移动App进行了无数次的更改和调整，推出了多个版本。

2014年上半年，拥有微店和App端口的美丽说在手机上的订单交易量就远超PC端，占比70%以上。而在2014年“双11”期间，蘑菇街移动端的成交占比也高达75%以上，甚至高过80%。

还有一点值得一提的是，支付宝在2014年11月重新开启与蘑菇街的合作，对其开通支付宝支付服务。业内人士认为，这次合作是支付宝为对抗微信支付而采取的手段。

蘑菇街此次能够不计前嫌，重新引入支付宝，一方面表现了企业的大度，另一方面也是为了丰富平台，让顾客有更多的选择。

从数据来看，美丽说和蘑菇街在移动端的表现可圈可点，为2015年的移动市场打下了良好的基础。

自此为止，美丽说和蘑菇街的成长道路几乎没什么差异。做导购网站，被淘宝封杀，转型电商，以及开发移动端市场，它们的这些变化都是同时进行的，方向和路线没有差别。因此，业界也称它们为“双胞胎姐妹”。

差异浮现

终于，就在2015年，美丽说和蘑菇街做出了各自不同的决定。美丽说开始涉足O2O，而蘑菇街选择重拾社区功能，决定社区和电商两手抓。

2015年，美丽说定下的任务是150亿元营收，而且还背负着融资和上市的压力。或许正因如此，徐易容才决定涉足看起来很美的O2O领域，将方向定为美容市场，与百度地图联手推出App美喵。

通过这款App，消费者可以预约购买美甲、化妆、造型、护肤等与美容相关的服务。与行业同类产品有所差异的是，美喵的私人定制板块能够提供陪逛挑款、健身私教等服务。此外，用户通过百度地图可以发现附近的美容美妆，然后可以根据距离寻找相应的时尚服务。

有分析认为，美丽说选择进入O2O新领域，一方面是想要在业务上有所进展，另一方面更重要的原因是为了吸引资本。当时，美团、大众点评等互联网企业纷纷布局O2O领域，因而获得了资本更多的青睐，美丽说也想由此获得更多的融资。

然而，虽然美丽说此前积累了大量的女性用户，但美喵在O2O领域的表现却不尽如人意。在美丽说进军美妆业务的同时，如河狸家、秀美甲等新平台已经打响了名气。此外，美团网、58到家、聚美优品等相对重量级的公司也推出了美妆业务，市场竞争非常激烈。

虽然美喵创新了一些差异化服务，但那些服务的受众范围很窄，订单量微乎其微，无法形成竞争优势。另外，美丽说虽然推出了美喵，但公司对这个市场仍处于观望态度，并没有推出明确的营销计划，其表现力就不如其他对手。

除了进军O2O外，徐易容提出做中国版ZARA的目标也有点雷声大雨点小的意味。美丽说推出的MUA品牌，款式少，销量也不高。虽然美丽说也通过一些办法来哺育自有品牌，但都没有达到理想效果。

让徐易容稍感安慰的是美丽说推出的另外一款手机购物App嗨购（HIGO）。这款服务于海淘市场的App于2014年9月上线，平台上的商家都是分布在世界各地的时尚买手，而消费人群是国内都市白领等购买力较强的年轻女性，双方完成C2C交易。

不到一年时间，HIGO平台的月销售额已经从原来的100万元，增长到5000万元。

基于其良好的表现，HIGO成为美丽说的重点营销产品。2015年上半年，美丽说HIGO花费3.38亿元冠名《奔跑吧兄弟（第三季）》。2015年9月，Angelababy正式代言美丽说HIGO，并出任首席时尚运营官。

2015年，美丽说做出了许多新尝试，而蘑菇街却选择了回归社区，深入挖掘社区资源，寻找突破口。

之前，为了彻底转型电商，陈琪已经砍掉了蘑菇街的社区功能。决定重回社区之后，他又花了一个月时间，将公司架构彻底改造，加入了很多新玩法。

改装后的蘑菇街，越来越像一本容量无限、内容前卫精彩、具备在线购买功能的时尚杂志。以前，“80后”喜欢看精美的纸质杂志，如今“90后”甚至“95后”喜欢看蘑菇街。

蘑菇街培养了一大批网红，每天在平台上生产内容，深受“90后”小女生的喜爱。此外，蘑菇街邀请当红明星李易峰代言，引发了一阵轰动。代言广告发布前后5天，蘑菇街就新增注册用户近千万，明星号召力可见一斑。

在重新改装的过程中，蘑菇街的定位也更加清晰，即成为女性时尚聚集地，发展“小而美”的买手商场，重视买手的领袖力量，把以前分享达人的功能扩大化。

例如，蘑菇街签约因电视综艺节目《女神的新衣》而走红的苏红作为其时尚导师。依托大牌时尚领袖的影响力，蘑菇街号召了更多的用户聚集。当然，草根买手和品牌买手在蘑菇街也占有很重要的地位。

自始至终，陈琪都把平台生产的内容看得很重要。深谙社交媒体之道的他知道优质内容的重要性，因此他不断号召平台上的买手们制造好玩有趣的内容，为新买手提供专业培训，如何拍照、如何选照片、如何形容产品等，就这样一步步地，蘑菇街建立了较为成熟的时尚买手团队。

如此，社交与电商在蘑菇街融合得越来越紧密。

蘑菇街成功赶超

2015年年底，蘑菇街注册用户已经达到1.3亿，日均用户1000万左右。当时，专业数据统计显示，蘑菇街月度覆盖率达到2.99%，已成为仅次于淘宝、京东、唯品会购物和手机天猫之后的国内第五大移动电商平台。

也就是说，在这个时候蘑菇街就赶超了美丽说。

2015年6月的一天，陈琪发了一封热情洋溢的内部信，称蘑菇街业绩良好，平台销售额等数据远超竞争对手，因此决定给全员加薪50%。消息一出，羡煞一众同行。

陈琪在信中提到，蘑菇街的电商平台已初步完成，商家数量稳步提升，社会化导购体系也领先于同行。更重要的是，根据多方数据来看，蘑菇街平台日销售额已超主要竞争对手一倍，但团队人数只有对方的一半。

上文中提到的主要竞争对手，似乎除了美丽说，就没有第二家了。

明确的方向和上升的业绩使陈琪对蘑菇街的发展更加有信心， 他把蘑菇街定位于一家专注时尚和生活方式的互联网公司。而对于投资机构来说，陈琪对平台的定位令人信服，蘑菇街的模式从摇摆不定变得越来越清晰，成为一个值得投资的对象。

2015年11月，蘑菇街完成D轮超2亿美元融资，该轮融资由平安创新投资基金领投，天图资本跟投。早在2015年3月，蘑菇街就宣布推出理财产品“蘑菇街理财”，该产品正是和平安银行合作，仅服务于蘑菇街用户的理财产品。

或许正因为之前的金融合作效果不错，才促成了平安创投投资蘑菇街。完成D轮融资后，蘑菇街将继续在社交和电商两个领域上，加大对产品研发、业务创新和人才储备的投入力度，分别在这两个领域内扩大自身的优势。

那段日子，创业者们正经历着所谓的“资本寒冬”，投资者们谨慎小心，只有滴滴快的这样合并成为巨头的公司才敲得开资本的大门，而蘑菇街能凭个人实力在2015年获得融资，可见其表现的确令投资方满意。

相比之下，仍在摸索中的美丽说就没那么好运。2015年，美丽说在营销上也是花了重金，冠名《奔跑吧兄弟》，邀请明星代言等，耗资高达数十亿元。然而，高额投入却没有换来理想的回报。

按徐易容的目标，2015年的交易额要达到150亿元，但结果却只有100亿元，不仅未达到预期，而且很是吃力。另外，美丽说原本在2015年准备冲击上市，所以才选择了投入O2O这样的新项目，但其估值不升反跌。

可以说，失血过多的美丽说亟须补血，但资本却离它越来越远。作为投资方之一的腾讯对美丽说的表现不太满意，自从腾讯投资美丽说之后，给了美丽说大量的资源，但美丽说却没有因此有多大的起色，反而被蘑菇街超越。

资本说媒，合并达成

腾讯在2015年主导了滴滴快的、美团大众点评的合并，那么何不给美丽说也找个搭档呢？而在腾讯眼里，没有比蘑菇街更好的选择了。

这时候，有个神秘的投资方也现身了，那就是蘑菇街和美丽说双方共同的股东——高瓴资本。众所周知，高瓴资本是美丽说的投资者，但鲜为人知的是，它还在2014年6月领投了蘑菇街的C轮融资，但却没有公开。

手里握有两家公司股权的高瓴资本对它们的情况都比较清楚。蘑菇街的表现看起来比美丽说好一点，有钱也有了清晰的模式，但这并不等于蘑菇街就没有危险。

在女性电商领域，除了淘宝、天猫之外，又新出现了小红书、考拉海购、明星衣橱、楚楚街等新对手。美丽说和蘑菇街虽然成立得早，但却迟迟没有树立起行业壁垒，后来者来势汹汹，很有可能超越前两名。

这两家公司的现状，类似于2012年合并之前的优酷和土豆，虽然是行业一、二名，但各自占领的市场份额还不够重。

其实早在2015年年初，高瓴资本就曾向蘑菇街和美丽说提出过合并的提案，但徐易容和陈琪对合并持抵触态度，没有达成合作。

但在快到年底的时候，美丽说方面有些松口了。毕竟，对手又拿到了融资，而他们还不知道明年的钱从哪里来。于是，美丽说接受资本方的建议，寻求与蘑菇街合并。

而对于蘑菇街来说，自身发展正好，其实没有必要非要和美丽说抱团取暖。但双方坐下来谈判后，蘑菇街才惊讶地发现，双方的用户重叠度只有20%。如此相似的两家公司，竟然用户差异度如此大，这是一个意外，也是一个惊喜。

实际上，美丽说一直定位白领女性，在用户年龄层、客单价上都比蘑菇街略高，属于蘑菇街一直想开拓而未得的用户。

按陈琪的说法，合并后，美丽说将更多以白领为主、向消费高一点的人群倾斜，蘑菇街将更倾向于年轻学生群体，继续深入挖掘各方优势。

既然双方越谈越投机，那么合并的事情就很快敲定了。2016年1月11日，蘑菇街和美丽说正式宣布，以2∶1的估值比例合并，新公司估值接近30亿美元。

姐妹花合体，前路漫漫

徐易容在给员工的内部信中称，作为美丽说的股东之一，互联网巨头腾讯将向合并后的新公司“大力追加投资”。业内人士认为，这句话透露了腾讯对此次合并的影响。追加投资，或许就是腾讯给美丽说许下的一个承诺，或者可称为同意合并的“奖励”。

双方宣布合并后，陈琪也公开表示，最初提议双方合并的确实是投资方，并推动陈琪和徐易容进行商谈。两方股东给了他们很多支持，基本将谈判主动权交出，但此次合并不是一个被迫的选择，而是双方对公司未来发展方向高度一致的共识。

然而，天平还是有所倾斜。公布合并消息时，双方还宣布新公司CEO由陈琪担任，但并没有透露徐易容的新职务，这与滴滴快的等公司实行的联席CEO制有所差别。外界对此解读称，美丽说处于下风，很可能就是被合并的一方。

也就是说，徐易容将成为离开的那个人，就像去哪儿的庄辰超、土豆的王微一样。

值得注意的是，美丽说在2015年重磅推广的HIGO业务并未计入本次合并当中。外界猜测，徐易容很可能带着HIGO离开美丽说，再次创业。之前，赶集网的杨浩涌就是带着瓜子二手车离开与58同城合并后的新公司的。

而就在2016年1月7日，徐易容还联合WeMedia新媒体集团CMO陈中等，给专注于网红社交的一款App做了百万元的天使轮融资。

种种迹象表明，已有后路可走的徐易容会离开新公司。

如果徐易容离开，那就会由陈琪主导两个公司之后的所有问题，比如两个网站如此相似，要不要合并成一个？如何冲击上市？到底如何凸显各自不同的风格？下一个突破口在哪里？怎样才能成为女性购物电商的垄断者？公司架构怎样调整？人员如何配置？

这一系列的问题都等待陈琪去决策。

业内还有的一个猜测是，由于腾讯还先后参与了另一同类女性电商平台楚楚街的A轮和B轮的融资，因此楚楚街将来也有可能合并入新公司，增加实现行业垄断的可能性。

未来会怎样，还有太多的不确定因素。美丽说和蘑菇街这对牵手合一的“姐妹花”今后表现如何，我们拭目以待。

后 记
POSTSCRIPT

媒体常常用“牵手”“联姻”“结婚”“在一起”这样的词语来描述两个公司的合并行为。这让人很自然地联想到钱钟书先生在《围城》一书中对婚姻的描述：

“婚姻就像一座围城，城外的人拼命想冲进来，城内的人拼命想冲出去。城外的人远远望城内，城内烟雾弥漫，被一种神秘笼罩，想象中是祥云冉冉，仙乐飘飘，花香鸟语，流水青松，风景无限，欣赏风景必须千方百计冲进城内；而城内的人却认为熟悉的地方是没有风景的，梅花香在城外的小道旁，痛苦时只有到城外掬一捧清泉才能洗去忧伤。”

把原文中的“婚姻”改为“合并”，同样适用。显然，《围城》里描述的婚姻，实际存在的问题比幸福更多。这句话也告诉人们，现实常常偏离想象。

在《大合并漩涡——互联网时代的中国式并购》一书的前言，我们抛出了合并漩涡这样一个现象，入手分析了现象的深层本质和各种影响。而在本书的后记里，我们想站在漩涡背后，说一说暗藏的一些担忧。

性格不合

性格不合向来是夫妻不合的主要原因之一，对于合并来说亦然。既然是两家企业合并，就躲不开相互磨合、融合的阶段。双方一拍即合是最理想的状态，但摩擦矛盾才是现实常态。

如果无法忍受性格差异，合并为一的企业也很有可能选择分手，比如美国在线与时代华纳。这起失败的合并案，至今让很多想要合并的公司踌躇不已。

现今，两家公司合并之前通常会对双方的融合度进行预测。这样的行为类似于相亲，通过对比双方兴趣爱好、工作经历、年龄、家庭情况等因素，得出一个匹配值。从理论上来说，匹配值越高，双方越融洽。

然而，生硬的数字并不能保证两者一定合拍，性格不合的隐患会一直存在。随时可能爆发的性格危机，考验着企业的经营能力、责任心、包容度和勇气。

合并之前，谨慎思考，理智决定；合并之后，勇敢面对，互相包容，正确规划，不轻易放弃。这才是解决性格不合的最佳办法。

值得一提的是，企业合并中有一种类似“试婚”的整合策略，意即两家企业达成合并意向后，在股权合并的前提下采取相对独立的运营方式，留出相互磨合的时间，待时机成熟后再最终合为一体。这种看似慢一步的方式，反而使企业更能适应新市场、新环境的变化。

安于现状

有很多人走进婚姻围城之后，就逐渐安于现状。夫妻之间相互抱怨对方，结婚前和结婚后是两个人，说的就是这个问题。

对于两个人的关系来说，结婚意味着双方的连接更紧密了，这时候，有人就会满足于现状，不再有任何好的变化，甚至表现不如婚前。

合并在一起的企业也容易陷入类似的状态。合并之前，两个企业是业内数一数二的大佬，强强联手后甩开竞争者很远的距离，统领了江湖。

如果新公司像“龟兔赛跑”中的兔子一样，自以为实力超群，就不去奔跑奋斗，或者表现退步，那么终有一天会被后来者赶超。

公司有没有原地踏步？是否创新力不足？需要解决哪些问题？这是领导者每天都要自问的问题，一家安于现状的公司，无论基底多大、多强，一定是在快速地走向死亡。

华为创始人任正非在《华为的冬天》《华为的红旗能打多久》《活下去是企业的硬道理》等文章中都在强调同一个思想，即居安思危。

在《华为的冬天》一文中，任正非写道：“华为存在的问题不知要多少日日夜夜才数得清楚……华为的冬天正在到来，各种机制、管理等正面临危机，已经到了不得不调整、改革的地步。”

实际上，当时的华为业绩突出，已是全国电子通信行业的老大。任正非深知，安于现状是大企业发展的头号敌人，因此他才常常警醒华为人勿忘危机。

通过合并成为大企业的公司，很容易被大企业的身份迷惑，沉溺于短暂的辉煌，滋生享乐主义，漠视企业可能存在的长久的危机。如果长此以往，那它将难以永立潮头。

企业合并后，还有很多事情亟待解决。例如，双方要为新公司制定一致的长远规划，确立共同的目标和追求，减少干扰因素，优化人力资源配置，建立科学的组织结构，这些问题都需要全力去面对。

垄断威胁

垄断，是合并企业绕不开的问题。那些极力澄清不会垄断市场的合并企业，其实都渴望享受垄断带来的福利。

企业明白追求垄断不是一件受人赞扬的事，但即使背负骂名，企业也不自觉地想称霸行业，成为市场之王。

实际上，垄断市场的想法并不是错误的，也不是不道德的。甚至可以说，垄断市场是企业的一种追求。

人们憎恶垄断，其一，因为它有可能损害消费者利益。如果一家企业提供的产品或者服务，是消费者的唯一选择，那就意味着，消费者在无形中失去了自主选择的权利，无法比较商品质量和价格，买到价高质低的产品也不无可能。

其二，垄断有可能抑制市场活力，阻止行业创新。当一个行业已经有一个巨头之后，新兴力量会受到一定程度的压制。

尤其是互联网行业，当一款或几款产品成为市场主导之后，就很难有新人闯入。新来者可能被巨头吞掉，也可能依附于巨头生存，整个市场呈现一种异常稳定的状态。

当某个行业所有的进步都依赖于一家企业时，一切都将在其羽翼之下，这家企业的兴衰将直接决定行业的兴衰，行业风险程度可想而知。

如果两家企业合并后变成行业“大家长”，对业内所有领域指指点点，甚至是严加管控。那么，这样一个大家长带来的只会是灾难。

1+1<2

每个选择合并的企业，都抱着1＋1>2的美好愿望。至少在它们看来，

1＋1>2的概率比1＋1<2的概率更大。但是，这并不代表1＋1<2的结局不会发生，甚至可以说1＋1<2的可能性更大。

同行业的企业合并，或多或少都存在同质化问题，比如企业模式相似、目标相同、用户重叠度高等。

合并之前，尽管相同处很多，就算顾客重叠度高，但至少可以共同分享同一块蛋糕。而合并之后，其中的一方就会显得有些多余，甚至变成累赘。久而久之，新公司就会弱化一方，使其形同虚设或者直接消亡。

对于客户而言，以前偶尔选择A公司，偶尔选择B公司，但当A、B公司合二为一之后，客户就可能只会选择其中一家公司消费。

也就是说，如果重叠客户过多，那么新公司的市场份额就达不到1＋1＞2的效果。这样一来，双方合并后非但没有变成巨头，反而给市场留出了更大的竞争空间。

正因有此顾虑，目前合并为一的公司往往选择保留两家企业，寻求差异化发展，以求开拓新的市场份额，而不是死守旧市场不放。

两家企业合并后会产生怎样的反应，谁也说不准。在实际的融合过程中，1＋1>2或许只是童话。

当然，问题还有很多，也会层出不穷。有人说，合并是两家企业的救命稻草，但必须要提出的是，合并后面临的问题，或许会加速企业的死亡。

有挑战也有机遇，这也许就是合并的魅力所在，吸引着合并围城外面的企业想冲进来。未来，O2O领域、互联网金融等领域都可能发生合并。这让人意想不到，又是理所当然。

不管是想冲进来还是冲出去，希望企业们能在围城内外找到适合的位置，共同维护好行业生态圈平衡。

致　谢

《大合并漩涡——互联网时代的中国式并购》完稿的时候，正值羊年的岁末。我们想要感谢2015年，因为在这一年，数起合并事件真实地发生了。正因为它们的存在，才有了这本书。如果给2015年贴上“合并年”这个标签，并不为过。

感谢每一个创业者，因为你们的辛劳，才有了这个充满可能的时代；因为你们的付出，才让千万种可能变成了现实。

感谢考拉看看出版人马玥，如果没有你的坚持与专业意见，这本书无法保质、保量地及时完成。

感谢蓝狮子财经的各位老师，你们的信任是本书坚强的后盾，希望这本书不负众望。

感谢我的合作伙伴吴迪师兄，你对文字的热爱和做事认真的精神感染了我很多很多，和你合作是一件既愉快又安心的事情。

感谢磐石之心、沈萌、洪仕斌、鲁振旺、刘兴亮、李易、王冠雄、李成东、王利阳各位前辈和专业人士的支持，因为有你们的智慧分享，本书才得以闪光。

感谢张小军老师、秦立军老师，二位对合并的很多独到的见解和观点给了我很大的启发，在写作过程中也给了我极大的指导和鼓励。

感谢生活的每一次艰难和每一个惊喜，就算只是为了活着，也要拼尽全力去丰盛多彩。正如庄辰超说的那样，每个创业公司的结局都是死亡，关键在于在公司的生命过程中，创业者能把公司带向一个怎样的高度。重要的是高度，不是死亡。

在大合并的漩涡中，每个合并公司都充满了未知。或许会被漩涡吞没，或许漩涡停止转动，但其实不用过多顾虑结果，重要的是，它曾经多么美丽。

其实，对于人生来说，亦是如此。死亡是生命的终结，重要的是要达到怎样的高度。

祝福每一个合并的新公司，走得更长更远；祝福每一个创业者，更加自信坚定、无所畏惧；祝愿每一个本书的读者，朝着有高度的生命，奋进吧！

熊玥伽

2016年2月5日于成都

声 明

本书在写作过程中引用了部分的文字资料，在此向这些文字资料的版权所有人表示诚挚的谢意。

由于本书所用部分资料涉及范围广，部分资料的版权所有者无法一一取得联系，请相关版权所有者看到后，与考拉看看创意中心联系，以便敬付稿酬。

来信请邮寄到：成都市莲桂西路46号侧巷内20米小院内　考拉看看图书馆

邮编：610016

电话：400-021-3677

延伸阅读

本书探讨了互联网的黑洞现象以及对其未来的一些思考，通过中国互联网浪潮中最典型、最有代表性的几家企业案例：BAT、小米、乐视、360、滴滴、京东……真实、深入、客观地分析各个企业的成败、突破和创新。作者以多年来对产业融合和互联网的研究，独到地解读它们的制胜战略、转型危机和未来出路，剖析互联网、手机、消费互联网、电商等行业的发展趋势和本质。

图书在版编目（CIP）数据

大合并漩涡：互联网时代的中国式并购 / 熊玥伽，吴迪著. — 北京：新世界出版社，2016.7
ISBN 978-7-5104-5825-5

Ⅰ.①大… Ⅱ.①熊… ②吴… Ⅲ.①企业合并－研究－中国 Ⅳ.①F279.21

中国版本图书馆CIP数据核字（2016）第129801号

大合并漩涡：互联网时代的中国式并购

作　　者　熊玥伽　吴　迪　著
责任编辑　贾瑞娜　李姗姗
责任校对　宣　慧
责任印制　李一鸣　余燕龙
出版发行　新世界出版社
社　　址　北京西城区百万庄大街24号（100037）
发 行 部　（010）68995968　（010）68998705（传真）
总 编 室　（010）68995424　（010）68326679（传真）
http://www.nwp.cn　http://www.nwp.com.cn
策　　划　杭州蓝狮子文化创意股份有限公司
经　　销　新华书店
制　　版　杭州真凯文化艺术有限公司
印　　刷　杭州钱江彩色印务有限公司
规　　格　710×1000毫米　1 / 16
字　　数　240千字　**印张**　18
版　　次　2016年7月第1版　2016年7月第1次印刷
书　　号　ISBN 978-7-5104-5825-5
定　　价　49.00元
